DICTIONNAIRE DES RELIGIONS

AGORA

Collection dirigée par Olivier AMIEL

MIRCEA ELIADE

IOAN P. COULIANO

DICTIONNAIRE DES RELIGIONS

Avec la collaboration de H.S. Wiesner

PLON

ISBN 2-266-05012-5

Pour Christinel Eliade

Je dis que dans Sa sagesse, Il n'était pas enclin
à donner plus et qu'Il ne le voulait pas.
Pourquoi Il ne le voulait pas, je ne le sais pas.
Mais Lui, Il le sait.

Albert le Grand (1206-1280), *Opera* XXVI 392.

Kānā fī'l-imkan abda ' mimmā kān.
Il y a en puissance du plus merveilleux que ce qu'il y a.

al-Biqā î (1404-1480), *Tahdim al-arkān*, fol. 48 a.

AVANT-PROPOS

En mai 1975, au terme de deux trimestres que j'avais passés à Chicago comme étudiant, Mircea Eliade me parla pour la première fois du projet de ce dictionnaire, mais le contrat ne fut signé que plusieurs années plus tard. Occupé à terminer l'*Histoire des croyances et des idées religieuses*, il n'y repensa plus jusqu'en 1984, lorsque nous en reparlâmes à deux reprises, à Paris et à Groningue. Mircea Eliade souhaitait à cette époque condenser l'*Histoire* en un seul volume, un *digest* sur les religions pour le lecteur non spécialiste, mais il était pris par d'autres projets comme la direction des travaux pour l'*Encyclopédie des religions* publiée par l'éditeur Macmillan de New York. Il eut alors l'idée de fondre le dictionnaire et l'abrégé de l'histoire des religions en un seul volume, où les religions seraient présentées par ordre alphabétique plutôt que chronologique. Une seconde partie servirait d'index général et contiendrait quelques informations supplémentaires, mais la lecture (alphabétique) des chapitres de la première partie ne serait pas moins agréable et instructive que celle du « roman de l'histoire des religions » qu'Eliade ne trouvait plus le temps d'écrire. Une fois que nous fûmes convenus d'adopter cette formule, elle ne fut plus soumise à aucune modification essentielle.

Il existe d'assez nombreux dictionnaires des religions, compilations d'un seul auteur ou ouvrages collectifs (voir la *Note bibliographique* ci-dessous). Mais il va sans dire qu'écrire un dictionnaire des religions qui soit à la fois correct (du point de vue scientifique) et accessible est une entreprise insensée, à moins que l'auteur ou les auteurs ne disposent d'un filtre qui leur permette de jeter une lumière originale sur le système des religions. (Mais alors n'est-il pas probable, ou même inévitable, que le caractère partiel et personnel de l'entreprise leur soit reproché tôt ou tard par la critique ?) Mircea Eliade possédait sans doute son propre filtre herméneutique, ainsi qu'une incomparable expérience dans l'étude des religions. En outre, il était doué d'une curiosité tout aussi rare que sa souplesse méthodologique. En effet, au terme de sa carrière, il enviait la liberté et la créativité dont jouissent les scientifiques par rapport aux historiens et aux autres universitaires dans le secteur des sciences humaines, dont il expliquait les inhibitions par un grand complexe d'infériorité. On soulignera, dans les articles plus complexes de ce dictionnaire, le caractère de *système* de la religion ; cette conception, bien qu'exprimée différemment, est présente chez Mircea Eliade dès ses tout premiers livres. Et si l'introduction du dictionnaire semble situer dans une perspective nouvelle les rapports entre plusieurs méthodes de caractère systémique dont on avait jusqu'ici plutôt souligné les contrastes, c'est que la conciliation était possible et sans doute inévitable. Car il y a la même distance entre méthode et méthodologie qu'entre science et technologie, et des présupposés voisins peuvent donner lieu à des résultats fort éloignés.

Le genre propre à l'ouvrage de référence peut difficilement se contenter d'un principe structurant. Il lui faut des données à jour sur toute une catégorie de phénomènes à propos desquels l'historien n'est pas à même de posséder des connaissances spécialisées. Fidèle à un idéal que Mircea Eliade avait plusieurs fois énoncé, j'ai constamment essayé d'élargir l'horizon de mes connaissances en histoire des religions jusqu'à y intégrer la bibliographie essentielle de toutes les religions connues. Sans tous les comptes rendus que je publie depuis 1974 dans *Aevum, Revue de l'histoire des religions, History of Religions, Studi e Materiali di Storia delle Religioni, Journal for the Study of Judaism, Journal of Religion, Church History* et d'autres, il m'aurait été impossible de mener à bien ce projet de dictionnaire des religions. De même, les contacts entretenus, à certaines époques de ma vie, avec des historiens et philosophes éminents ont profondément marqué mes recherches. J'aimerais tout particulièrement mentionner ici Ugo Bianchi à Milan, Michel Meslin et Jacques Flamant à Paris, Maarten J. Vermaseren à Amsterdam de 1978 à 1983, Moshe Barasch à Jérusalem, Carsten Colpe à Chicago en 1975, Hans Jonas que j'ai rencontré à New Rochelle, au Luxembourg et à Groningue, Hans Kippenberg, Florentino Garcia-Martinez et Hans Witte à Groningue, Michael Stone à Wassenaar, Gösta Ahlstrom, Dieter Betz, J.J. Collins et Adela Yarbro Collins, Wendy Doniger, Robert Grant, David Hellholm, Bernard McGinn, Joseph M. Kitagawa, Arnaldo Momigliano, Michael Murrin, Frank Reynolds, Larry Sullivan, David Tracy et Anthony Yu à Chicago, et beaucoup d'autres collègues et amis dont l'œuvre et/ou la présence ont eu sur moi une influence profonde et m'ont parfois permis d'éviter ces bévues que tout généraliste semble condamné à commettre.

A partir du 23 mars 1986 et jusqu'à sa mort survenue le 22 avril, je vis Mircea Eliade chaque jour. Jusqu'au 13 avril nos discussions de travail avaient en général pour objet ce dictionnaire. Je lui présentai toutes sortes de notes bibliographiques, mais aucune partie n'avait encore été rédigée. Comme l'*Encyclopédie des religions* était déjà à l'imprimerie et que Mircea Eliade en avait vu tous les articles, il me confia la tâche d'écrire le texte du dictionnaire à partir des trois premiers volumes de son *Histoire des croyances*, du quatrième tome (ouvrage collectif dont nous attendions encore plusieurs chapitres) et de l'encyclopédie. Évidemment, Mircea Eliade aurait revu et modifié mon manuscrit avant de le livrer à l'éditeur.

Malheureusement, tel ne fut pas le sort de ce dictionnaire. Mircea Eliade n'est plus parmi nous pour donner son approbation finale à ce travail. Cependant, comme il tenait absolument à ce que ce projet soit réalisé, je ne voulais pas l'abandonner. Puisque la tâche menaçait de dépasser mes forces, je discutai avec Mme Christinel Eliade la possibilité de prendre un collaborateur. Je fus heureux de trouver en H.S. Wiesner, M.A. du fameux Institut de langues orientales de l'Université de Chicago et M.A. en religion de Harvard, une associée parfaitement au courant de l'œuvre de Mircea Eliade et de la bibliographie relative à plusieurs civilisations anciennes et modernes du Moyen-Orient.

Au cours du travail, commencé à Wassenaar aux Pays-Bas lorsque j'étais *Fellow in Residence* du *Netherlands Institute for Advanced Study* — qu'il m'est agréable de remercier ici pour son accueil —, nous décidâmes de revoir toutes les sources importantes, primaires et secondaires, avant de rédiger un article. Notre activité se poursuivit à Cambridge, Massachusetts, à Chicago, à l'Université américaine du Caire, en Andalousie à la recherche des splendeurs mauresques et à Amherst, Massachusetts, où nous bénéficiâmes de l'hospitalité de Kurt et Dorothy Hertzfeld et de l'excellente bibliothèque de l'Amherst College. La complexité de notre démarche explique suffisamment pourquoi le texte définitif du dictionnaire ne fut pas prêt avant le début de 1989. Mais le processus de vérification auquel nous avions soumis tout le matériel nous donnait également l'assurance que Mircea Eliade lui-même aurait approuvé notre travail sans avoir trop à le modifier.

Nous ne le saurons jamais. Mais quiconque a connu Mircea Eliade se rappelle l'extraordinaire générosité de l'homme, dont la seule ambition professionnelle était de faire avancer la discipline de l'histoire des religions. Je suis persuadé qu'il aurait accepté avec enthousiasme tout ce que ce dictionnaire comporte de neuf comme méthode, mais il me faut également en assumer la pleine responsabilité pour son contenu et sa forme. S'il est l'auteur spirituel de ce projet, Mircea Eliade ne partage aucunement les éventuelles erreurs de ses rédacteurs.

Ioan P. Couliano
Chicago, 5 janvier 1989.

NOTE BIBLIOGRAPHIQUE ET ABRÉVIATIONS

Il existe de nombreux dictionnaires des religions. Le plus complet quantitativement est le *Dictionnaire des religions* paru sous la direction de Paul Poupard aux PUF (1984, deuxième édition en 1985, 1 838 p.), rédigé par de nombreux auteurs d'orientation catholique.

Un autre ouvrage du même genre (29 auteurs) est paru en anglais sous la direction de John R. Hinnels : *The Facts on File Dictionary of Religions*, Facts on File, New York 1984, 550 p., publié simultanément par Penguin Books sous le titre *The Penguin Dictionary of Religions* (Harmondsworth 1984). Il se propose de remplacer d'autres condensés plus anciens, comme *A Dictionary of Religion and Ethics* sous la direction de Shailer Mathews et Gerald Birney Smith (Macmillan, New York 1921, 513 p.) ou *An Encyclopedia of Religion* sous la rédaction de Vergilius Ferm (The Philosophical Library, New York 1945, 844 p. ; malgré le titre d'« encyclopédie », il s'agit en réalité d'un dictionnaire).

Toujours en anglais, *A Dictionary of Comparative Religion*, General Editor S.G.F. Brandon (Weidenfeld & Nicholson, Londres 1970, 704 p.). Pour les religions classées selon des critères géographiques et chronologiques, nous avons un ouvrage comme *World Religions. From Ancient History to the Present* de Geoffrey Parrinder (Facts on File, New York-Bicester, troisième édition de 1983, publié pour la première fois en 1971 sous le titre *Man and His Gods*, 528 p.), contenant l'exposé de vingt et une religions (ou groupes de religions). Il existe également des dictionnaires à l'intention d'un public très large, et abondamment illustrés, comme *The International Dictionary of Religion* de Richard Kennedy (Crossroad, New York 1984, 256 p.).

En allemand, Franz König est le rédacteur du *Religionswissenschaftliches Wörterbuch. Die Grundbegriffe* (Herder, Frankfurt 1956, 955 p.), alors qu'une nouvelle édition (la quatrième, sous la direction de Kurt Goldammer) du *Wörterbuch der Religionen* d'Alfred Bertholet et Hans Freiherrn von Campenhausen (1952) est parue en 1985 (Kröner, Stuttgart, 679 p.).

Il existe des histoires générales des religions en italien, en français et en allemand, rédigées par des spécialistes dans tous les domaines. La meilleure est l'*Histoire des Religions* parue dans l'Encyclopédie de la Pléiade sous la direction d'Henri-Charles Puech (3 volumes, Gallimard, 1970-76 ; 1486 + 1596 + 1460 pages). Quantitativement plus modeste, le *Handbuch der Religionsgeschichte* sous la direction de Jan Peter Asmussen, Jörgen Lassöe et Carsten Colpe (3 vol., Vandenhoeck & Ruprecht, Göttingen 1971-1975, 525+536+ 550 p.), a été rédigé par des savants scandinaves (avec les contributions de Carsten Colpe et de Mary Boyce) et traduit en allemand.

Notre *Dictionnaire* ne s'inspire d'aucun des ouvrages précédents. Il a été rédigé autant que possible à partir des sources et de la bibliographie critique des trente-trois religions ou groupes de religions qu'il explore dans sa première partie, adoptant en général le point de vue de l'*Histoire des croyances et des idées religieuses* de Mircea Eliade (3 volumes parus, Payot, Paris 1976-1984, 491+519+361 p.) et consultant toujours *The Encyclopedia of Religion* en 16 volumes, Mircea Eliade General Editor (Macmillan, New York 1987). Ces deux ouvrages paraissent dans les bibliographies qui concluent chaque chapitre sous la forme abrégée :

Eliade, H (suivi du volume/paragraphe), et

ER (suivi du volume, pages).

Nous avons réduit au strict nécessaire les abréviations dans le texte. AEC signifie « avant l'ère commune » (ou l'ère chrétienne) et EC signifie « de l'ère commune ». Le signe spécial (↔), le seul d'ailleurs que nous avons inséré dans le texte, signifie « se reporter à ». Il indique le numéro sous lequel figure la religion dans la première partie (par exemple, (↔ 6) signifie « se reporter au chapitre sur le bouddhisme »), suivi en général du paragraphe (par exemple, [↔ 6.10] signifie « se reporter au paragraphe consacré au bouddhisme tibétain dans le chapitre général sur le bouddhisme »). S'il n'est suivi de rien, le signe (↔) indique tout simplement que le mot qu'il suit dans le texte figure dans la partie générale du *Dictionnaire* (par exemple, « ... le bouddhisme (↔)... » signifie : « Le terme *bouddhisme* figure dans la partie générale de ce *Dictionnaire.* » Pour ne pas rendre l'usage du *Dictionnaire* trop compliqué, nous avons toutefois essayé d'éviter la répétition fréquente du signe (↔).

La transcription de mots en sanskrit et en arabe a suivi autant que possible les standards internationaux, mais des noms répétés fréquemment n'ont parfois été correctement transcrits que lorsqu'ils paraissent dans le texte pour la première fois. La transcription de mots chinois et hébreux a été simplifiée à l'exemple de *The Encyclopedia of Religions* ou d'autres ouvrages de référence.

INTRODUCTION

LA RELIGION COMME SYSTÈME

L'épistémologue Karl R. Popper avait plus de raisons qu'il ne le pensait de déplorer ce qu'il appelait « la pauvreté de l'historicisme ». Car les méthodologies historiques tardent à intégrer des notions désormais courantes, et qui ont révolutionné il y a déjà longtemps d'autres sciences humaines, comme celles de « système », « complexité », « information ». L'œuvre d'Edgar Morin a eu le mérite de les rendre populaires en France, ce qui nous dispense de les définir ici. L'œuvre du mathématicien français Benoît Mandelbrot a ouvert des perspectives extraordinaires sur la description des propriétés mathématiques des objets naturels en termes de « fractals ». Tout embranchement infini qui répond à une certaine règle est un « fractal ». Les pensées circulant dans l'espace de ma conscience produisent ce texte en manipulant le fractal de la langue française, celui d'un langage spécialisé et celui du genre « Dictionnaire » et de l'espèce « Introduction », obéissant également à d'autres ordres latents : « simple », « clair », « succinct », « sans notes », « public non spécialiste », « circonspection », etc. Mais mon regard va vers la fenêtre, cherchant la lumière qui va tourner au crépuscule, et un nom familier amène un sourire sur mes lèvres. Ma vie est un système fort complexe de fractals, un système qui se meut simultanément dans plusieurs dimensions. J'en compte quelques-unes, comme « professeur », « collègue », « voisin », ou « amour », « lecture », « musique », « cuisine », après quoi je m'arrête. A chaque instant, je suis fait de toutes ces dimensions et de milliers d'autres qui ne sont même pas (encore) définies par le

« Grand Robert » et dont les combinaisons sont en nombre pratiquement infini. Un espace mathématique dont le nombre de dimensions est infini s'appelle « espace Hilbert ». Avec le mathématicien américain Rudy Rucker, je peux définir ma vie comme « un fractal dans l'espace Hilbert ».

Bien que beaucoup plus complexe, le cours de cette journée dans la ville de Chicago est également « un fractal dans l'espace Hilbert », et telle est aussi l'histoire de cette ville, l'histoire du Midwest américain, l'histoire des États-Unis, celle des continents américains et celle du monde entier, des origines à nos jours. *Toutes* ces histoires qui se contiennent les unes dans les autres sont des embranchements infinis, ayant un nombre infini de dimensions.

S'il est possible d'admettre des définitions d'une généralité telle qu'elles ne semblent nous engager à rien, il sera plus difficile d'accepter l'idée que la vie, ce phénomène anarchique par excellence, « fait système ». En réalité, ma vie s'organise à partir d'un mécanisme d'option binaire, car à chaque moment elle se heurte à une « information » qui génère un « système » : à 6 heures 35 du matin, l'alarme de mon réveil sonne, me mettant devant le choix de me lever ou non. Si je le fais, ce qui arrive d'habitude, je suis mis devant l'alternative de prendre une douche ou non, après quoi se présente l'alternative du petit déjeuner, du choix des aliments, etc. Pendant tout ce temps, mes pensées suivent un cours déterminé par mes activités, mes sentiments, etc., se moulant toujours sur des situations et des modèles communicatifs infiniment complexes. Je sais ce que ma vie est (elle est un fractal dans l'espace Hilbert), mais il m'est impossible de la décrire dans toute sa complexité, à moins que je ne la reproduise telle qu'elle est. Je ne peux que la vivre (ce que je fais). Mais il en va autrement des options fondamentales que j'opère à tout moment, celles qui « font système ». Il m'est possible de les décrire, tout en sachant qu'elles ne représentent qu'une des facettes d'un système infiniment plus complexe.

Mais de quelle manière la religion fait-elle système ? Des auteurs, qui participent par ailleurs d'orientations fort diverses, comme Émile Durkheim, Marcel Mauss, Georges Dumézil, Mircea Eliade et Claude Lévi-Strauss, ont tous souligné l'idée que la religion répond à certaines *structures* profondes. Dans son livre fondamental, *les Formes élémentaires de la vie religieuse* (1912), Durkheim exprimait l'idée que le système religieux est hétéronome, dans le sens qu'il codifie un autre système : le système des relations sociales à l'intérieur d'un groupe. Comme Durkheim, Georges Dumézil est resté jusqu'à la fin de sa vie fidèle à la conception du mythe comme « expression dramatique » de l'idéologie fondamentale de chaque société humaine (*Heur et malheur du guerrier*, p. 15). Au contraire, analysant à plusieurs reprises le mythe d'Asdiwal chez les Indiens Tsimshian de la côte nord-occidentale de l'Amérique du Nord, Claude Lévi-Strauss arrive à une conclusion diamétralement opposée à celle de Durkheim et de Dumézil, et écrit notamment que « ce mythe... choisit systématiquement de transposer tous les aspects de la réalité sociale dans une perspective paradoxale » (*Paroles données*, p. 122). Cela signifie que, pour Lévi-Strauss, le système de la religion est autonome par rapport au système de la société.

Malgré toutes les différences qui les opposent, il y a ceci de commun entre Mircea Eliade et Claude Lévi-Strauss que tous les deux mettent en valeur les « règles » d'après lesquelles se construit la religion, et donc le caractère systémique de celle-ci ; et tous les deux soulignent l'autonomie de la religion par rapport à la société.

Mais de quelle manière est-il possible de traduire en pratique les résultats de cette constatation assez vague, d'après laquelle la religion (et tout le reste) est un système ? En réalité, il ne s'agit pas ici d'une découverte récente, mais ce qu'elle implique en premier lieu, c'est que les données de la religion sont *synchroniques*, et que leur distribution diachronique est une opération dont on peut se dispenser d'analyser les causes ; ou alors, si on entreprend de les analyser, il faut sans cesse se rapporter à des dimensions toujours nouvelles de fractals infiniment complexes. Dans cette perspective, la religion ne possède pas une « histoire » et l'histoire à un moment donné ne se définit pas par une « religion », mais seulement par quelques déchets incomplets d'une religion. Car une religion est d'abord un système infiniment complexe et ensuite la partie de ce système qui a été choisie au cours de son histoire ; or, seule une partie infinitésimale de ce fractal est présente à un moment donné que l'on peut appeler « maintenant ». Le « maintenant » du bouddhisme est bien plus réduit que le bouddhisme qui a été (et continue d'être), alors que celui-ci est bien plus réduit par rapport au système du bouddhisme tel qu'il est idéalement (c'est-à-dire comprenant *tous* les embranchements possibles du fractal généré par ses prémisses, par ses conditions d'existence, etc.).

Il faut encore une fois souligner que cette perspective n'est pas nouvelle. Les hérésiologues chrétiens comme Irénée de Lyon ou Épiphane de Salamis et les doxologues arabes comme al-Nadīm et Shahrastānī partageaient déjà la conception systémique de la religion, sachant très bien et montrant à chaque pas que toute hérésie est la variante d'une autre et que les diverses doctrines religieuses se recoupent selon des règles assez évidentes. Et qui mieux que l'historien des dogmes chrétiens sait que toutes ces idées pour lesquelles les gens étaient capables de s'entre-tuer découlaient l'une de l'autre d'après un mécanisme qui n'avait aucune « réalité » à l'extérieur des consciences humaines, ces appareils dont la fonction semble être de broyer à l'infini des pensées d'après certaines prémisses qui dérivent à leur tour de présupposés aléatoires ? Il est impossible de savoir (empiriquement) si Jésus-Christ est du même rang que Dieu le Père ou s'il lui est inférieur, et s'il n'est ni l'un ni l'autre, quel est alors le rapport hiérarchique exact des deux. Mais il est parfaitement possible de *prédire*, si on connaît les données du système (dans ce cas, qu'il y a une Trinité divine composée de trois « personnes » ou tout au moins de trois membres qui ont des noms individuels), *toutes* les solutions possibles du problème, qui en réalité ne sont pas du tout « historiques » (bien qu'elles aient été énoncées par des personnages divers à des époques diverses), puisqu'elles sont synchroniquement présentes dans le système. Autrement dit, avant qu'il y ait un Arius, ou un Nestorius, *je sais* qu'il y aura un Arius ou un Nestorius, car leurs solutions font partie du système, et c'est ce système qui pense Arius, et qui pense Nestorius, au moment où Arius et Nestorius croient à leur tour penser le système. Et ce qui est valable pour la christologie ou la mariologie est également valable pour tout autre système, y compris la science et l'épistémologie, et même l'analyse systémique de chacun de ces systèmes.

Ce n'est pas le moment de nous occuper des conséquences de cette perspective systémique. Mais comment se justifie le fait de l'avoir adoptée dans un simple dictionnaire, un ouvrage de référence ? Nous l'avons adoptée parce qu'elle permet au lecteur d'envisager les mécanismes qui créent les divers aspects d'une religion. Mais il est évident qu'il n'a été possible d'utiliser l'analyse systémique que lorsque la complexité des données le permettait, par exemple dans le cas du bouddhisme, du christianisme et de l'Islam. Lorsque l'espace réservé à l'exposé des éléments essentiels d'une religion était trop restreint, nous n'en avons donné qu'une description synthétique, en tenant compte autant que possible des sources primaires et secondaires les plus importantes.

C'est ainsi que ce *Dictionnaire* présente au moins trois « dimensions » ou niveaux de lecture : le niveau d'un exposé « objectif » contenant les données essentielles de nombreuses religions ; le niveau « littéraire », qui permettra à chaque lecteur de lire, sinon le « roman » de l'histoire des religions, comme le voulait Mircea Eliade, du moins une suite de récits ayant trait au même sujet ; et, enfin, le niveau d'une analyse des structures des systèmes religieux, de leurs ressemblances et de leurs différences. Comme la lumière de la lampe qui se pose sur l'écran, mes pensées qui s'éloignent de l'ordinateur et ces pages qui y resteront imprimées, les trois dimensions de ce livre seront simultanément présentes à chaque pas. Car les livres ont leur vie, et cette vie n'est rien d'autre qu'un fractal dans l'espace Hilbert.

Quelques éléments de bibliographie. Sur la description mathématique de la nature et de la pensée, voir tout particulièrement le livre de Rudy Rucker, *Mind Tools. The Five Levels of Mathematical Reality* (Houghton Mifflin, Boston 1987). Sur les rapports entre Georges Dumézil et Émile Durkheim, voir C. Scott Littleton, *The New Comparative Mythology. An Anthropological Assessment of the Theories of Georges Dumézil* (University of California Press, Berkeley-Los Angeles 1966). Sur les rapports mythe-idéologie-société, voir G. Dumézil, *Heur et malheur du guerrier. Aspects mythiques de la fonction guerrière chez les Indo-Européens* (Flammarion, Paris 1985). La fameuse « geste d'Asdiwal » a fait l'objet du neuvième chapitre d'*Anthropologie structurale deux* (Plon, Paris 1973) de Claude Lévi-Strauss et d'*Asdiwal revisité*, dans *Paroles données* (Plon, Paris 1984). Sur les critiques de Durkheim dans l'œuvre de Lévi-Strauss, voir Guido Ferraro, *Il linguaggio del mito. Valori simbolici e realtà sociale nelle mitologie primitive* (Feltrinelli, Milan 1979) et Sandro Nannini, *Il pensiero simbolico* (Il Mulino, Bologne 1981), pp. 17-25. Sur l'évolution de la perspective systémique chez Mircea Eliade, voir mon livre *Mircea Eliade* (Cittadella, Assisi 1978). Pour une analyse systémique de tout un complexe de religions, voir mes *Gnoses dualistes d'Occident* (Plon, Paris 1990).

PREMIÈRE PARTIE

LES RELIGIONS

SOMMAIRE
DE LA PREMIÈRE PARTIE

1

Religions de l'
AFRIQUE

1.0 *Classifications.* L'homme est né en Afrique il y a au moins cinq millions d'années. Aujourd'hui, le continent abrite de nombreux peuples, qui parlent plus de 800 langues (dont 730 classifiées). On a distingué les habitants de l'Afrique entre eux par « races » et par « aires culturelles », mais ces deux critères ont, depuis vingt-cinq ans, montré leur insuffisance. Bien que la délimitation des langues ne soit pas précise, la classification linguistique est de loin préférable aux autres.

Joseph H. Greenberg a proposé en 1966 une division du continent africain en quatre grands groupes linguistiques, composés de plusieurs familles. Le plus important est le groupe Congo-Kordofan, dont la principale famille est la nigéro-congolaise. Une sous-famille appartenant à celle-ci comporte les langues bantoues. L'aire linguistique Congo-Kordofan couvre le centre et le sud de l'Afrique.

Un second groupe linguistique, comprenant les langues des Nilotes, du Soudan occidental et du Moyen Niger, est le groupe nilo-saharien.

Au nord et nord-est s'étend l'aire du groupe afro-asiatique, comprenant les langues sémitiques parlées en Asie occidentale, l'égyptien, le berbère, les langues kouchites et celles du Tchad comme le haoussa.

Le quatrième groupe comporte les langues communément appelées à « clic » (d'après les quatre sons caractéristiques de la langue des Bochimans), dont le nom donné par Greenberg est khoïsan et dont les principaux locuteurs sont les Bochimans et les Hottentots.

Les frontières religieuses ne suivent pas le contour des frontières linguistiques. Les pays du nord ont abrité la longue histoire de l'islam égyptien et berbère, le second est surtout pénétré de cultes de possession féminins qu'on a volontiers comparés à l'ancien culte grec de Dionysos, et de magies africaines. Dans ce syncrétisme afro-islamique, le *marabout*, réceptable de *baraka* ou force spirituelle, est le personnage central. Avant l'islam, il y a eu le judaïsme des tribus berbères et le christianisme africain qui, dans l'expansion du mouvement puritain donatiste combattu par Augustin (354-430), annonçait déjà ce particularisme des Berbères qui leur a toujours fait choisir une forme de religion qui ne coïncidait pas exactement avec celle de leurs dominateurs.

A l'ouest, la situation est différente. Le Sénégal est partagé entre les cultes autochtones, la croix et le croissant. Plus on avance vers le sud, plus le choix devient complexe. En Guinée, Liberia, Côte-d'Ivoire, Sierra Leone, et au Bénin, le syncrétisme prend la relève. Les Mandés sont islamisés, mais il n'en va pas de même pour les Bambaras, les Miniankas et les Sénoufos. Dans la fédération nigérienne les cultes autochtones prospèrent. La religion des Yoroubas est l'une des plus importantes de la région.

Le syncrétisme domine l'Afrique équatoriale et le sud évangélisé par les Portugais et les missions protestantes britanniques et hollandaises. A l'est, le syncrétisme chez les Bantous est dominé par l'étendard du Prophète. Enfin, les tribus des Lacs (Azandes, Nuers, Dinkas, Masaïs), en dépit de l'activité missionnaire anglaise, pratiquent toujours les religions de leurs ancêtres.

Face à une telle diversité, l'historien des religions n'a pas le choix facile. Il peut procéder « à vol d'oiseau » sans s'arrêter nulle part, comme l'a fait B. Holas dans ses *Religions de l'Afrique noire* (1964) ; il peut traiter la matière dans une perspective phénoménologique, sans accorder aucune importance aux divisions géographiques et historiques, comme l'a fait Benjamin Ray dans *African Religions* (1976) ; il peut enfin choisir nombre de religions représentatives et les décrire individuellement et en les mettant en contraste les unes par rapport aux autres, comme l'a fait Noel Q. King dans *African Cosmos* (1986). Chacune de ces options a ses avantages et ses inconvénients. La seule solution utilisable dans un ouvrage de référence comme celui-ci est d'essayer de les combiner toutes les trois.

Mais, avant d'aller plus loin, il faut constater que, sans être universels, deux traits sont partagés par de nombreuses religions autochtones de l'Afrique : la croyance dans un Être Suprême, souvent un *deus otiosus* qui s'est retiré des affaires humaines et qui, par conséquent, n'est pas activement présent dans le rituel ; et la divination en double forme (par possession spirite oraculaire et par diverses méthodes géomantiques) qui, elle, semble provenir des Arabes.

1.1 *Religions de l'Afrique occidentale.*

1.1.1 *La religion des Yoroubas* est probablement la religion africaine comportant le plus grand nombre de pratiquants (plus de 15 millions), au Nigeria et dans les pays limitrophes comme le Bénin. Récemment, un nombre relativement important d'africanistes ont exploré ses inépuisables subtilités.

Encore au début du siècle, la collectivité yorouba était dominée par une confrérie secrète qui nommait le plus haut représentant du pouvoir public (le roi). Avant sa nomination, le roi n'était au courant de rien, car il n'était pas membre de la confrérie des Ogbonis.

Être membre de ce club restreint signifie parler une langue inintelligible aux profanes et pratiquer des formes d'art hiératique et monumental qui ne sont pas accessibles au commun des Yoroubas. Enveloppé dans le secret initiatique, le culte interne des Ogbonis reste mystérieux. Au centre : Onile, la Grande Déesse Mère de l'*ile*, qui est le « monde » élémentaire à l'ẹtat chaotique, avant qu'il sọit organisé. L'*ile* s'oppose d'une part à l'*orun*, qui est le ciel en tant que principe organisé ; et de l'autre à l'*aiye*, le monde habité, qui provient de l'intervention de l'*orun* dans l'*ile*. Alors que tout le monde connaît les aspects revêtus par les habitants de l'*orun*, les *orisas*, qui sont l'objet de cultes exotẹriques, et le *deus otiosus* Olorun, qui ne reçoit pas de culte, la présence de l'*ile* dans la vie des Yoroubas est chargée de l'inquiétant mystère de l'ambivalence féminine. La déesse Yemoja est fécondée par son propre fils Orungan et les produits de l'inceste constituent de nombreux dieux et esprits. Yemoja est maîtresse des sorcières Yorouba, qui l'ont prise pour modèle à cause du cours exceptionnel et tourmenté de sa vie. Une autre situation associée à la sorcellerie est la stérilité, représentée par la déesse Olokun, femme d'Odudua.

Une troisième situation qui mène à la sorcellerie est celle de la Vénus Yorouba, la déesse Osun, protagoniste de toute une série de divorces et scandales. Elle est l'inventrice des arts magiques, et les sorcières la tiennent pour une des leurs.

Le monde organisé se tient à l'écart de l'*ile*. Le créateur est Obatala, le dieu qui forme l'embryon dans le ventre maternel. Avec lui, l'*orun* a envoyé dans l'*aiye* le dieu des oracles Orunmila, dont les instruments de divination sont présents dans les maisons traditionnelles des Yoroubas. La divination Ifa est une forme de géomancie provenant des Arabes. Elle comporte seize figures de base, dont les combinaisons déterminent le pronostic. Le devin n'interprète pas la sentence ; il se limite à réciter des vers appartenant à un répertoire traditionnel, un peu comme les commentaires du *I King*, l'ancien livre de divination chinoise. Plus le devin connaît de vers, plus il est respecté par sa clientèle.

Un autre *orisa* important est Esu le Trickster, petit et ityphallique. D'une part, il fait rire ; d'autre part, il trompe. Il faut savoir le rendre propice par des sacrifices d'animaux et des offrandes de vin de palme.

Le patron des forgerons, dont le statut est très particulier partout en Afrique, impliquant l'isolement et le soupçon mais aussi l'attribution de pouvoirs magiques ambivalents, est le dieu guerrier Ogún. La même ambivalence se retrouve dans les idées que les Yoroubas se font des jumeaux. L'anomalie de la naissance gémellaire pose aux peuples africains un dilemme : il faut soit la neutraliser en tant que rupture de l'équilibre du monde (auquel cas l'un des deux jumeaux ou les deux doivent être supprimés), soit lui accorder une révérence spéciale. Les Yoroubas disent que, dans un passé lointain, ils préféraient la première solution, mais qu'un oracle leur a enjoint d'adopter la seconde. Les jumeaux sont chez eux l'objet d'une attention toute particulière.

Si Obatala façonne le corps, Olodumare lui insuffle l'esprit *(emi)*. A la mort, les composantes de l'être humain retournent chez les *orisas*, qui les redistribuent à travers les nouveau-nés. Il y a cependant des composantes immortelles, car les esprits peuvent revenir sur terre et prendre possession d'un danseur Egungun. Celui-ci délivre le message des trépassés aux vivants.

Cérémonie combinant la frayeur et la joie, la danse Gélédé

a lieu au marché en hommage aux femmes-ancêtres, les déesses terrifiantes qu'il est nécessaire d'amadouer.

1.1.2 *Religion des Akans.* Les Akans sont un peuple de langue twi, de la même souche kwa que les Yoroubas, formant une douzaine de royaumes indépendants au Ghana et en Côte-d'Ivoire, dont le plus important est celui des Asantes (Ashanti). L'organisation clanique, en huit unités matrilinéaires, ne coïncide pas avec l'organisation politique. Comme les Yoroubas, les Asantes ont leur *deus otiosus* céleste, Nyame, qui a fui le monde des humains à cause du bruit insupportable que font les femmes en battant les ignames pour les réduire en purée. Dans chaque maison asante, Nyame a un petit autel aménagé dans un arbre. En tant que dieu créateur, il est invoqué constamment à côté de la déesse de la terre, Asase Yaa.

Les Asantes vénèrent les divinités personnelles *abosoms* et les divinités impersonnelles *asumans* et invoquent les ancêtres *(asamans)* à l'aide de tabourets noircis de sang et d'autres matières. La maison du roi a ses tabourets noirs qui reçoivent des offrandes périodiques. L'institution royale des Asantes comporte un roi (Asantehene) et une reine (Ohenemmaa) qui n'est pas son épouse ou sa mère, mais une représentante du groupe matrilinéaire qui recoupe le groupe politique.

La fête religieuse centrale dans tous les royaumes akans est l'Apo, un temps de réflexion sur les ancêtres, de cérémonies purificatrices et propitiatoires.

1.1.3 *La vision du monde des Bambaras et des Dogons du Mali.* Germaine Dieterlen écrivait en 1951, dans son *Essai sur la religion bambara* : « Au moins neuf populations d'inégale importance (Dogons, Bambaras, Forgerons, Kurumbas, Bozos, Mandingos, Samogos, Mossis, Kules) vivent sur le même substrat métaphysique, sinon religieux. Le thème est commun de la création par un verbe d'abord immobile dont la vibration détermine peu à peu l'essence puis l'existence des choses ; il en est de même du mouvement en spirale conique de l'univers, lequel est en extension constante. Même conception de la personne, ainsi que de la gémelléité primordiale, expression de l'unité parfaite. Les uns et les autres admettent l'intervention d'une hypostase de la divinité qui, parfois, prend l'aspect d'un rédempteur maître du monde dont la forme est partout identique. Tous croient à la nécessité de l'harmonie universelle comme à celle de l'harmonie interne des êtres, les deux étant liées. L'un des corollaires de cette notion est le subtil mécanisme du désordre que nous nommons impureté, faute d'un meilleur terme, et qu'accompagne celui des pratiques cathartiques très développées. »

Dans la cosmogonie des Dogons, les archétypes de l'espace et du temps sont inscrits sous forme de nombres dans le sein du dieu céleste Amma. C'est le Trickster Renard pâle, Yurugu, qui institue l'espace et le temps réels. Dans une autre version, l'univers et l'homme sont créés à partir d'une vibration primordiale qui procède sous forme hélicoïdale à partir d'un centre et dont l'amorce est donnée par sept segments de différentes longueurs. Cosmisation de l'homme et anthropomorphisation du cosmos sont les deux opérations qui définissent la vision dogon du monde. Ainsi, selon G. Calame-Griaule *(Ethnologie et langage)*, le Dogon « cherche son reflet dans tous les miroirs d'un univers anthropomorphique dont chaque brin d'herbe, chaque moucheron est porteur d'une "parole" ». Même importance de la parole chez les Bambaras, comme le souligne Dominique Zahan *(Dialectique du verbe chez les Bambaras)* : « Le verbe établit [...] un rapprochement entre l'homme et son Dieu, en même temps qu'une liaison entre le monde objectif concret et le monde subjectif de la représentation. » La parole prononcée est comme un enfant qui vient au monde. Il y a plusieurs opérations et instruments dont le but est de rendre plus facile l'accouchement de la parole par la bouche : la pipe et le tabac, l'usage de la noix de kola, le limage des dents, l'usage des frotte-dents, le tatouage de la bouche. Au fond, accoucher de la parole n'est pas une opération sans risque, car elle rompt la perfection du silence. Le silence, secret que l'on tait, a une valeur initiatique qui caractérise la condition originelle du monde.

Au début, il n'y avait pas besoin de langage, car tout ce qui existait s'intégrait à une « parole inaudible », un bruissement continu confié par le créateur rude, phallique et arboricole, Bemba, au créateur céleste, raffiné et aquatique, Faro. Muso Koroni, femme de Bemba, qui avait engendré les plantes et les animaux, devint jalouse de son mari qui s'accouplait à toutes les femmes créées par Faro. C'est pourquoi elle le trahit à son tour et Bemba la poursuivit et la saisit à la gorge, lui serrant le cou. De ce traitement violent de l'épouse, infidèle au mari infidèle, naissent ces coupures dans le flux sonore continu qui sont absolument nécessaires pour engendrer des mots, un langage.

Comme les Dogons, les Bambaras croient à la déchéance de l'humanité, dont l'apparition du langage n'est qu'un des signes. Au plan individuel, la déchéance est caractérisée par le *wanzo*, la féminité déréglée, sorcière, de l'être humain qui, à l'état parfait, est androgyne. Le support visible du *wanzo*, c'est le prépuce. La circoncision enlève à l'androgyne sa composante féminine. Délesté de sa féminité, l'homme va à la recherche d'une épouse, et c'est ainsi que la communauté apparaît. La circoncision physique a lieu lors de la première initiation infantile, le *n'domo*, alors que la dernière des six *dyows* (initiations) successives, le *kore*, a pour but de restituer à l'homme la féminité spirituelle, le rendant à nouveau androgyne, donc parfait. Le *n'domo* marque l'entrée de l'individu dans l'existence sociale ; le *kore* en marque la sortie, pour rejoindre la plénitude et la spontanéité divines. Les Dogons et les Bambaras ont bâti sur leurs mythes et leurs rituels toute une « architectonique de la connaissance », subtile et complexe.

1.2 *Religions de l'Afrique orientale.*

L'aire est-africaine comporte 100 millions d'habitants appartenant aux quatre grands groupes linguistiques mentionnés ci-dessus (↔ 1.0) et formant plus de deux cents sociétés diverses. Un swahili simplifié sert de langue véhiculaire dans la région, mais la plupart des gens parlent des langues bantoues, comme les Gandas, Nyoros, Nkores, Sogas et Gisous en Ouganda, les Kikuyus et Kambas au Kenya et les Kagurus et Gogos en Tanzanie. Les religions des peuples bantous présentent quelques traits communs, comme le caractère de *deus otiosus* du créateur qui, sauf chez les Kikuyus, est envisagé comme une figure lointaine, qui n'intervient pas dans les événements de tous les jours. Par conséquent, sa présence dans le rituel est généralement réduite. Les divinités actives sont les héros et les ancêtres, souvent consultés dans leurs sanctuaires par des médiums qui, en état de transe, se mettent en communication directe avec eux. En principe, les esprits des morts peuvent aussi posséder le médium. C'est pourquoi il convient de les apaiser et de leur faire des offrandes périodiques. Plusieurs rituels ont pour but de débarrasser la société de certains états d'impureté contractés à cause de la transgression, volontaire ou involontaire, de l'ordre.

La divination de type géomantique simplifié se rencontre chez la plupart des peuples d'Afrique orientale. Elle est pratiquée afin d'aider les décisions binaires (oui/non), de faire connaître un coupable ou de prédire l'avenir. L'envoûtement étant considéré comme la cause de la mort, de la maladie et du mauvais sort, la divination sert également à désigner l'auteur d'un méfait magique pour le punir. L'étude d'E.E. Evans-Pritchard sur les Azandes éclaire les rapports entre sorcellerie et oracles.

Tous les peuples de l'Afrique orientale connaissent l'initiation pubertaire, en général plus complexe chez les enfants mâles que chez l'autre sexe. La plupart des peuples bantous pratiquent la circoncision et la clitori- ou labiadectomie. Les initiations guerrières plus poussées servent parfois à cimenter l'unité d'organisations secrètes, comme le Mau Mau des Kikuyus du Kenya, qui a joué un rôle dans la libération du pays.

Les peuples nilotiques de l'Afrique orientale comprennent les Shilluks, les Nuers et les Dinkas dans la République du Soudan, les Acholis de l'Ouganda et les Inos du Kenya. La religion des Nuers et des Dinkas est particulièrement bien connue, grâce aux travaux exceptionnels d'E.E. Evans-Pritchard et de Godfrey Lienhardt. Comme d'autres habitants de la région des Lacs (les Masaïs, par exemple), les Nuers et les Dinkas sont des éleveurs de bétail transhumants. Cette donnée écologique est importante dans leur religion. Les premiers êtres humains et les premiers bovins ont été créés ensemble. Le dieu créateur ne participe plus à l'histoire humaine. Les divers esprits qu'on peut invoquer, et les ancêtres, sont proches de l'homme.

Dans les deux sociétés, on trouve des spécialistes du sacré qui communiquent avec les forces de l'invisible : les prêtres-léopards chez les Nuers et les Maîtres du harpon chez les Dinkas, qui exécutent le rite de sacrifice du bœuf afin de délivrer la collectivité de la souillure et l'individu de la maladie qui l'a frappé. Les prophètes des Nuers et des Dinkas sont des personnages religieux possédés par les esprits.

1.3 *Religions de l'Afrique centrale.*

1.3.1 *Religions des Bantous.* A peu près dix millions de Bantous vivent en Afrique centrale, dans le bassin du fleuve Congo, sur une aire qui s'étend de la Tanzanie à l'est jusqu'au Congo à l'ouest. Les plus connus d'entre eux sont les Ndembus et les Leles, grâce aux travaux de Victor Turner (*The Forest of Symbols*, 1967 ; *The Drums of Affliction*, 1968) et de Mary Douglas (*The Lele of the Kasai*, 1963).

Au centre des religions bantoues figurent les cultes spirites et les rituels magiques de propitiation. Liées aux premiers : les sociétés secrètes initiatiques développées par certains peuples comme les Ndembus, mais aussi l'institution plus largement répandue des oracles royaux et des « cultes d'affliction », qui consistent à exorciser les esprits « affligés » qui possèdent les vivants. Ces esprits sont parfois des marginaux appartenant à divers groupes ethniques ; ils demandent aux médiums de parler dans leur langue. La sorcellerie comme activité féminine par excellence n'existe pas chez tous les peuples bantous.

Le créateur, qui est asexué, est devenu en général un *deus otiosus* ; il n'a pas de culte, mais il est invoqué comme garant du serment.

1.3.2 *Les Pygmées de la forêt tropicale* forment trois groupes principaux : les Akas, les Bakas et les Mbutis d'Ituri au Zaïre, étudiés dans les célèbres livres de Colin Turnbull, dont le plus connu est *The Forest People* (1961). Poussés par la volonté du père Wilhelm Schmidt (1868-1954) à retrouver chez tous les peuples sans écriture des croyances monothéistes originelles, bien des missionnaires catholiques et bien des ethnographes ont confirmé l'existence chez les trois groupes de la croyance en un créateur qui devient *otiosus*. Mais Colin Turnbull nie que les Mbutis connaissent un dieu créateur : pour eux, dieu c'est l'habitat, la brousse. On trouve chez eux une certaine pauvreté rituelle : ils n'ont pas de prêtre et ne pratiquent pas la divination. Ils ont des rites de passage associés à la circoncision pour les garçons et à l'isolement des jeunes filles lors des premières règles.

1.4 *Religions de l'Afrique du Sud.*

Les Bantous ont émigré vers le sud en deux vagues : entre 1000 et 1600 EC (Sothos, Tswanas, Ngunis — parmi lesquels les Zulus —, Lovendus, Vendas) et au XIXe siècle (Tsongas).

D'après l'africaniste Leo Frobenius (1873-1938), la fondation de l'ancien royaume du Zimbabwe est liée aux ancêtres des Hungwes, venus du nord. Dans un mythe karanga, la royauté sacrée réalisait l'équilibre des contraires : la chaleur et l'humidité, symbolisées par les princesses au vagin moite et les princesses au vagin sec. Les premières étaient tenues de s'accoupler au grand serpent aquatique, parfois appelé Serpent arc-en-ciel, qui est un être surnaturel présent chez de nombreux peuples de l'Afrique occidentale et méridionale. Les princesses au vagin sec étaient les vestales qui alimentaient le feu rituel. En temps de sécheresse, on sacrifiait une princesse au vagin humide pour obtenir la pluie.

Les rituels d'initiation pubertaire sont plus compliqués chez les garçons que chez les jeunes filles. La circoncision n'est pas générale et la clitoridectomie n'est pas pratiquée, bien que le rituel comporte un simulacre d'excision. Le symbolisme initiatique est basé sur le passage de la nuit au jour, du noir à la lumière solaire.

1.5 *Les religions afro-américaines* ont surgi dans les milieux d'esclaves d'origine ouest-africaine de l'archipel des Caraïbes, de la Côte orientale de l'Amérique du Sud (Surinam, Brésil) et de l'Amérique du Nord.

1.5.1 *Les cultes afro-caraïbes* sont, à côté des religions afro-guyanaises, les plus authentiquement africains, bien qu'ils aient emprunté au catholicisme certains noms et certaines notions. Le Vaudou de Haïti, dont on connaît le rôle dans la conquête de l'indépendance du pays, est un culte de possession organisé autour de divinités *(lwas)* d'origine fon et yorouba, alors que dans la Santería cubaine et le Shango de Trinidad les esprits invoqués sont les *orisas* des Yoroubas (↔ 1.1.1). Dans les trois cas, des sacrifices sanglants et des danses qui aboutissent à la transe servent de moyen de communication avec les dieux, qui ont tantôt des noms africains, tantôt des noms de saints de l'Église romaine, que l'on attribue à des divinités authentiquement africaines. Le réseau du Vaudou couvre la société haïtienne dans son ensemble, avec ses envoûtements et ses désenvoûtements, ses secrets et sa renommée occulte.

Les ancêtres sont vénérés dans plusieurs cultes syncrétistes comme le Kumina, le Convince et la danse Kromanti des esclaves fugitifs en Jamaïque, le Big Drum Dance dans les îles de Grenade et de Carriacou, le Kele à Santa Lucia, etc.

Dans plusieurs autres cultes, comme celui des Myalistes de Jamaïque, des baptistes dits Shouters à Trinidad et des Shakers de Saint-Vincent, les éléments chrétiens sont plus importants que les croyances africaines.

Les Rastafariens de Jamaïque sont en premier lieu un mouvement millénariste. Pour l'Occidental moyen, ils se confondent avec la coiffure *dreadlock* et la musique reggae, mais leur philosophie et leur musique ont de nombreux adeptes en Occident comme en Afrique.

L'identification de l'Éthiopie dont parle le Psaume 68, 31 avec la patrie promise des Afro-Jamaïcains suscita un mouvement politique lorsque le prince (Ras) éthiopien Tafari (d'où « Rastafarien ») fut couronné empereur d'Abyssinie en 1930, sous le nom de Hailé Sélassié. Avec le temps, et surtout après la mort de l'empereur, le mouvement se scinda en plusieurs groupes qui ne partagent pas la même idéologie ni les mêmes espoirs politiques.

1.5.2 *Les cultes afro-brésiliens* ont surgi vers 1850, à partir d'éléments d'origines diverses, et en présentant des traits authentiquement africains, comme la possession par les divinités *orixas* et la danse extatique. Au Nord-Est, le culte est appelé Candomblé, au Sud-Est Macumba, mais l'Umbanda en provenance de Rio de Janeiro est devenu fort populaire depuis 1925-1930. Interdits au début, les cultes de possession représentent aujourd'hui une composante essentielle de la vie religieuse au Brésil.

1.5.3 *Les religions afro-guyanaises* ont surgi au Surinam (l'ex-Guyane hollandaise) parmi la population créole de la côte, mais aussi chez les esclaves fugitifs qui s'étaient réfugiés à l'intérieur du pays. La religion des Créoles de la Côte s'appelle *winti* ou *afkodré* (du holl. *afgoderij*, « idolâtrie »). Toutes deux conservent des croyances africaines anciennes et authentiques.

1.5.4 *La vie religieuse des Africains des États-Unis d'Amérique* est connue pour son intensité et présente ceci de particulier que, soumis à une évangélisation plus poussée et plus efficace qu'ailleurs, les Noirs américains n'ont pas conservé intacts beaucoup de croyances et de rituels africains. L'idée d'un retour en Afrique a été propagée sans succès par l'*American Colonization Society* depuis 1816 et, avec des changements de ton, par plusieurs Églises noires vers 1900. De nombreux Africains américains, déçus par l'incapacité des Églises chrétiennes à répondre à leurs aspirations sociales, ont adopté le judaïsme et surtout l'islam. Il existe aujourd'hui deux dénominations musulmanes parmi les Africains américains, provenant toutes deux de la *Nation de l'Islam* fondée par Elijah Muhammad (Elijah Poole, 1897-1975) en 1934, à partir d'une organisation mise sur pied par un musulman (Wallace D. Fard), mais profitant également du climat créé par l'organisation parallèle *Temple Mauresque de Science (Moorish Science Temple)* de Noble Drew Ali (Timothy Drew, 1886-1929), et par la propagande missionnaire des Ahmadiyahs de l'Inde commencée en 1920. En 1964, le groupe *Mosquée musulmane (Muslim Mosque)* de Malcolm X (Malcolm Little, 1925-1965) se détacha de la Nation de l'Islam. Après la mort d'Elijah Muhammad en 1975, son fils Warithuddin (Wallace Deen) Muhammad transforma la Nation de l'Islam en une organisation affiliée à l'islam orthodoxe (sunnite), sous le nom de Mission musulmane américaine *(American Muslim Mission)*. La Nation de l'Islam *(Nation of Islam)* est aujourd'hui une organisation conduite par le pasteur Louis Farrakhan de Chicago, qui continue dans la direction tracée par Elijah Muhammad.

1.6 *Bibliographie.* Sur les religions africaines en général, voir B.C. Ray, *African Religions : An Overview*, in ER 1, 60-69 ; E.M. Zuesse, *Mythical Themes*, in ER 1, 70-82 ; B. Jules-Rosette, *Modern Movements*, in ER 1, 82-9 ; V. Grottanelli, *History of Study*, in ER 1, 89-96. Voir aussi B. Holas, *Religions du monde : L'Afrique noire*, Paris 1964 ; Benjamin C. Ray, *African Religions : Symbol, Ritual, and Community*, Englewood Cliffs N.J. 1976 ; Noel Q. King, *African Cosmos. An Introduction to Religion in Africa*, Belmont CA 1986. Un bon recueil de textes religieux africains a été réalisé par L.V. Thomas et R. Luneau, *les Religions de l'Afrique noire. Textes et traditions sacrées*, 2 vol., Paris 1981.

Sur les religions de l'Afrique occidentale, voir H.A. Witte, *Symboliek van de aarde bij de Yoruba*, Groningen 1982, et I.P. Couliano in *Aevum* 57 (1983), 582-3 ; Marcel Griaule, *Dieu d'Eau*, Paris 1966 ; M. Griaule-G. Dieterlen, *le Renard Pâle*, Paris 1965 ; G. Dieterlen, *Essai sur la religion bambara*, Paris 1951 ; Geneviève Calame-Griaule, *Ethnologie et langage. La parole chez les Dogons*, Paris 1965 ; Dominique Zahan, *la Dialectique du verbe chez les Bambaras*, Paris-La Haye 1963 ; D. Zahan, *Sociétés d'initiation Bambara : le N'Domo, le Koré*, Paris-La Haye 1960.

Sur les religions de l'Afrique orientale, voir W.A. Shack, *East African Religions : An Overview*, in ER 4, 541-52 ; B.C. Ray, *Northeastern Bantu Religions*, in ER 4, 552-57 ; J. Beattie, *Interlacustrine Bantu Religion*, in ER 7, 263-6 ; J. Middleton, *Nuer and Dinka Religion*, in ER 11, 10-12 ; E.E. Evans-Pritchard, *Nuer Religion*, Oxford 1956 ; *idem*, *Witchcraft Oracles and Magic among the Azande*, Oxford 1980 (1937) ; Godfrey Lienhardt, *Divinity and Experience : The Religion of the Dinka*, Oxford 1961.

Sur les religions de l'Afrique centrale, voir E. Colson, *Central Bantu Religion*, in ER 3, 171-8 ; S. Bahuchet et J.M.C. Thomas, *Pygmy Religion*, in ER 12, 107-10 ; Colin M. Turnbull, *The Forest People. A Study of the Pygmies of the Congo*, New York 1962.

Sur les religions de l'Afrique méridionale, voir M. Wilson, *Southern African Religions*, in ER 13, 530-38 ; L. de Heusch, *Southern Bantu Religions*, in ER 13, 539-46.

Sur les religions afro-américaines, voir G. Eaton-Simpson, *Afro-Caribbean Religions*, in ER 3, 90-98 ; Alfred Métraux, *le Vaudou haïtien*, Paris 1958 ; A.J. Raboteau, *Afro-American Religions : An Overview*, in ER 1, 96-100 ; idem, *Muslim Movements*, in ER 1, 100-102 ; Y. Maggie, *Afro-Brazilian Cults*, in ER 1, 102-5 ; R. Price, *Afro-Surinamese Religions*, in ER 1, 105-7.

[illegible]

[illegible] Oxford 1961.

Sur les [illegible]

Sur les [illegible]

Sur les [illegible]

2

Religions de l'
AMÉRIQUE CENTRALE

2.0 L'aire méso-américaine est en quelque sorte l'équivalent américain du Croissant fertile. Elle a hébergé un grand nombre de civilisations avancées (Toltèques, Olmèques, Zapotèques, Mixtèques, etc.), dont les plus remarquables sont celles des Mayas et des Aztèques.

2.1 *Les Mayas*, qui possèdent une écriture hiéroglyphique partiellement déchiffrée et un calendrier complexe et précis dont il est maintenant possible d'établir l'équivalent en calendrier grégorien, sont les héritiers culturels des Olmèques, dont la civilisation avait fleuri vers 1200 AEC. Les plus anciennes traces des Mayas ne remontent en revanche qu'aux années 200-300 EC ; elles s'effacent peu après à cause d'une invasion militaire provenant de Teotihuacán (Mexico d'aujourd'hui), mais reprennent par la suite et atteignent leur apogée dans les conditions géophysiques très défavorables de la forêt tropicale. Vers 750 EC, quatre centres urbains importants font leur apparition (Tikal, Copán, Palenque et Calakmul), autour desquels gravitent un grand nombre de villes secondaires et de villages ; mais l'existence d'un État maya centralisé est improbable.

Pour des raisons inconnues, dont les plus vraisemblables sont l'invasion et la guerre religieuse, entre 800 et 900 la population déserta les villes, abandonnant les magnifiques monuments à la jungle. Après cette catastrophe, la culture maya se concentra dans la presqu'île du Yucatán, où de nombreux centres urbains surgirent entre 900 et 1200 EC.

Parmi eux, Chichén Itzá semble avoir été conquis par les Toltèques de Tollán (précurseurs des Aztèques) et devint un de leurs pôles d'expansion. Selon la légende, ce fut le héros mythique Quetzalcóatl-Kukulkán (Serpent à plumes de Quetzal) lui-même qui, en 987, conduisit les exilés de Tollán (Tula, au nord de Mexico), alors envahi par les forces du dieu destructeur Miroir Fumé (Tezcatlipoca), jusqu'au Yucatán et fonda Chichén Itzá. Abandonnée vers 1200, Chichén Itzá transmit sa splendeur à la ville de Mayapán près de Mérida, elle-même détruite vers 1441. Lorsque les envahisseurs espagnols débarquèrent en Amérique centrale, la civilisation maya était sur le déclin. Au printemps de l'an 1517, à l'approche des immenses galions noirs d'une puissance inconnue, les habitants du Yucatán se rappelèrent les anciennes prophéties sur le retour de Tezcatlipoca : « Ce jour-là les choses tomberont en ruine... »

Quelques groupes épars échappèrent à l'acculturation forcée ; on les retrouvera, après la Seconde Guerre mondiale, dans la jungle de Chiapas, autour d'extraordinaires temples abandonnés. Aujourd'hui, plus de deux millions de descendants des anciens Mayas vivent en Amérique centrale : les Yucatèques, les Chols, les Chontals, les Lacandóns, les Tzotzols, les Tzeltals, les Tojolabals, les Quichés, les Cakchiquels, les Tzutuhils, etc., parlant une trentaine de dialectes fort divers. Ils sont toujours les dépositaires de rituels sacrés car, bien que bons catholiques depuis quatre cents ans, ils n'ont jamais cessé de les pratiquer.

2.1.1 *Religion.* Après qu'ils eurent été détruits par un frère espagnol zélé, Diego de Landa, seuls trois livres en hiéroglyphes mayas ont survécu ; mais des prêtres mayas ont utilisé par la suite leur dialecte et l'alphabet latin pour nous transmettre leur ancienne mythologie. Les plus importants documents de ce genre sont le *Popol Vuh* des Mayas Quichés et les *Livres de Chilam Balam* des Yucatèques.

Le sacerdoce suprême des Mayas était dans les mains du *halach uinic* (« vrai homme »), dont les fonctions s'étendaient également à l'enseignement de l'écriture hiéroglyphique, aux calculs relatifs au calendrier et à la divination.

Le moment central du culte est le sacrifice, appelé *p'a chi* (« ouvrir la bouche ») au Yucatec, d'après la pratique qui consiste à frotter avec le sang de la victime la bouche de la statue du dieu. Les victimes étaient rarement animales ; on leur préférait les sacrifices humains, et certains dieux avaient leurs préférences, comme les Chacs, dieux de la pluie, qui aimaient le sang précieux des enfants. Le sang, substance tellement noble qu'elle est représentée dans les reliefs par des plumes de *quetzal*, était extrait de plusieurs manières : par la technique spectaculaire de l'arrache-cœur, par perforation, par décortication, etc. Dans les rites de pénitence tout le monde se saignait, et pour rendre les plaies plus mémorables on se servait du piquant d'une raie.

Sans être un véritable monothéisme, le culte du dieu céleste Itzam Na (« Maison de l'Iguane »), figuré comme un édifice dont la porte d'entrée est la bouche du dieu, s'en rapproche, car les autres divinités du panthéon maya (les Chacs, le Soleil, la Lune, etc.) sont ses serviteurs. Itzam Na est aussi dieu infernal, du feu et de la médecine.

L'existence humaine se prolonge après la mort dans le paradis céleste, dans le monde inférieur ou dans le lieu, céleste lui aussi, de repos du guerrier.

Les mythes mayas, dont le *Popol Vuh* est un répertoire fort intéressant, contiennent des thèmes familiers : la destruction périodique du monde, par l'eau et par le feu, la création d'un homme soluble dans l'eau et impuissant à se mouvoir, ou encore d'un homme ligneux dont la raideur est à l'opposé de la malléabilité de l'autre, etc. L'origine mythique du maïs est une combinaison de ce que l'ethnologue Ad. E. Jensen (1899-1965) a appelé les mythes *demas* et les mythes *prométhéens*. Les premiers présentent l'apparition de certaines plantes comestibles, surtout tubéreuses, comme une conséquence de la mise à mort d'une divinité appelée *Dema* en Indonésie, alors que les autres ont surtout trait au vol des céréales au ciel. La tête coupée des dieux sacrifiés est à l'origine du jeu rituel du ballon, dont l'importance était considérable en Amérique centrale. La partie se jouait avec acharnement, car les joueurs de l'équipe perdante étaient décapités.

2.2 *Les Aztèques ou Méxicas*, qui sont comme les Toltèques un groupe de langue nahuatl, s'installent vers 1325 dans l'île de Tenochtitlán, dans le lac qui couvrait alors une partie de la vallée du Mexique. Ils proviennent du nord, où ils n'avaient pas été un peuple dominateur, mais dominé. Ils partent à la recherche de la Terre promise, guidés par le Grand Prêtre

Huitzilopochtli, animé par le dieu Miroir Fumé (Tezcatlipoca) et engendré à nouveau par la Déesse Mère Coatlicue. Établis sur le Plateau mexicain, ils deviennent rapidement un peuple conquérant dont la principale activité a été définie comme un « impérialisme mystique ». En effet, obsédés par la nécessité de sacrifier de nouvelles victimes pour que leur sang assure le mouvement du Soleil, les Aztèques se les procurent parmi les peuples voisins.

Lorsque Hernán Cortés (1485-1547) arriva au Yucatán en 1519, avec 508 soldats et 10 canons, l'empire aztèque de Moctezuma II (pas plus que l'empire inca sous Atahuallpa) ne montrait pas les signes de déclin de la civilisation maya. Exploitant habilement la croyance au retour de Quetzalcóatl et à la fin du monde, mais surtout les rivalités entre les cités aztèques, Cortés vint en deux ans à bout d'un grand empire, mettant ainsi fin à deux siècles d'histoire, sanglante et triomphante, des Aztèques.

2.2.1 *Religion.* Les Aztèques bâtissent sur le prestigieux lieu mythique de Teotihuacán (« place de déification »), siège d'une culture avancée qui disparaîtra vers 700 EC, mais donnera cependant naissance à celle des Toltèques de Tula. Les Aztèques en héritent plusieurs dieux comme Quetzalcóatl et Tezcatlipoca, l'écriture, le calendrier, la divination. Dans un des mythes aztèques les plus riches en conséquences rituelles, Teotihuacán est la plaine mythique où le sacrifice des dieux inaugura le Cinquième Age (ou Soleil) du monde. Les quatre premiers Soleils avaient succombé à la destruction violente. Là-bas, dans la plaine de Teotihuacán, les dieux se rassemblent pour fabriquer un nouveau Soleil et une nouvelle race humaine. Tezcatlipoca et Quetzalcóatl façonnent la paire humaine primordiale et lui donnent pour nourriture le maïs. Pour créer le Soleil il faut immoler un dieu. Mais le nouveau Soleil et la nouvelle Lune nés du sacrifice de deux dieux par le feu ne peuvent se mouvoir. Tous les autres dieux versent alors leur sang sous le couteau sacrificiel d'Ecatl, et le Cinquième Soleil finira par se mettre en route. Seul Xolotl s'enfuit honteusement pour échapper à la mort ; il deviendra le dieu des Monstres et de ce qui est double, comme les jumeaux.

Ce sacrifice primordial doit être renouvelé périodiquement, pour que le Soleil maintienne son cours. C'est pourquoi les Aztèques, peuple du Soleil, sont obsédés par le sang et le devoir de se le procurer afin de faire durer le Cinquième Age. D'où des hécatombes de victimes, femmes et prisonniers de guerre, rituellement immolés devant le sanctuaire de Huitzilopochtli au haut du Templo Mayor de Tenochtitlán, qui est le centre symbolique du pouvoir aztèque. Bien que les Aztèques connaissent autant de moyens de donner la mort que les Mayas, ils préfèrent recourir à l'arrache-cœur. Dans une atmosphère mystique ponctuée par le son d'instruments à vent et à percussion (les Méso-Américains ne connaissaient pas les instruments à cordes), le prêtre sacrificateur expédie le cœur rapidement extrait dans un vase destiné à la nourriture sanglante des dieux, asperge de sang l'immense image de Huitzilopochtli, puis, après avoir coupé la tête de la victime, la dépose sur un palier prévu à cet effet à côté des autres. Le cadavre jeté au bas de la plate-forme sacrificielle est l'objet d'un repas cannibale auquel participe la foule.

Comme les Mayas, les Aztèques avaient une cosmologie assez élaborée, comprenant treize cieux, le treize étant le nombre fondamental du calendrier divinatoire de deux cent soixante jours (à ne pas confondre avec le calendrier solaire normal) et des spéculations numérologiques. L'existence de deux calendriers donnait lieu à un grand nombre de fêtes, fixes ou mobiles, auxquelles s'ajoutaient des cérémonies propitiatoires, d'actions de grâces, de consécration, etc. La consommation de la bière *(pulque)*, en quantités aussi abondantes que chez les autres peuples méso-américains, marquait le déroulement des grandes fêtes, dont la préparation était souvent accompagnée de privations et de macérations. A la fête du Soleil, le 4 Ollin, la communauté se saignait en signe de pénitence.

2.3 A quelques exceptions près, *les peuples de l'Amérique centrale d'aujourd'hui* ont assimilé les langues et la religion des conquérants chrétiens, ce qui a modifié ou tout simplement oblitéré leurs propres traditions.

Des fragments incompris de mythologies, de cosmologies et de références divinatoires et rituelles émergent encore dans l'imaginaire méso-américain, comme les débris d'un vaste complexe religieux archaïque englouti par la jungle.

L'Être Suprême des Indiens d'aujourd'hui est soit le Dieu-Père, soit le Jésus-Christ de Cortés ou de Pizarre, identifié au Soleil par des tribus comme les Quichés et les Tepehuas. Mais c'est surtout Marie, la Vierge de Guadeloupe, qui a acquis une position centrale dans le panthéon indien. En décembre 1531, la Vierge indienne apparut sur la colline sacrée de la déesse aztèque Tonantzin, mère immaculée de Huitzilopochtli, et s'adressa aux natifs en langue nahuatl. Depuis lors, elle veille sur eux et elle exauce leurs vœux les plus humbles mieux qu'aucun pouvoir en place ne l'a jamais fait dans cette région de la terre.

2.4 *Bibliographie.* M. Léon-Portilla, *Mesoamerican Religions : Pre-Columbian Religions*, in ER 9, 390-406 ; H. von Winning, *Preclassic cultures*, in ER 9, 406-9 ; D. Heyden, *Classic Cultures*, in ER 9, 409-19 ; H.B. Nicholson, *Postclassic Cultures*, in ER 9, 419-28 ; K.A. Wipf, *Contemporary Cultures*, in ER 9, 428-38 ; D. Heyden, *Mythic Themes*, in ER 9, 436-42 ; Y. González Torres, *History of Study*, in ER 9, 442-46 ; J.M. Watanabe, *Maya Religion*, in ER 9, 298-301 ; D. Carrasco, *Aztec Religion*, in ER 2, 23-29 ; D. Carrasco, *Human Sacrifice : Aztec Rites*, in ER 6, 518-22.

Sur les Mayas, voir spécialement J.E.S. Thompson, *Maya History and Religion*, Norman Oklahoma 1972 ; cf. Couliano in *Aevum* 49 (1975), 587-90 ; Charles Gallenkamp, *Maya. The Riddle and Rediscovery of a Lost Civilization*, New York 1987.

Sur les Aztèques, voir Jacques Soustelle, *les Aztèques*, Paris 1970, et surtout l'ouvrage récent de David Carrasco, *Quetzalcoatl and the Irony of Empire : Myths and Prophecies in Aztec Tradition*, Chicago 1982.

Sur les mythes *demas* et les mythes prométhéens, voir Ad. E. Jensen, *Mythes et cultes chez les peuples primitifs*, tr. fr., Paris 1954.

3

Religions de l'
AMÉRIQUE DU NORD

3.0 *L'Indien américain*, comme nous le montre l'excellent ouvrage d'Elémire Zolla, *les Lettrés et le chaman* (en italien, 1969), a été l'objet d'interprétations toujours fluctuantes de la part des colonisateurs, qui furent les destructeurs de sa culture. La plupart de ces interprétations, souligne Zolla, ne révèlent rien sur l'Indien lui-même, mais seulement sur les conceptions dominantes des Euro-Américains à telle ou telle époque : puritanisme religieux, Lumières, romantisme, exaltation du progrès (qui considère les indigènes tantôt avec une certaine bienveillance méprisante, tantôt avec hostilité). Ces vues ont généralement en commun l'idée que l'Indien ne témoigne que relativement peu d'intérêt pour la civilisation des Européens colonisateurs, qu'il s'agisse de leurs religions ou de leurs technologies. (A une exception près : certains parmi ces Indiens des Plaines, que notre imagination formée par les westerns sépare difficilement de leurs chevaux, n'en avaient vu aucun avant le XVIIIe siècle, lorsqu'ils leur étaient parvenus du Mexique, en provenance d'Espagne.) Les autorités se contenteraient de moins que cela pour justifier le génocide. Les calvinistes hollandais, dont les exploits en Afrique du Sud sont demeurés plus célèbres, n'hésitent pas à leur accorder le traitement réservé aux bêtes féroces, et le gouverneur Kieft institue une prime pour chaque scalp d'Indien en Nouvelle-Hollande. Avant qu'ils ne deviennent anglais, le sud de l'État de New York et le New Jersey avaient été débarrassés de leurs indigènes. Les Anglais adoptèrent le même traitement, mais augmentèrent les primes : au Massachusetts, en 1703, un scalp indien valait 60 dollars, en Pennsylvanie le scalp d'un mâle valait 134 dollars et celui d'une femme 50 dollars, d'après une logique patriarcale étriquée, car il est évident que le taux d'augmentation d'une population dépend des femmes et non des hommes. Les Indiens de la Côte orientale qui ne furent pas tués furent déportés à l'ouest du Mississippi par le président Andrew Jackson, à la suite du Removal Act de 1830, qui chassa de leur territoire même ces bons Cherokees dûment baptisés et fiers d'avoir imité si efficacement la civilisation des envahisseurs. Toujours « sauvage », et à l'occasion seulement « barbare », l'Indien dont le symbole était devenu les Shoshones du Grand Bassin, appelés *Diggers* (creuseurs, mangeurs de racines) par l'explorateur Jodediah Smith en 1827, est censé se trouver en un état déplorable en matière de pauvreté et d'hygiène. Au dire de l'écrivain romantique Washington Irving, même les trappeurs français, par ailleurs bien plus favorables que les puritains à une politique d'intégration raciale, ne trouvent rien de bon chez les Shoshones, qu'ils appellent les *dignes de pitié*. Personne n'est à l'abri des bévues les plus atroces : en 1861, le bon Mark Twain corrige le darwinisme à propos des Indiens, car leurs ancêtres semblent descendre non pas de primates, mais plutôt du gorille, du kangourou ou du rat de Norvège. Et en 1867 le *Weekly Leader* de Topeka, digne héritier des pieux Hollandais, n'y voit qu'une troupe d'infâmes voleurs, fainéants, puants et mécréants, dont tout homme honnête ne peut que souhaiter l'extermination totale : *« A set of miserable, dirty, lousy, blanketed, thieving, faithless, gut-eating skunks as the Lord ever permitted to infect the earth and whose immediate and final extermination all men, save Indian agents and traders, should pray for. »* Cette prière, qui était aussi celle du général William Sherman à la même époque, fut en quelque sorte exaucée, malgré les grands soubresauts de la fin du XIXᵉ siècle qui voient l'apparition du mouvement millénariste de la Ghost Dance Religion. Le général Phil Sheridan préconisa la destruction des bisons pour enlever aux Indiens leurs moyens de subsistance. Le massacre de Wounded Knee (le 29 décembre 1890) inaugura une époque où la « réserve » restait la seule alternative possible à l'intégration. Mais entretemps des ethnographes et des ethnologues dont le nom est aujourd'hui passé à la légende, comme James Mooney ou Franz Boas, avaient décrit l'incomparable richesse et la diversité des croyances et des coutumes des sociétés indiennes.

Aujourd'hui, ce monde étrange suscite comme toujours la fantaisie, mais la découverte de complexités nouvelles, de profondeurs inattendues, ne nous le rend pas forcément plus accessible qu'à nos prédécesseurs, d'autant plus que la fiction semble parfois s'y mêler, comme dans les récits, toujours plus extraordinaires, du romancier Carlos Castaneda.

3.1 *L'origine des Indiens américains* a été l'objet d'un long débat. On ne s'est pas contenté d'en faire des Égyptiens, des Troyens ou des Carthaginois, mais l'une des hypothèses les plus persistantes voulait qu'ils fussent les dix tribus perdues d'Israël.

En réalité, les ancêtres des Indiens proviennent de Sibérie. Ils ont traversé à sec l'étendue glacée du détroit de Béring, à la poursuite du gibier. Il y a onze mille ans, ils étaient parvenus jusqu'à l'extrémité méridionale de l'Amérique du Sud. Les cultures monumentales dont on a retrouvé la trace au nord du Mexique n'égalent pas en grandeur celles de l'Amérique centrale (↔ 2). Les Indiens nord-américains défendent cependant leurs particularismes. A l'arrivée des premiers Européens, ils parlaient plus de cinq cents langues.

L'extrême nord et les îles sont peuplés par les Esquimaux. De là jusqu'à la frontière actuelle entre le Canada et les États-Unis s'étendaient les territoires d'Indiens appartenant aux familles linguistiques des Algonquins (à l'est, comme les Ojibwas et les Penobscots) et des Athapascans (au centre et à l'ouest : Yellowknifes, Chipewyans, Kaskas, Slaves et Beavers).

A l'est et au sud des Grands Lacs s'étendaient les territoires des groupes linguistiques iroquois et sioux. Plus au sud, les Muskogeans s'ajoutaient aux Algonquins, Sioux, Iroquois et Caddoans.

Les Plaines centrales étaient principalement habitées par des tribus sioux (Assiniboines, Crows, Deghigas, Gros-Ventres, Chiweres, Mandans, Arikaras, Hidatsas, etc.). Péjoratif à l'origine, le terme « Sioux » désigne surtout les tribus apparentées des Dakotas, Lakotas et Nakotas. Six autres familles linguistiques sont présentes : l'Algonquine (Crees, Cheyennes, Blackfoots), l'Athapascane (Apaches), la Caddoane (Pawnees, Arikaras), la Kiowa-Tanoane, la Tonkawan et l'Uto-Aztèque (Comanches, Utes).

La côte du nord-ouest a été divisée en trois secteurs : septentrional (Tlingit, Haidas, Tsimshian), central (Bella Coolas, Nootkas, Kwakiutl) et méridional (Salish, Chinook).

Le Grand Bassin était habité par des Indiens appartenant à une seule famille linguistique, comme les Shoshones et les Païutes. Le Plateau et la Californie abritaient des peuples d'une grande diversité linguistique et culturelle.

Au sud, six familles linguistiques sont représentées : Uto-Aztèque, Hokane, Athapascane, Tanoane, Zuñi et Keres. La classification économique coupe à travers la parenté linguistique. Les Indiens sédentaires Pueblos, par exemple, qui habitent dans des villages *(pueblos)*, parlent des langues tanoanes (Tiwas, Tewas, Towas), keres, zuñi, uto-aztèques (Hopis). Certains de ces *pueblos* ont été habités sans interruption depuis le XIIe siècle. Les Navajos et les Apaches sont des Indiens Athapascans qui ont émigré du Canada au sud avant l'arrivée des colonisateurs espagnols.

3.2 *Les Esquimaux*, qui s'appellent eux-mêmes *inuit* (« hommes »), vivent le long des côtes arctiques de l'Asie nord-orientale, de l'Alaska, du Canada et du Groenland. Les îles Aléoutiennes sont habitées par un peuple apparenté aux Esquimaux. Comme les peuples nord-sibériens, les Esquimaux font du chamanisme le centre de leur religion (↔ 10). Leur subsistance étant liée à la pêche ou à la chasse, ils ont des cérémonies expiatoires et propitiatoires pour les esprits des animaux tués.

3.3 *Les Indiens du Nord* ont des mythologies complexes qui s'étalent sur plusieurs âges du monde, chacun avec les êtres mythiques qui lui sont propres, comme le héros culturel dont les gestes sont particulièrement variés. Ces exploits, qui sont souvent combinés à ceux d'un Trickster ou influencés par eux, ont en Alaska un animal pour protagoniste, alors que dans le reste du territoire c'est d'un individu humain qu'il s'agit. Les rituels jouent un rôle relativement peu important dans la vie collective des indigènes du Canada. Le chaman, à qui la connaissance est révélée en rêve, est le seul spécialiste religieux de la région (↔ 10).

3.4 *Les Indiens du nord-est* des États-Unis partagent le concept d'une puissance totalisante, appelée *manitou* chez les peuples algonquins, *oki* chez les Hurons et *orenda* chez les Iroquois. Bonne ou mauvaise, cette puissance s'incarne dans certains êtres et objets. Elle communique avec les humains par l'intermédiaire des esprits. Les peuples de la côte nord-orientale ont une vie rituelle très riche, qui connaît des cérémonies propitiatoires et expiatoires pour le gibier et les plantes comestibles et des rites de passage plus ou moins complexes. L'individu est censé avoir des esprits personnels qu'il invoque par des rites de type chamanique. Charmes, masques et autres objets pleins de « puissance » reçoivent des cultes spéciaux. Des confréries initiatiques d'hommes-médecine, comme le Midewiwin des Ojibwas, se sont formées dans certaines sociétés, alors qu'elles sont inconnues dans d'autres. Le personnage religieux de la région est le chaman, spécialisé dans la guérison (et la divination) par la technique de la « tente-qui-se-secoue » *(shaking-tent)* et par la succion des agents spirituels pathogènes.

La croyance dans la sorcellerie et les rituels que possèdent les hommes-médecine pour la combattre distinguent les Indiens de la côte sud-orientale, comme les Cherokees, des Indiens du nord-est. Des rituels quotidiens d'immersion dans l'eau étaient considérés comme importants pour la survie du groupe. Parmi les cérémonies saisonnières, celle du Nouvel An était la plus marquante, associée à la maturation du maïs.

3.5 *Les Indiens des Plaines* forment un conglomérat de cultures qui n'apparaît qu'au XVIIIᵉ siècle avec les migrations de plusieurs groupes d'Indiens, dotés de chevaux provenant du Mexique, à la recherche du gibier. Dans ce creuset culturel, la vie religieuse de peuples fort divers acquiert de nombreux traits communs, comme la cérémonie de la Danse du Soleil et l'existence de confréries guerrières. Cette région devient en effet le théâtre d'incessantes luttes. La recherche des visions chez les mâles guerriers permit aux colonisateurs de trouver dans l'alcool bon marché un instrument efficace pour se débarrasser des indigènes. L'importation de plantes hallucinogènes comme le peyotl vers 1850 suscita l'organisation de cultes et de confréries dont les membres partageaient certains rituels secrets et certaines visions.

Pendant le rituel du *sauna (sweat lodge)*, un groupe de mâles supportent les souffrances d'une chaleur intense, se fouettent avec des branches, dansent et chantent. Le sauna purifie le guerrier ou le visionnaire.

Le chaman et l'homme ou la femme-médecine acquièrent dans les Plaines la fonction importante (et rémunérée) de maître de cérémonies. Ils forment une caste qui, comme nos médecins, utilise un langage spécial. C'est un ancien *(kurahus)* qui conduit la cérémonie propitiatoire *hako* chez les Pawnees, pendant laquelle les liens symboliques entre générations deviennent plus intenses. C'est un homme-médecine (une femme chez les Blackfoots) qui conduit la Danse du Soleil *(Sun Dance)*, qui à l'origine appartenait à la confrérie médicinale des Mandans mais devint la plus importante des cérémonies dans toutes les tribus indiennes rassemblées dans la région. Pendant la *Sun Dance*, les mâles enduraient des souffrances physiques atroces afin de se rendre plus proches du Grand Esprit. Interdite vers 1880, la Danse refit son apparition en 1934 et, depuis 1959, les Ojibwas et les Lakotas y ont réintroduit des mortifications sévères.

C'est toujours chez les Indiens des Plaines qu'apparut, vers 1870, le culte millénariste appelé *Ghost Dance* (Danse des Fantômes), encouragé par les mormons d'Utah qui croient encore que les Indiens sont les dix tribus perdues d'Israël. Le prophète Wovoka annonça que les Indiens devaient cesser de lutter, se purifier et adorer par la danse le Grand Esprit, car l'oppression des colonisateurs européens cesserait comme elle était venue, engloutie par un tremblement de terre qui n'épargnerait que les indigènes. La suppression de la Ghost Dance ne fut pas efficace. En 1890, le gouvernement envoya des troupes qui massacrèrent 260 Sioux innocents qui se rendaient à Wounded Knee Creek dans le Dakota du Sud pour pratiquer leurs cérémonies.

Le culte du cactus mexicain hallucinogène appelé *peyotl* (« membrane ») en langue aztèque *(Lophophora williamsii)* se répandit chez les Indiens des Plaines vers la même époque où la Ghost Dance fit son apparition. Le culte ne fut pas illégal jusqu'en 1964, lorsque la cour d'appel de Californie déclara que sa suppression ne représentait pas une restriction anticonstitutionnelle de la liberté religieuse, puisque ce culte n'était pas structuré à la manière d'une religion. Le premier livre du romancier Carlos Castaneda *(l'Herbe du diable et la petite fumée)*, qui parut en 1968 comme un ouvrage d'ethnologie, entendait probablement présenter le culte du peyotl comme une véritable religion.

3.6 *Les Indiens du Nord-Ouest*, que nous associons en général à ces mâts totémiques qu'ils n'ont commencé de fabriquer qu'après que les colonisateurs leur eurent apporté des instruments de fer, vivent dans une région où la pêche a toujours été en mesure de leur assurer une abondance alimentaire que les tribus de chasseurs n'ont connue qu'après l'arrivée des chevaux espagnols du Mexique. Les Tlingits, Haidas, Tsimshians, Haislas, Bella Coolas, Kwakiutls, Nootkas, Salishs, Makahs, Quileutes, Skokomishs, Chinooks, Tillamooks, Coos, Tolowas, Yuroks, Hupas et Karoks de la Colombie britannique et de la côte nord-occidentale des États-Unis (Washington, Oregon) partagent plusieurs institutions, croyances et rituels. L'abondance des denrées alimentaires et l'institution de la chefferie permettent d'expliquer le *potlatch*, une fête où chacun distribue des présents aux autres membres de sa collectivité et à ses voisins territoriaux. La quantité de biens distribués est fonction du rang social et les chefs ou ceux qui aspirent à modifier leur statut hiérarchique sont tenus de prodiguer (ou de détruire) des quantités invraisemblables de biens. La même hiérarchie sociale fonctionnait en vertu d'un système fort compliqué de dettes. C'était précisément leur caractère non restituable qui leur assurait le pouvoir social ; payer sa dette à quelqu'un signifiait le déshonorer. En outre, l'aristocratie avait le monopole du commerce avec les innombrables esprits ancestraux. Plusieurs Indiens du Nord et du Nord-Ouest croyaient à la préexistence des âmes en un nombre limité et à la métensomatose ; cela explique aisément le culte des ancêtres et le respect de leurs marques de reconnaissance, que seule leur lignée pouvait arborer.

L'institution du chamanisme, rarement héréditaire et ouverte en général à tout individu visionnaire, était connue dans toute la région. Un chaman pouvait également fonctionner comme sorcier vis-à-vis d'un autre groupe social. La sorcellerie était punie de mort.

Dans les mythologies de la côte nord-ouest, la présence du Trickster, comme le Corbeau des Tlingits, est fort marquée.

Les plus importantes cérémonies de la région étaient les danses extatiques célébrées pendant l'hiver.

3.7 *Les Indiens californiens* connaissent les esprits ancestraux et animaliers, les êtres mythiques comme le héros culturel et le Trickster, l'institution du chamanisme, et recherchent les visions comme ceux du Plateau, du Grand Bassin et des Plaines. Ils ont des fêtes religieuses de prémices, des cérémonies de puberté (spécialement pour les jeunes filles) et des saunas où l'homme exsude ses impuretés. Mais ce qui est typique de cette région c'est l'usage d'une potion psychotropique extraite du *toloache*, terme nahuatl pour *Datura stramonium*, une plante toxique mentionnée également dans la sorcellerie européenne. Dans certaines régions, le culte du *toloache*, qui donnait accès aux visions et donc au monde des esprits, était fort élitiste. Plusieurs cérémonies collectives (par exemple des rituels funéraires) étaient associées au *toloache*. L'une d'elles allait évoluer dans le culte nord-californien du *Kuksu* (le nom du héros créateur des Pomos), en formant des confréries secrètes de masques.

3.8 *Les Indiens des Pueblos* — trente et un villages habités par des Indiens appartenant à six groupes linguistiques divers — partagent une économie agricole sédentaire et de nombreuses croyances. Avec les anciennes religions de l'Amérique centrale, ils ont en commun le mythe de plusieurs créations et destructions du monde. Tous reconnaissent des êtres surnaturels, les *Kachinas*, mot qui désigne également les masques cérémoniels par lesquels les présences surnaturelles sont amenées dans la vie rituelle des Pueblos.

Les Indiens Hopis ont un système complexe de confréries religieuses, dont chacune préside à l'une des cérémonies périodiques. Les Kachinas (c'est aussi le nom d'une de ces sociétés religieuses) apparaissent en public de mars à juillet, alors que de janvier à mars ils s'exhibent dans les *kivas* ou chambres de cérémonies. En février, lors de la cérémonie Powamuy, les enfants sont initiés au culte des Kachinas. En juillet, la cérémonie Niman (« rentrée ») clôt le cycle des Kachinas ; après quoi commence le cycle sans masques. Les symboles les plus importants dans la vie rituelle des Hopis sont le maïs, symbolisant la vie pour ce peuple d'agriculteurs, et les plumes d'oiseaux, censés transporter les prières des humains jusqu'aux esprits.

Le Pueblo des Zuñis connaît d'autres confréries religieuses, comprenant celle des Kachinas et celle des prêtres des Kachinas.

Les guerriers des Kachinas ont surgi de tous les Pueblos en 1680 contre les colonisateurs espagnols, tuant leurs prêtres et les forçant à se retirer au sud. En 1690, le territoire fut reconquis par les Espagnols, à l'exception du Pueblo isolé des Hopis, qui ne fut plus jamais soumis à l'acculturation forcée. Des cultes syncrétiques sont nés dans les autres Pueblos.

3.9 *Bibliographie.* Sur les Indiens américains en général et l'histoire de la colonisation des États-Unis, voir Elémire Zolla, *I letterati e lo sciamano*, Milan 1969 ; Peter Farb, *les Indiens. Essai sur l'évolution des sociétés humaines*, tr. fr. Paris 1972 ; William T. Hagan, *American Indians*, Chicago 1979.

W. Müller, *North American Indians : Indians of the Far North*, in ER 10, 469-76 ; J.A. Grim et D.P. St. John, *Indians of the Northeast Woodlands*, in ER 10, 476-84 ; D.P. St. John, *Iroquois Religion*, in ER 7, 284-7 ; Ch. Hudson, *Indians of the Southeast Woodlands*, in ER 10, 485-90 ; W.K. Powers, *Indians of the Plains*, in ER 10, 490-99 ; S. Walens, *Indians of the Northwest Coast*, in ER 10, 499-505 ; T. Buckley, *Indians of California and the Intermountain Regions*, in ER 10, 505-13 ; P.M. Whiteley, *Indians of the Southwest*, in ER 10, 513-25 ; Å. Hultkranz, *North American Religions : An Overview*, in ER 10, 526-35 ; S.D. Gill, *Mythic Themes*, in ER 10, 535-41 ; J.D. Jorgensen, *Modern Movements*, in ER 10, 541-45 ; R.D. Fogelson, *History of Study*, in ER 10, 545-50.

Sur les religions de l'Amérique du Nord en général, voir Åke Hultkranz, *Belief and Worship in Native North America*, Syracuse N.Y. 1981 et *The Study of American Indian Religions*, New York 1983. Sur les sociétés et rituels d'initiation chamanique, le plus beau livre reste celui de Werner Müller, *Die blaue Hütte. Zum Sinnbild der Perle bei nordamerikanischen Indianern*, Wiesbaden 1954.

Sur la *Ghost Dance*, le classique est James Mooney, *The Ghost-Dance Religion and The Sioux Outbreak of 1890*, édition abrégée, Chicago 1965 (1896) ; sur le culte du peyotl des origines à 1964, Weston La Barre, *The Peyotl' Cult*, Hamden, Connecticut 1964.

4

Religions de l'
AMÉRIQUE DU SUD

4.0 *L'Amérique du Sud* est un immense territoire occupé par des peuples d'une grande diversité. Si aucune division par aires ne rend justice à leur variété, la suivante est en général acceptée : a) Aire des Andes (de la Colombie jusqu'au Chili), qui a abrité la culture des Incas du Pérou ; b) Aire de la Forêt tropicale, en grande partie couverte par les jungles de l'Amazone, comprenant aussi la Guyane ; c) Aire du Gran Chaco ; d) Aire méridionale, jusqu'à la Terre de Feu.

Quelques cultures ont survécu à la conquête européenne, comme celles des Quechuas et des Aymaras au Pérou et en Bolivie et celle des Araucans au Chili ; celles des Tupis, Caribes, Arawaks, Tukanos et Panos en Guyane ; celles des tribus Gé dans le Brésil oriental ; enfin celles, aujourd'hui disparues, des Fuégins comme les Selk'nams.

Jusqu'à la parution du livre *le Tambour d'Icanchu (Icanchu's Drum)* de Lawrence E. Sullivan, il n'existait aucune synthèse de l'histoire religieuse du continent sud-américain dans son ensemble. Le lecteur qui désire approfondir le sujet pourra consulter désormais avec confiance cette œuvre unique, faite pour intéresser un public non spécialisé.

4.1 *Aire andine.* Les grandes cultures andines, dont celle des Incas (xve siècle) est la plus connue, ont fleuri dans les hautes vallées des montagnes, peuplées il y a déjà dix mille ans. A l'époque de la conquête espagnole, l'empire des Incas couvre l'immense étendue de la côte occidentale, du Pérou jusqu'au

Chili. Il prend fin en 1532, lorsque son dernier souverain est décapité par les conquérants.

4.1.1 *Période ancienne.* L'agriculture, qui ne semble pas avoir été précédée par une économie pastorale, apparaît sous une forme primitive sur la côte péruvienne vers 7000 AEC, trois millénaires après les migrations provenant du nord. Vers 2500 AEC, des changements climatiques entraînent l'évolution de l'économie de cueillette en horticulture sédentaire. Les protéines animales ne sont pas fournies par la chasse mais par la pêche. Le maïs, dont l'ancêtre en Amérique centrale a plus de soixante mille ans, se propage au Pérou vers 1400 AEC et une variété perfectionnée est obtenue vers 900 AEC. A cette époque, l'irrigation qui permet l'essor d'une agriculture avancée et l'État qui organise l'irrigation s'engendrent mutuellement, leur apparition étant rendue possible par un culte religieux qui exalte très probablement la genèse mythique de cette nouvelle civilisation sans pareille dans la région. Cette période est liée à un complexe culturel découvert à Chavín, sur le plateau septentrional, alors que le littoral méridional est dominé, vers la même époque, par une culture qui a produit une énorme nécropole dans les grottes de Paracas. Malheureusement, à l'exception des monuments, il n'y a pas de sources sur le culte de Chavín, dont la signification nous demeure inaccessible. Sa divinité centrale, figurée sous la forme d'un félin (jaguar ou puma), a eu un succès retentissant dans l'aire andine pendant une période de cinq cents ans.

Toute trace d'homogénéité culturelle disparaît soudain des Andes vers 300 AEC, alors que les techniques agricoles continuent de s'améliorer par l'adoption de nouvelles plantes et la culture en terrasses. Une seule nécropole de Paracas, contenant 429 momies de personnages importants, indique que les procédés d'ensevelissement et les croyances en l'au-delà ont changé.

Vers 200 EC, les cultures appartenant à cette étape intermédiaire semblent atteindre leur apogée. Elles sont théocratiques, rétablissent la divinité féline dans ses droits, pratiquent le sacrifice humain et manifestent le même intérêt obsessionnel pour le crâne humain que leurs prédécesseurs : il est déformé méthodiquement à la naissance et trépané abondamment pendant la vie et à la mort ; les crânes des adversaires sont collectionnés comme trophées de guerre.

Sans être surpeuplées, les vallées côtières avaient une population plus importante qu'aujourd'hui. Elle vivait dans l'abondance, animée par des idéaux religieux aptes à produire une technologie avancée, capable de réaliser des projets dont l'audace frise l'impossible, comme le canal de La Cumbre, de 113 kilomètres, qui est encore en fonctionnement.

L'une de ces cultures, celle des Moches, érige des temples immenses, dont les plus connus sont deux pyramides appelées Temple du Soleil et Temple de la Lune. La céramique peinte nous apprend que les Moches pratiquaient la circoncision et la guérison chamanique des maladies par la succion de l'esprit se manifestant comme un objet tangible. Ils utilisaient des idéogrammes inscrits sur des fèves. La société des Moches était théocratique, la caste des guerriers étant particulièrement honorée. Le rôle des femmes était strictement limité au foyer.

La culture côtière des Nazcas, datant de la même période, nous a livré de nombreux exemplaires de trophées crâniens aplatis, peints et attachés en guirlande pour être transportés. Les Nazcas ont produit ces énormes dessins en roches ferreuses de la vallée de Palpa, destinés à être contemplés d'en haut par quelque divinité céleste et codifiant des connaissances astronomiques dont le sens nous est généralement inconnu.

Vers la fin de cette période, la civilisation mégalithique de Tiahuanaco (Bolivie) a sur les cultures andines une influence comparable à celle des Chavíns à une époque antérieure. Les mégalithes, bâtis à 4 000 mètres d'altitude, forment un centre unique au monde, avec pyramides à terrasses, portes frisées, plates-formes, réservoirs et statues. Lorsqu'elle a été abandonnée, la construction n'était pas encore achevée.

Vers 1000 EC, les Andes connaissent une étape d'organisation politique qui ressemble au féodalisme occidental. Le royaume de Chimú, le plus important de cette période, se constitue au nord et s'étend sur plusieurs vallées, chacune ayant son centre urbain. Sa capitale Chanchán (près de Trujillo) est un monument de planification urbaine ; abritant plus de cinquante mille habitants, elle est divisée en dix quartiers rectangulaires, chacun avec ses maisons, ses réservoirs à eau et ses temples pyramidaux.

4.2 *Une étonnante histoire.* La fondation de l'empire des Incas, vers 1200 EC, est attribuée au héros mythique Manco Capac et à ses sœurs, qui s'installèrent dans la vallée de Cuzco. L'État inca ne connut son expansion spectaculaire qu'à partir du huitième empereur, Viracocha Inca, et de son fils Pachacuti, qui lui succéda sur le trône vers 1438. Jusqu'à la mort de Topa Inca, fils de Pachacuti, en 1493, l'empire avait cinq mille kilomètres de longueur, s'étendant de l'Équateur jusqu'au centre du Chili. L'édification de cet empire est comparable aux exploits d'Alexandre et de Napoléon. Il est d'autant plus étonnant que ce territoire énorme fut conquis par une bande d'aventuriers espagnols.

La mort de l'empereur Huayna Capac, en 1525, fut suivie d'une guerre entre ses deux fils rivaux : Huascar (installé à Cuzco) et Atahuallpa (installé à Quito en Équateur). Atahuallpa eut le dessus et fut proclamé souverain en 1532. Pizarre, attiré par les récits concernant l'or fabuleux du Pérou, avait débarqué avec cent quatre-vingts hommes. Ici la religion se mêle étroitement à l'histoire. Atahuallpa présuma que Pizarre était le grand dieu Viracocha qui revenait sur terre avec sa suite pour annoncer la fin du monde. Pizarre en profita et le fit prisonnier sans rencontrer de résistance. L'empereur sut se racheter en remplissant d'or sa cellule, mais il ne fut pas délivré. Condamné à mort, il se soumit au baptême chrétien, ce qui lui valut d'être étranglé au lieu d'être brûlé vif, le 29 août 1533. Le dernier prétendant au trône inca fut décapité quarante ans plus tard.

4.1.3 *Religion des Incas.* Dans l'empire communiste des Incas, la religion officielle — qui était celle des Quechuas de Cuzco, probablement fort semblable aux cultes mineurs qu'elle avait assimilés — était affaire d'État. Parmi les trois parcelles de terre que les paysans étaient tenus de cultiver, celle destinée aux dieux était la première ; suivaient celle de l'empereur et celle destinée à la subsistance de la famille. Les objets sacrés ou *huacas* des populations conquises étaient transportés en procession à Cuzco et installés dans des sanctuaires où ils continuaient de faire l'objet de pèlerinages depuis des provinces lointaines. Mais la catégorie des *huacas* renfermait aussi tout ce qui était investi d'un caractère sacré : des collines, des pierres, des arbres, tout ce qu'il y avait d'étrange, de monstrueux.

L'organisation de l'empire des Incas porte partout l'empreinte d'une utopie rationnelle, dont des récits parvenus en Europe ont dû influencer le philosophe Tommaso Campanella vers 1600. L'Église des Incas, par son caractère hautement organisé, se conforme à la règle générale du système. Au centre il y a l'empereur, qui est l'État, la Loi, et qui est aussi Dieu. *Huaca* lui-même, il est l'égal de Celui qui n'a pas d'égal, le dieu Viracocha, né de l'écume du lac Titicaca et disparu dans l'écume de l'océan, marchant sur les eaux vers le nord-ouest, direction d'où apparurent, en 1532, Pizarre et ses hommes.

La métaphysique de Viracocha est complexe. Il est le créateur du monde naturel et social, ce qui implique son ascendance sur le panthéon inca, dans lequel le Soleil a une position centrale. Le plus grand temple de Cuzco lui est dédié. Les temples des Incas n'étaient pas ouverts aux croyants. Ils étaient les refuges des prêtres et des Vierges du Soleil, choisies parmi les plus pures jeunes filles instruites aux frais de l'État pour devenir soit vestales, soit secondes épouses des grands dignitaires ou de l'empereur lui-même. Si l'empereur « péchait » avec une vestale, il lui suffisait d'admettre la transgression ; mais quiconque agissait ainsi était mis à mort avec sa concubine.

Le Soleil était représenté dans les temples par des statues anthropomorphes et par d'énormes disques d'or. Si l'empereur était Fils du Soleil, l'impératrice était Fille de la Lune, sœur-épouse du Soleil, vénérée dans le temple sous la forme de statues anthropomorphes d'argent. Les Incas utilisaient communément un calendrier lunaire, en parallèle avec un calendrier solaire.

Pachacamac, dieu de la terre, avec son épouse infernale Pachamama, et Illapa, dieu des phénomènes météorologiques, étaient également des divinités importantes.

Au sommet de la hiérarchie ecclésiastique il y avait un Grand Prêtre, parent proche de l'empereur, entouré d'un conseil de neuf hommes, tous nobles. De nombreux prêtres étaient délégués pour inspecter les provinces où résidaient les vieux gardiens des *huacas*, prêtres volontaires qui n'émargeaient pas au budget du gouvernement central.

Le temple n'était pas un lieu de réunion. C'est sur les places publiques qu'avaient lieu les cérémonies collectives, souvent accompagnées de sacrifices animaliers, à des fins autant propitiatoires que divinatoires. Mais les sacrifices considérés comme les plus efficaces étaient ceux d'enfants de dix ans, choisis pour leur perfection physique et morale et heureux d'être directement expédiés dans l'au-delà, réservé par ailleurs exclusivement aux gens nobles. Contrairement à la coutume des Aztèques, et même à celle des Mayas, les sacrifices humains n'étaient pas fréquents chez les Incas. On sacrifiait, mais plus rarement encore, selon des techniques qui ressemblaient à celles des Aztèques, des prisonniers de guerre choisis parmi les plus forts.

Comme en Égypte (↔ 13), les prêtres des Incas étaient les administrateurs de tout ce qui avait trait à la santé, du « corps politique » de l'État jusqu'au corps humain, cumulant ainsi les fonctions de sacrificateur, de devin et de médecin-chaman. Comme les *barus* babyloniens (↔ 23), ils inspectaient soigneusement les entrailles des animaux sacrifiés, lisant en eux des prédictions pour l'avenir. Mais ils pratiquaient aussi la guérison des maladies par succion d'un objet censé représenter l'agent pathogène qui avait produit le déséquilibre organique. De plus, ils étaient chiropracteurs et remettaient en place les organes disloqués, par manipulation externe, et surtout excellents chirurgiens, capables d'effectuer des opérations délicates comme la trépanation, dont le but réel nous échappe en de nombreux cas.

Malheureusement, l'absence de sources écrites provenant des Incas eux-mêmes rend impossible une connaissance plus approfondie de leurs théologies. L'existence de « moines » et de « nonnes » (les vestales du Soleil), ainsi que la pratique de la confession secrète, avaient impressionné les religieux espagnols. Mais la subtilité de la pensée inca, à jamais perdue, ne nous parvient qu'à travers les phrases hésitantes, naïves ou involontairement mensongères d'informateurs étrangers.

4.2 *Religions de la Forêt tropicale.* L'immense aire de la jungle des fleuves Orénoque et Amazone, qui comprend également les régions montagneuses de la Guyane, est peuplée de nombreuses tribus appartenant aux familles linguistiques des Arawaks, Caribes, Panos, Tukanos et Tupis. Bien que chaque groupe ait sa propre religion ou variante de religion, il est toutefois possible d'en dégager de nombreux traits communs, soit au niveau de la mythologie, comme l'a fait Claude Lévi-Strauss dans ses monumentales *Mythologiques*, soit au niveau des idées, pratiques et institutions, comme l'a fait récemment Lawrence E. Sullivan.

Les principales *divinités* de cette aire occupent une position intermédiaire entre un Être Suprême et un héros culturel, cette dernière fonction étant en général plus marquée. Comme nous l'avons déjà précisé ailleurs (↔ 2.1.1), l'ethnologue Ad. E. Jensen remarquait, à propos des structures mythologiques des Moluquois de l'archipel indonésien, que deux archétypes semblent s'appliquer à de nombreux mythes de création présents partout dans le monde : celui des divinités *demas*, dont le corps sacrifié donne naissance aux plantes tubéreuses comme les pommes de terre, et celui de Prométhée, qui a trait en général au secret des plantes céréalières volées au ciel.

Le dieu lunaire Moma des Witótos de l'Amazonie nord-occidentale est une divinité *dema* assez caractérisée, ne répondant guère au type de l'Être Suprême céleste que certains ethnologues lui ont attribué. La mythologie du dieu solaire créateur Pura des Warikyanas de la Guyane, avec ses destructions périodiques du monde, est en revanche plus proche du type de l'Être Suprême, qui semble le mieux illustré par le *deus otiosus* Karukasaibe d'une autre tribu Caribe, celle des Mundurukús. En effet, après avoir créé le monde naturel et le monde humain, Karukasaibe est mortellement offensé par les hommes et se retire dans des régions inaccessibles des cieux. Il reviendra à la fin du monde pour détruire l'humanité par le feu.

Fondamentale dans l'expérience religieuse des Indiens de la Forêt tropicale : l'existence d'un univers invisible qui se superpose à celui de tous les jours et qui n'est accessible qu'à travers des états altérés de la conscience, comme le rêve, la transe, la vision provoquée par l'inhalation de drogues, etc., ou encore par une prédisposition mystique naturelle ou acquise à la suite d'un entraînement spécial. La superposition des mondes est telle que les êtres de l'autre monde revêtent en général des formes animalières comme le caïman, l'anaconda, le jaguar ou le vautour, dont seuls les spécialistes peuvent reconnaître l'essence supérieure. Mais tout peut avoir un prolongement dans l'invisible, et les Sanemás de la frontière entre le Brésil et le Venezuela distinguent huit catégories de *hewkulas* ou êtres cachés.

Parmi ces esprits, les Maîtres des animaux ont une importance particulière dans certaines sociétés, car ils sont censés régler l'afflux des animaux et des poissons destinés à la consommation.

Les esprits des ancêtres sont également importants, car ils participent, invisibles, à la vie de la société des vivants. Une des âmes humaines, celle qui continue d'exister après la mort physique, peut hanter les vivants ou leur apporter des bénéfices selon les cas. Les idées que les Indiens sud-américains se font de l'âme diffèrent en général des trois doctrines principales qu'on retrouve tant en Orient que dans les religions méditerranéennes : métensomatose, traducianisme, nouvelle genèse. Les Indiens croient plutôt à un réservoir de substance psychique où l'âme retourne à un état indistinct. L'animation d'un nouvel être humain a lieu par l'attribution d'une portion de cette substance. Ces idées correspondent plus ou moins à celles de certains gnostiques qui adhéraient en partie à la doctrine catholique de la néogenèse des âmes ; à celles d'Averroès (Ibn Rushd, 520/1126-595/1198), qui considérait l'Intellect comme un et indistinct et niait, par conséquent, la survie individuelle de l'âme ; et marginalement à celles du kabbalisme tardif, qui conçoit la possibilité qu'un individu possède plus d'une seule âme et qu'il incorpore autant d'âmes célèbres qu'il le veut. Sécularisée, cette idée se transforma dans la réflexion de Benedetto Croce, selon laquelle le lecteur de Dante *est* Dante au moment de la lecture.

Une idée de la multiplicité des âmes nous est donnée par la psychologie des Jívaros de l'Équateur oriental, qui distinguent l'âme « ordinaire » de l'âme « parfaite » et de l'âme « vengeresse ». L'âme ordinaire est l'attribut du commun des mortels ; l'âme parfaite ne peut être obtenue qu'après la vision du monde invisible. Mais le Jívaro est tenu d'exorciser cette âme parfaite qui le rend assoiffé de sang. Il en obtiendra une autre en tuant un ennemi ; possesseur de deux âmes parfaites, il sera désormais invulnérable. Sans pouvoir en acquérir plus de deux, il pourra cependant s'emparer dorénavant de la puissance contenue dans d'autres âmes.

L'âme vengeresse est celle qui apparaît à la mort du possesseur de l'âme parfaite qui désire se venger de son meurtrier. C'est pourquoi les Jívaros pratiquent la dessiccation des crânes de leurs ennemis *(head shrinking)*, car ils croient que l'âme vengeresse sera ainsi retenue dans la tête réduite comme dans un piège.

Le spécialiste religieux des Indiens sud-américains est le chaman (↔ 9), qui cumule les fonctions de guérisseur du corps social et de médecin qui guérit le corps humain lorsque celui-ci a été affecté par un agent pathogène provenant du monde invisible.

Il est facile de voir que le système religieux des Indiens sud-américains est le réseau le plus complexe qui sous-tend leur culture et que distinguer la partie « profane » de la partie

« religieuse » de leur existence est impossible. Après tout, le monde n'est pour chacun de nous qu'une opération mentale, unique et sans compartiments distincts : il n'y a pas de frontière où l'on cesse de « penser de manière profane » pour « penser de manière religieuse » ou vice versa. « Sacré » et « profane » se recoupent forcément, ils parlent la même langue et proclament à l'unisson la même « parole ».

4.3 *Religions du Gran Chaco.* Le Gran Chaco (Chaco signifie en langue quechua « terrain de chasse ») occupe le centre du continent sud-américain, entre le Mato Grosso et les Pampas. Il est peuplé par les familles linguistiques des Zamucos, Tupis-Guaranís, Matacos-Makkás, Guaiacurús-Caduveos et Arawaks. Toutes les tribus appartenant à cette région partagent l'institution du chamanisme (↔ 9) et la croyance en des êtres surnaturels peuplant l'univers invisible qui se superpose au nôtre. Leurs mythes racontent l'origine du monde, des plantes, des animaux, des êtres humains, de l'initiation et du chamanisme. Parmi les êtres surnaturels il y a des Êtres Suprêmes plus ou moins mêlés aux héros culturels ou aux divinités *demas* ; des Prométhées, voleurs des céréales et/ou du feu ; des Tricksters, personnages roublards qu'on rencontre dans les deux Amériques (mais également sur les autres continents), et dont les fonctions créatrices peuvent être plus ou moins étendues. Il est impossible de dégager ici les aspects individuels de tous ces êtres mythiques chez les tribus appartenant à cette zone.

4.4 *Religions des Pampas, de la Patagonie et de la Terre de Feu.* Aujourd'hui disparues, plusieurs tribus de ces régions ont été visitées par les ethnographes. Une attention spéciale a été accordée aux Indiens fuégins (Selk'nams ou Onas, Yahgans ou Yamanas et Alacalufs), chez lesquels on a repéré la croyance en un Être Suprême. Chez les Selk'nams, le dieu Temakuel s'est retiré au-delà des hauteurs du ciel, laissant au premier ancêtre, Kenos, la tâche d'administrer le monde. Les Selk'nams ne dérangent pas Temakuel par des prières fréquentes, mais lui font des offrandes alimentaires quotidiennes.

4.5 *Les mouvements millénaristes* des Tupis-Guaranis du Mato Grosso semblent avoir commencé peu après l'arrivée des colonisateurs européens. En 1539, douze mille Tupis quittèrent le Brésil à la recherche de la Terre sans Mal ; arrivés au Pérou, il n'en restait que trois cents. Les maladies et la famine avaient tué les autres. En 1602, les jésuites mirent fin à l'exode de trois mille Indiens de Bahia, conduits par un prophète *(pagé)* à la recherche de la Terre sans Mal. Les épisodes continueront jusqu'au XXᵉ siècle. On a apporté à ces migrations suicidaires plusieurs explications qui en font soit des phénomènes de « messianisme », locaux ou acculturés, soit des « mouvements de peuples opprimés » (ce que les Tupis n'étaient pas), soit encore un mécanisme interne de la société qui se défend par autodestruction contre l'apparition menaçante de l'institution de l'État (P. Clastres).

4.6 *Bibliographie.* P. Rivière, *Indians of the Tropical Forest*, in ER 13, 472-81 ; M. Califano, *Indians of the Gran Chaco*, in ER 13, 481-86 ; O. Zerries, *South American Religions*, in ER 13, 486-99 ; J.A. Vázquez, *Mythic Themes*, in ER 13, 499-506 ; D.A. Poole, *History of Study*, in ER 13, 506-12.

Sur les Incas, voir J. Alden Mason, *The Ancient Civilizations of Peru*, Harmondsworth 1968.

Sur les mythologies des Indiens sud-américains il n'existe pas de meilleur ouvrage que les quatre volumes des *Mythologiques* de Claude Lévi-Strauss (1964-1971) et le volume récent intitulé *la Potière jalouse*, Paris 1986.

Sur les millénarismes des Tupis-Guaranis, voir surtout Hélène Clastres, *la Terre sans mal. Le prophétisme tupi-guarani*, Paris 1975 ; Pierre Clastres, *la Société contre l'État. Recherches d'anthropologie politique*, Paris 1974 ; cf. I.P. Couliano, *Religione e accrescimento del potere*, dans Romanato-Lombardo-Couliano, *Religione e Potere*, Turin 1981, 218-22.

Sur les religions sud-américaines en général, voir l'excellent livre de Lawrence E. Sullivan, *Icanchu's Drum. An Orientation to Meaning in South American Religions*, New York 1988.

5

Religions d'
AUSTRALIE

Au nord du continent australien, en Terre d'Arnhem, et au centre, les religions des aborigènes ont résisté à l'acculturation. Elles présentent de nombreux traits unitaires.

C'est ainsi que les aborigènes connaissent un dieu créateur qui se retire dans les hauteurs éloignées du ciel, où les humains ne peuvent le rejoindre. Il ne quitte son espace mystérieux que pour se rendre présent dans les initiations les plus secrètes. Par conséquent, ce n'est pas le *deus otiosus* que l'aborigène invoque dans sa vie quotidienne, mais le héros culturel et les êtres autogènes de la période dite « onirique » (*alchera* ou *alcheringa*). Ces êtres sont célestes et peuvent librement circuler entre la terre et le ciel, en se servant par exemple d'un arbre ou d'une échelle. Ils sont les auteurs d'une « seconde création », c'est-à-dire de l'organisation du monde en tant que lieu géographique habitable. Il s'agit évidemment d'une géographie sacrée, où chaque individu peut encore contempler, dans la présence d'une roche ou d'un arbre, les gestes des êtres mythiques primordiaux, disparus par la suite soit dans les entrailles de la terre, soit au ciel. Les derniers ont pris soin de retirer le pont entre la terre et le ciel, marquant ainsi la fracture définitive entre ces deux niveaux de l'espace, qui sont en réalité deux niveaux ontologiques.

L'aborigène apprend l'histoire sacrée de son monde lors des initiations et des cultes secrets initiatiques (le *Kunapipi* et le *Djanggawul*), qui, sans avoir toujours trait à des rites de circoncision et de subincision, transmettent invariablement des connaissances mythologiques fondamentales aux néophytes.

Les rites de puberté chez les garçons sont plus compliqués et plus violents que chez les jeunes filles lors de leurs premières règles. Même si la circoncision n'est pas générale en Australie, le garçon subira une « mort symbolique » accompagnée de blessures rituelles, d'aspersion de sang et d'une léthargie pendant laquelle il est censé se « rappeler » les origines sacrées du monde. Le culte secret Kunapipi est en général basé sur le cycle mythologique des sœurs Wawilak, qui reçoivent des connaissances secrètes du Grand Serpent phallique : c'est une « troisième création », la création de l'espace culturel des aborigènes.

Le même schéma de mort et de renaissance rituelle est plus marqué dans les initiations chamaniques. Le candidat est « tué » et « opéré » par le collège des hommes-médecine, qui remplacent ses organes internes par des organes impérissables de nature minérale. Pendant ce temps, l'âme du néophyte fait un voyage dantesque au ciel et en enfer. Reconstitué, le nouveau chaman jouira de facultés spéciales.

Dans la plupart des complexes mythiques relatifs à l'initiation, le Serpent Arc-en-Ciel joue un rôle important. C'est lui qui garde, dans les étangs et les sources où il réside, ces cristaux de quartz qui, provenant de l'époque onirique et du monde céleste, servent à construire les organes minéraux du nouveau chaman. C'est le serpent aquatique Wonambi qui, dans les déserts occidentaux, « tue » les néophytes. Au Queensland, il leur envoie dans le corps un bâton ou un bout d'os que les hommes-médecine extrairont quelques jours après, lors du processus de « réanimation » du futur chaman. Les substances magiques parcourent la distance du ciel à la terre en glissant sur l'arc-en-ciel. C'est pourquoi, de peur que les hommes-médecine ne puissent pas s'emparer de cristaux célestes, il est interdit de se baigner dans un étang ou dans une mare par-dessus laquelle est passée l'extrémité de l'arc-en-ciel.

La mort chez les aborigènes est envisagée comme le résultat de maléfices. Le rituel funéraire comporte la punition de l'assassin présumé. Le mort, comme le chaman, voyage au ciel. Mais, au contraire du premier, il ne pourra plus jamais utiliser son corps physique.

5.1 *Bibliographie.* M. Eliade, *Religions australiennes*, tr. fr., Paris 1972 ; cf. I.P. Couliano in *Aevum* 48 (1974), 592-3 ; A.P. Elkin, *The Australian Aborigines*, Sydney 1964 (1938) ; R.M. Berndt, *Australian*

Religions : An Overview, in ER 1, 529-47 ; C.H. Berndt, *Mythic Themes*, in ER 1, 547-62 ; S.A. Wild, *Mythic Themes*, in ER 1, 562-66 ; K. Maddock, *History of Study*, in ER 1, 566-70.

6

BOUDDHISME

6.1 La vaste *littérature* du bouddhisme doit être classée selon la division traditionnelle du *tripiṭaka*, la « triple corbeille » des *sūtras* (les *logias* du Bouddha lui-même), du *vinaya* (discipline) et de l'*abhidharma* (doctrine). S'y ajoutent les nombreux *śāstras*, traités systématiques d'auteurs connus, *jātakas* ou Vies du Bouddha, etc.

Trois *tripiṭakas* subsistent : celui, fragmentaire, des moines Theravāda de l'Asie du Sud-Est, rédigé en langue pali ; celui des Sarvāstivāda et des Mahāsāṅghika, en traductions chinoises ; enfin, les collections tibétaines (le Kanjur et le Tanjur), qui sont les plus complètes. De nombreux écrits en sanskrit sont également arrivés jusqu'à nous.

Le Bouddha avait recommandé à ses disciples de s'exprimer en dialecte ; le pali, la langue du canon Theravāda, était l'un de ces dialectes (province d'Avanti) et non pas la langue originelle de la prédication du Bouddha. C'est pourquoi l'usage de termes palis n'est pas toujours plus justifié scientifiquement que celui de termes en sanskrit bouddhique, une forme de sanskrit qui utilise beaucoup de mots prakrits.

6.2 Le *Bouddha*, nom qui signifie, en pali et en sanskrit, « Éveillé », fut d'abord, selon toute probabilité, un personnage historique. Pourtant, dans ses Vies ou *jātakas*, les données mythologiques priment au point de transformer le Bouddha en prototype de l'« homme divin » selon la tradition indienne (voir *Jaïnisme*, 21.3) — qui appartient à un système attesté également dans d'autres aires géographiques. Ce système présente des éléments communs avec les *theioi andres* des Grecs et avec les biographies mythiques plus tardives d'autres fondateurs de religions comme Jésus, Mani, etc. Bien qu'il soit impossible d'en dégager les éléments historiques, plusieurs informations sont à retenir, d'après lesquelles le futur Bouddha aurait été le fils d'un roitelet du clan Śākya, en Inde nord-occidentale. Les chronologies de sa naissance varient de 624 à 448 AEC. Sa mère meurt quelques jours après l'accouchement, non sans avoir bénéficié de toutes les prémonitions lui annonçant la mise au monde d'un être miraculeux. Selon les versions docètes de la naissance du Bouddha, sa conception et sa gestation furent immaculées et son enfantement virginal. Son corps aurait révélé tous les signes d'un roi du monde.

A seize ans, Siddhārtha épouse deux princesses et mène une existence sans soucis dans le palais paternel. Mais, sortant trois fois du palais, il fait la connaissance des trois maux inéluctables qui affligent la condition humaine : la vieillesse, la souffrance et la mort. Sortant une quatrième fois, il en envisage le remède en contemplant la paix et la sérénité d'un ascète mendiant. Se réveillant au milieu de la nuit, les corps flasques de ses concubines endormies lui révèlent encore une fois le caractère éphémère du monde. Quittant rapidement le palais, il s'adonne à l'ascèse, changeant son nom en celui de Gautama. Après avoir abandonné deux maîtres qui lui enseignent respectivement la philosophie et les techniques du yoga, il pratique un régime de mortifications très sévères en compagnie de cinq disciples. Mais, ayant compris l'inutilité de ce genre d'ascèse, il accepte une offrande de riz et la consomme. Indignés par cette preuve de faiblesse, ses disciples le quittent. S'asseyant sous un figuier, Śākyamuni (l'ascète du clan des Śākyas) décide de ne pas se relever avant d'avoir obtenu l'Éveil. Il subit l'assaut de Māra, qui conjugue en lui la Mort et le Malin. Au lever du jour, il le vainc et devient le Bouddha, possesseur des Quatre Vérités qu'à Bénarès il enseigne aux disciples qui l'avaient abandonné. La première Vérité est que tout est Souffrance *(sarvaṃ duḥkhaṃ)* : « La naissance est Souffrance, le déclin est Souffrance, la maladie est Souffrance », tout ce qui est éphémère *(anitya)* est Souffrance *(duḥkha)*. La deuxième Vérité est que l'origine de la Souffrance est le Désir *(tṛṣṇa)*. La troisième Vérité est que l'abolition du Désir entraîne l'abolition de la Souffrance. La quatrième Vérité révèle le Chemin-à-huit-Branches *(aṣṭapāda)* ou le Chemin du Milieu qui mène à l'extinction de la Souffrance : Opinion *(dṛṣṭi)*, Pensée *(saṃkalpa)*, Parole *(vāk)*, Action *(karmanta)*, Moyens d'existence *(ajīva)*, Effort *(vyayama)*, Attention *(smṛti)* et Contemplation *(samādhi)*. Les quatre vérités sont proches du message originel du Bouddha.

Après ce premier sermon de Bénarès, la communauté *(saṃgha)* de convertis s'enrichit spectaculairement de brahmanes, de rois et d'ascètes — trop, au goût de l'Éveillé, qui se voit contraint d'ouvrir aux nonnes la voie du monachisme. A cette occasion il prédit le déclin de la Loi *(dharma)*. Jalousies des rivaux et absurdes querelles de moines ne sont point épargnées au Bouddha. Son cousin Devadatta, disent certaines sources, aurait essayé de le tuer pour lui succéder. A l'âge de quatre-vingts ans, le Bouddha se serait éteint à la suite d'une indigestion. Selon les savants, de tels détails sont trop embarrassants pour la religion elle-même pour qu'ils soient inventés. Il est donc probable qu'ils soient vrais.

6.3 Après ses funérailles *(parinirvāṇa)*, la succession du Bouddha à la tête du *saṃgha* revient à Mahākāśyapa, et non pas à Ānanda, le disciple fidèle qui, pour avoir été pendant vingt-cinq ans au service direct de l'Éveillé, n'avait jamais eu le loisir d'étudier les techniques de méditation et de devenir un *arhat*, c'est-à-dire un être qui a atteint le *nirvāṇa* et qui ne retournera plus dans le cycle des réincarnations. Lorsque Mahākāśyapa convoque les *arhats* au Concile de Rajagṛha, Ānanda n'y est pas invité. Se retirant dans la solitude, il maîtrise rapidement les techniques du yoga et devient lui-même un *arhat*. Questionné par Mahākāśyapa, Ānanda récite les *sūtras*, alors que le disciple Upali formule les règles de la discipline *(vinaya)*.

Quelle aurait été, d'après ces vénérables documents, la forme originelle de la prédication du Bouddha ?

Contrairement à ce que beaucoup de savants ont pu dire, le Bouddhisme n'est pas « pessimiste ». A l'origine, il s'agit d'une doctrine très caractéristique dans l'ensemble des religions du monde, une doctrine non pas affirmative, mais en premier lieu *négative*. La voie du Bouddhisme est la voie de la néantisation du Soi, et par là du monde des phénomènes. Les certitudes que le Bouddha permet, dans son exemplaire méfiance vis-à-vis de tout discours métaphysique, sont d'ordre négatif ; c'est pourquoi ceux qui aiment la rigueur logique ont pu percevoir un certain air de famille entre la méthode du

Bouddha et celle de certains néopositivistes, en particulier Wittgenstein.

En ce sens, l'exemple le plus représentatif reste celui du moine Malunkyaputta (*Majjhima Nikāya*, sūtta 63), troublé par le fait que le Bouddha prêche en même temps « que le monde est éternel et que le monde n'est pas éternel, que le monde est fini et qu'il est infini, que l'âme et le corps sont identiques et qu'ils ne sont pas identiques, que l'arhat existe après la mort, que l'arhat n'existe pas après la mort, qu'il existe et n'existe pas après la mort, qu'il n'existe ni n'existe pas... ». Se présentant devant le Bouddha pour que celui-ci l'instruise, il obtient la réponse suivante : « C'est comme si un homme avait été blessé par une flèche empoisonnée et, alors que ses amis et sa famille s'empresseraient de lui procurer un docteur, cet homme disait : "Je ne me ferai pas enlever la flèche avant de savoir si celui qui m'a blessé est un guerrier, un brahmane, un *vaiśya* ou un *śūdra*... Quel est son nom et à quel clan il appartient... S'il est de stature grande, moyenne ou petite... S'il est noir, brun ou jaune..." », etc.

De même, lorsque l'ascète itinérant Vaccha lui présente toutes les thèses que nous venons de mentionner et leurs antithèses, en essayant de se faire une idée de la doctrine du Bouddha, celui-ci nie à la fois thèses et antithèses, se proclamant « libre de toute théorie ». Devant la perplexité de Vaccha, qui raisonne dans les termes d'une logique simpliste (si A n'est pas vrai, alors non-A est vrai), le Bouddha lui demande s'il pourrait répondre à la question : Où est allé un feu éteint, à l'est, à l'ouest, au sud, au nord ? L'aveu d'ignorance de son interlocuteur permet au Bouddha de comparer l'arhat à un feu éteint : toute affirmation concernant son existence serait conjecturale (*Majjhima Nikāya*, sūtta 72).

Pour la même raison qui le mène à la négation de toute théorie, le Bouddha s'oppose à la doctrine brahmane du Soi *(ātman)* comme élément invariable de l'agrégat humain, sans pour autant affirmer le contraire — et notamment que la mort amène l'anéantissement complet de l'arhat (cf. *Samyutta Nikāya* 22,85), pour la simple raison que ce qu'on appelle « arhat » étant, comme toute autre chose, une simple convention linguistique (cf. *Milindapañha* 25), on ne saurait lui prêter aucune existence réelle. C'est pourquoi les seuls acteurs de l'univers sont la Souffrance et l'Extinction :

Il n'y a que Souffrance, il
n'y a pas de souffrant.
Il n'y a pas d'agent, il n'y a
que l'acte.
Le Nirvāṇa est, mais non
pas celui ou celle qui le
cherche.
La Voie existe, mais non pas
celui ou celle qui y marche.
(*Visuddhi Magga*, 16)

Refusant de se laisser entraîner dans la voie sans issue de la spéculation, la prédication du Bouddha vise essentiellement le salut. En formulant la loi de la « production conditionnée » (*pratītya samutpāda ; Samyutta Nikāya* 22,90), le Bouddha fait dériver tout processus cosmique de l'Ignorance *(avidyā)* et tout salut de la cessation de l'Ignorance : « C'est l'Ignorance *(avidyā)* qui produit l'Information innée *(saṃskāra)* ; c'est l'Information innée qui produit la Conscience *(vijñāna)* ; c'est la Conscience qui produit les Noms-et-Formes *(nāmarūpa)* ; ce sont les Noms-et-Formes qui produisent les Six organes des sens *(ṣadatyayana)* ; ce sont les Six organes qui produisent le Contact *(sparśa)* ; c'est le Contact qui produit la Sensation *(vedanā)* ; c'est la Sensation qui produit le Désir *(tṛṣna)* ; c'est le Désir qui produit l'Attachement *(upadana)* ; c'est l'Attachement qui produit l'Existence *(bhāva)* ; c'est l'Existence qui produit la Naissance *(jāti)* ; c'est la Naissance qui produit la Vieillesse et la Mort *(jaramarana)*. » Le remède à la Vieillesse et à la Mort est donc la cessation de l'Ignorance, qui équivaut à l'adoption du Bouddha, de sa Loi *(dharma)* et de sa Communauté *(saṃgha)*.

Le *saṃgha* se scinde après un second Concile tenu à Vaiśālī, donnant lieu au système des sectes bouddhistes que nous examinerons par la suite.

L'empereur Aśoka (274/268-236/234), petit-fils de Candragupta (ca. 320-296), fondateur de la dynastie des Mauryas, se convertit au bouddhisme, envoyant des missions en Bactriane, en Sogdiane et au Śri Lankā (Ceylan). Le succès de la dernière fut étonnant, puisque les Cinghalais sont restés bouddhistes jusqu'à nos jours. Du Bengale et du Śri Lankā, le bouddhisme conquiert les pays de l'Indochine et des îles de l'Indonésie (Ier siècle EC). Par le Cachemire et l'Iran oriental, le bouddhisme se propage en Asie centrale et en Chine (Ier siècle EC), de Chine en Corée (372 EC), de Corée au Japon (552 ou 538 EC). Il s'implante au Tibet au VIIIe siècle EC.

De 100 à 250 EC, se développe une nouvelle forme de bouddhisme qui a la conscience de former un moyen de libération supérieur aux doctrines du passé. C'est pourquoi il se proclame lui-même *Mahāyāna*, « Grand Véhicule », par contraste avec le bouddhisme antérieur, qui reçoit le titre de *Hīnayāna* ou Petit Véhicule. Légèrement méprisant à l'origine, ce terme peut être retenu dans la chronologie et la taxonomie du bouddhisme, à condition de lui enlever toute nuance péjorative. Le processus de formation du Mahāyāna n'est pas entièrement connu, mais une étape intermédiaire (vers 100 EC) nous livre des documents importants. Vers le VIIe siècle de l'EC, le Mahāyāna perd de sa vitalité. Il sera supplanté par le bouddhisme tantrique, dont le Vajrayāna, ou Véhicule de Diamant, est une variante. Le tantrisme se propage assez tôt en Chine (716 EC).

Le Mahāyāna et le Vajrayāna sont enseignés dans des centres universitaires indiens dont les plus importants sont Nālandā et Vikramaśīla. Lorsque ceux-ci seront détruits, en 1197 et 1203, par les conquérants turcs, le bouddhisme disparaîtra pratiquement de l'Inde. Il est impossible d'expliquer son effacement devant l'islam, alors que l'hindouisme et le jaïnisme résistèrent. Mais, tout comme le bouddhisme avait été hindouisé, l'hindouisme aura assimilé de nombreuses idées et pratiques bouddhistes. Nous suivrons plus loin (↔ 6.7-10) la destinée du bouddhisme en Asie et en Occident.

6.4 Du point de vue systémique, *le bouddhisme Hīnayāna* représente un cas extrêmement intéressant, qu'il faudra comparer à celui d'autres systèmes à multiples embranchements (ou formation de sectes), comme le jaïnisme, le christianisme et l'islam. Inutile de dire que le conflit doctrinal est une dimension fondamentale du système, et qu'il ne faut nullement essayer de l'interpréter en recourant à une clé économique ou sociopolitique. Quel que soit son enjeu, le « programme » religieux précède le « jeu », la mise en œuvre dans l'histoire humaine, et se perpétue en termes religieux ; ses conséquences sur d'autres sous-systèmes qui forment l'histoire sont incalculables et le plus souvent inattendues.

Le système des sectes du Hīnayāna est compliqué, et plusieurs maillons nous manquent pour le reconstituer. Cependant, il existe une dichotomie fondamentale, tout comme dans les autres religions mentionnées ci-dessus, entre une tradition « pauvre » et une tradition « riche », entre une *tendance anthropique* et une *tendance transcendantale*. La première accentue la dimension humaine du fondateur ; la seconde sa dimension divine.

Le premier schisme dans le bouddhisme a lieu à Pāṭaliputra, après le second Concile de Vaiśālī et avant le règne d'Aśoka. L'enjeu en est la qualité de l'arhat, libéré ou exposé à la souillure. Dans les cinq points controversés, la tradition « riche » défend le caractère faillible de l'arhat, alors que la tradition « pauvre », plus conservatrice, veut que l'arhat soit parfait. On veut savoir si l'arhat est encore sujet aux tentations oniriques, s'il abrite toujours des résidus d'ignorance, s'il a des doutes concernant la foi, s'il peut recevoir de l'aide dans la poursuite du savoir et s'il peut atteindre la Vérité ultime par l'exclamation « Aho ! » Les deux partis trouvent un seul compromis parmi les cinq points en litige, mais la communauté se scinde sur la question impossible à trancher de la pollution nocturne des arhats, la majorité du saṃgha *(Mahāsāṃghika)* soutenant que l'arhat peut être séduit en rêve par les déesses, alors que les « Anciens » *(Sthāviras,* d'où *Sthāviravādins)* s'opposent à cette idée. Dorénavant, les Sthāviravādins représenteront la tendance anthropique et les Mahāsāṃghikās la tendance transcendentale à l'intérieur du bouddhisme.

Une division ultérieure partage les Sthāviravādins au sujet du concept de « personne » *(pudgala)*. Quel est le rapport de celle-ci aux cinq *skandhas* qui composent l'être humain, à savoir, *rūpa* (qualités comparables aux « Formes » aristotéliciennes), *vedanā* (Sensibilité), *saṃjñā* (Perception), *saṃskāra* (Information innée) et *vijñāna* (Conscience) ? Les Sthāviravādins orthodoxes tiennent *pudgala* pour une simple convention linguistique sans aucune réalité, alors que les disciples de Vātsīputra (les Vātsīputrīyas) affirment que le *pudgala*, sans s'identifier aux cinq *skandhas*, ne diffère pas d'eux ; qu'il n'est ni parmi eux ni à l'extérieur. Et cependant *pudgala* est une quintessence qui transmigre de corps en corps : raison pour les adversaires des Vātsīputrīyas de leur reprocher d'avoir subrepticement adopté l'ancien concept brahmanique d'*ātman* (âme) dont le Bouddha s'était détaché.

Cinquante ans plus tard, deux nouvelles écoles surgissent du tronc du Mahāsāṅghika : les Ekavyāvahārikas, qui croient que l'Intellect est par nature au-dessus de toute souillure, et les Gokulikas (plusieurs variantes du nom sont connues), pour lesquels les cinq *skandhas* sont néant.

Il est possible que le dernier édit de l'empereur Aśoka Maurya (237 AEC), dont les sympathies penchaient vers les Sthāviravādins, fasse allusion à l'expulsion de la communauté des Anciens de quelques moines qui formeront le noyau d'une des sectes les plus importantes du Hīnayāna : les Sarvāstivādins (de *sarvam asti*, « tout est »). Dans la doctrine Sarvāstivāda, tous les *dharmas* ou phénomènes, dans le passé et à l'avenir, ont une existence réelle. Au contraire, les Sthāviravādins orthodoxes affirmaient que ni le passé ni l'avenir n'existent, alors qu'une autre division du même tronc, les Kāśyapīyas ou Survasakas, croyaient que seules existent les actions du passé qui n'ont pas encore produit d'effets.

La prolifération d'*abhidharmas* (commentaires aux *sūtras*) contradictoires suscita quatre nouvelles écoles provenant des Vātsīputrīyas : les Dharmottarīyas, les Bhadrayanīyas, les Sammitīyas et les Ṣaṇṇagarika. Seul l'*abhidharma* des Sammitīyas est arrivé jusqu'à nous, considérant le *pudgala* comme un simple concept.

C'est toujours une polémique sur l'*abhidharma* qui produit la scission des Gokulikas et l'apparition des Bahuśrutīyas, qui font déjà la distinction, importante dans le Mahāyāna, entre les enseignements « terrestres » et les enseignements « transcendants » du Bouddha, et les Prajñaptivādins (de *prajñapti*, « concept »), pour lesquels toute existence n'est que conceptuelle.

Plus proches encore de ce qui sera le Mahāyāna, les Lokottaras (« Transcendants ») se détachent du tronc du Mahāsāṅghika. Le Bouddha en son entier étant, pour eux, transcendant *(lokottara)*, ils professent une forme de docétisme. Il est d'ailleurs remarquable que le système du docétisme bouddhique se superpose presque parfaitement (mythologies à part) sur celui, plus tardif, élaboré en milieu chrétien (ou parachrétien).

Inutile de dresser ici la liste de toutes les sectes du Hīnayāna. Mentionnons seulement que les Theravādins, qui s'établissent au Śri Lankā au milieu du IIIe siècle AEC et dont le nom n'est que la forme pali du sanskrit Sthāviravādins, sont une branche des Vibhajyavādins. Il est impossible de reconstituer le système des écoles en son entier : les informations sont maigres et contradictoires, de nombreux maillons intermédiaires nous font défaut. Et cependant on peut imaginer que le tableau historique des sectes se superpose à une partie de l'exploration logique de tous ces « paquets de relations » contenus dans l'histoire du Bouddha, de la communauté originelle et de la théologie primaire provenant de son enseignement. C'est ainsi que d'autres sectes connues activent les oppositions Bouddha/*saṃgha*, *sūtra/abhidharma*, transmigration/non-transmigration des *skandhas*, etc.

Quelles que soient les complexes ramifications du système, il est cependant possible de suivre la logique des deux directions, la direction anthropique et la direction transcendantale. A première vue, lorsqu'ils déclarent que l'arhat est au-dessus de toute souillure, les Sthāviravādins semblent opter pour la seconde tendance. Mais en réalité ce sont les Mahāsāṅghikas qui, acceptant le caractère faillible de l'arhat, mettent l'humanité du Bouddha entre parenthèses : ce qui compte ce n'est pas d'arriver à la perfection par des moyens humains ; au contraire, c'est d'être *d'ores et déjà* parfait. C'est en suivant cette tendance que se développent plusieurs écoles du Mahāsāṅghika, dans lesquelles jailliront la plupart des idées dont naîtra le Mahāyāna.

6.5 La complexité du *bouddhisme Mahāyāna* recommande d'emblée une approche systémique ; mais découvrir ses relais est une opération difficile et délicate que nous ne pourrons réaliser ici.

La doctrine du Mahāyāna apparaît d'abord dans la littérature des sūtras de la Gnose Transcendante *(prajñāpāramitā)*, dont il faut situer les débuts vers 100 EC. C'est un *changement de l'idéal de perfection* qui marque le passage du Hīnayāna au Mahāyāna. Alors que l'adepte du bouddhisme hīnayānique aspire à devenir un *arhat*, c'est-à-dire un être qui ne sortira plus de l'état de *nirvāṇa* pour revenir dans l'odieux *saṃsāra* ou cycle des réincarnations, l'adepte du Mahāyāna désire être un *Bodhisattva*, c'est-à-dire un être qui, tout en ayant atteint l'Éveil, sacrifie son bien-être à celui de l'humanité tout entière, préférant se manifester dans le monde plutôt que de se retirer dans le *nirvāṇa*. Le Bodhisattva ne sera pas un *Pratyeka Buddha*, un

Bouddha silencieux, mais un Éveillé qui parle, qui agit, qui vient au secours des malheureux : nouvelle perspective que l'on croit influencée par les courants de la dévotion hindoue *(bhakti)*.

Si la compassion pour l'humanité affligée par l'Ignorance semble caractériser l'idéal du Bodhisattva, la doctrine du Mahāyāna prend le parti difficile d'élaborer une logique qui permette d'opérer sans contradiction avec des notions contradictoires. On l'appelle parfois « logique négative », mais en réalité il s'agit d'une logique non aristotélicienne qui, sans reconnaître le principe du tiers exclu, transcende à la fois l'affirmation et la négation. On comprend assez bien pourquoi certains esprits scientifiques assoiffés de religion ont trouvé récemment que le Mahāyāna leur livre un modèle précieux pour comprendre les paradoxes de la physique moderne, habituée désormais aux géométries non euclidiennes et à la conception de multiples dimensions de l'espace. En réalité, la superposition des deux systèmes n'est qu'apparente : dans le cas du bouddhisme, c'est le refus de l'alternative simple (si A n'est pas vrai, alors non-A est vrai) qui porte à des spéculations audacieuses, alors que la physique dérive ses topologies fantastiques d'une part de l'abandon du postulat euclidien des parallèles et, de l'autre, des visionnaires de la Quatrième Dimension, comme Charles Howard Hinton (1853-1907).

La logique bouddhiste du « tiers possible » connaît de multiples expressions, déjà à partir d'un texte du Mahāyāna primitif comme le *Saddharmapuṇḍarīka* (Sūtra du Lotus), où le Bouddha, en tant qu'être éternel, n'a pas connu l'Éveil. En effet, non seulement il était toujours Éveillé, mais il n'y a rien *à quoi* s'Éveiller, car le *nirvāṇa* n'est pas substantiel. Selon l'école Yogācāra, l'être transcendant qui est le Bouddha peut se multiplier indéfiniment pour le salut des hommes, à des époques diverses ou à la même époque. En dehors du « corps absolu » *(dharmakāya)*, le Mahāyāna lui prête, en effet, un « corps éthérique » (*saṃbhogakāya*, litt. « corps de jouissance ») dans lequel le Bouddha « jouit » de ses propres mérites religieux dans le paradis dit Terre Pure, et enfin un « corps magique » *(nirmāṇakāya)* dans lequel il s'incarne pour sauver les êtres humains.

Les paradoxes déjà présents dans les textes pré-mahāyāniques et dans ceux du Mahāyāna primitif reçoivent une sanction finale dans l'œuvre du presque mythique Nāgārjuna (ca.

150 EC), auteur du « système du milieu », le Mādhyāmika. Tout d'abord, Nāgārjuna exerce un scepticisme actif à propos de toutes les opinions philosophiques traditionnelles *(dṛṣṭi)*, pratiquant la réduction à l'absurde *(prasaṅga)*. Par cette méthode, il réfute l'essentialisme d'origine brahmane, affirmant que toutes choses sont dépourvues d'une essence propre et que, par conséquent, ce qui est est vide *(śūnya)*. Cette vérité ultime, qui s'oppose à la vérité apparente et discursive de tous les jours, implique également l'identité, dans le vide *(śūnyatā)*, du nirvāṇa et du saṃsāra, de l'existence phénoménale enchaînée dans les cycles karmiques et de leur cessation.

Vers 450 EC, l'école Mādhyāmika se scinda en une branche qui ne retenait que la leçon négative de Nāgārjuna, les sceptiques ou Prasaṅgika, et une branche qui en retenait la leçon affirmative, les Svatantrikas. Pénétrant en Chine et au Japon, le bouddhisme Mādhyāmika y disparaîtra au xe siècle, non sans avoir contribué par un apport essentiel à l'apparition du bouddhisme Ch'an (japonais Zen).

L'autre grande école du Mahāyāna, le Yogācāra, se développe à partir de textes intermédiaires comme le *Laṅkāvatāra Sūtra* et d'autres, qui soutenaient que l'univers est une construction mentale et, par conséquent, ne saurait être pourvu d'aucune « réalité », ne fût-elle qu'illusoire. Un certain Maitreya, personnage historique ou mythique (en effet, Maitreya est le nom du Bouddha eschatologique à venir), se voit attribuer un rôle fondamental dans l'apparition du Yogācāra. Mais la diffusion de ses doctrines est l'œuvre des frères Asaṅga et Vasubandhu, qui développent l'idée du *citra matra* (« tout est pensée »), lui donnant une base psychocosmique dans l'*ālaya-vijñāna*, littéralement « conscience éthérique », un réceptacle dans lequel toutes les expériences sont accumulées sous forme de scories karmiques et déterminent les existences successives. En Occident, telle avait été la théorie dominante dès les débuts du gnosticisme (↔), un courant platonicien radical. Elle avait été adoptée par la plupart des néo-platoniciens après Plotin. En Orient comme en Occident, le problème c'est d'arriver à « brûler » sans traces ces scories qui nous attachent au cosmos.

6.6 *Le bouddhisme tantrique*. D'influence hindoue et populaire, le bouddhisme tantrique gagne peu à peu sur le Mahāyāna (VIIIe siècle), auquel il finira par se substituer. Plusieurs écoles du bouddhisme tantrique indien sont connues. La plus importante est le Vajrayāna ou « Véhicule de Diamant », dont le nom implique déjà un symbolisme sexuel (*vajra* = phallus) qui domine la structure significative du tantrisme, son « langage secret » à plusieurs niveaux. En effet, les concepts tantriques sont caractérisés par cette qualité, propre au serpent mythique qui se mord la queue, de se transmuer sans cesse de l'un en l'autre, de manière que tout texte est toujours ouvert à une double lecture. Par exemple, *bodhicitta*, « pensée de l'Éveil », est le nom secret du sperme au niveau sexuel, et la « Femme-Gnose » *(prajñā)* est en même temps la partenaire, concrète ou imaginée, d'un acte sexuel rituel et le conduit central des énergies médulo-spinales. Tout texte tantrique renferme ainsi deux exégèses possibles : l'une dont le référent est un rituel secret, aboutissant en général à une union sexuelle dont le but est d'obtenir l'Éveil, et l'autre dont le référent est métaphysique.

6.7 *Le bouddhisme en Asie du Sud-Est.* Le bouddhisme qui s'est implanté dans le sud-est de l'Asie et en Indonésie (où il allait être supplanté par l'islam) est le Theravāda, variante du Sthāviravāda propagé par les missions de l'empereur Aśoka. Cependant, le bouddhisme indochinois est resté éclectique jusqu'au XVe siècle EC, lorsque l'orthodoxie Theravāda en provenance du Śri Lankā (Ceylan) sera adoptée par les États de l'Indochine. Le bouddhisme cinghalais acquiert toute sa force au XIe siècle EC. Il est intéressant qu'en Birmanie, en Thaïlande, au Laos, au Cambodge et au Vietnam le Bouddha ne soit pas envisagé comme le prédicateur du renoncement au monde, mais comme le *cakravartin*, celui qui tourne la roue du Dharma, le Souverain, d'où la symbiose entre bouddhisme et pouvoir politique. Celle-ci allait mener à la construction de monuments édifiants, à la fois encyclopédies et méditations en pierre, qui résument la doctrine et le chemin initiatique qui mène à l'Éveil.

Devant le colonialisme occidental, le bouddhisme allait conférer aux peuples indochinois un sens inaltérable de leur propre identité, mais en même temps il allait s'opposer à la modernisation inévitable de leur pays. Ce lent processus d'érosion du bouddhisme s'est aggravé à la suite des révolutions communistes qui ont ébranlé certains de ces pays. On peut donc affirmer qu'à l'heure actuelle le bouddhisme en Asie du sud-est traverse une phase critique.

6.8 *Le bouddhisme chinois.* Vers 130, la présence du bouddhisme est déjà attestée à Chang-an, capitale de l'empire Han (206 AEC-220 EC), dominé par un confucianisme (↔) rigide et scolastique. Au début, le bouddhisme est pris pour une étrange secte taoïste, surtout du fait que les premières traductions correctes de textes indiens en chinois n'apparaîtront qu'à la fin du IIIe siècle EC, en se servant d'ailleurs d'équivalents taoïstes pour traduire les concepts de la nouvelle religion.

Après la conquête du Nord par les Huns, le bouddhisme se maintient dans le Sud sous-peuplé, parmi les aristocrates et les lettrés comme Hui-yüan (334-416), fondateur de l'amidisme (culte du Bouddha Amitābha) ou école de la Terre Pure. Au VIe siècle, l'empereur Wu Liang se convertit au bouddhisme, qu'il favorise aux dépens du taoïsme (↔). Mais déjà avant cette époque, le bouddhisme populaire d'abord et l'amidisme ensuite avaient fait leur retour au Nord, en dépit de la résistance acharnée du confucianisme (↔). C'est au Nord que s'installe, au Ve siècle, le grand traducteur Kumārajīva.

Sous les dynasties Sui et T'ang, dans la Chine réunifiée, le bouddhisme prospère dans toutes les couches de la société. Sa diffusion capillaire y est assurée par l'école Ch'an (Zen en japonais ; du sanskrit *dhyāna*, « méditation »), qui enseigne l'immanence du Bouddha et des techniques spéciales de méditation pour obtenir un éveil immédiat. Le Ch'an se réclame de Bodhidharma, qui serait le vingt-huitième patriarche du bouddhisme indien à partir du Bouddha lui-même.

Une autre école très influente est le T'ien-t'ai (japonais Tendai), fondé sur la montagne du même nom au Chekiang par Chih-i (531-97).

L'extraordinaire vitalité et prospérité du bouddhisme attireront fatalement la jalousie de la cour, entraînant des persécutions atroces de 842 à 845 : la religion sera supprimée, ses sanctuaires seront détruits et les moines seront contraints à redevenir laïcs. C'est le déclin de la puissance du bouddhisme chinois, qui perdra désormais du terrain devant le confucianisme (↔), devenu doctrine de l'État (XIVe siècle).

D'éminents spécialistes du bouddhisme chinois comme Anthony C. Yu ont souligné à plusieurs reprises qu'une certaine sinologie s'inspirant de l'idéologie des Lumières préfère toujours ignorer l'apport fondamental du bouddhisme à la culture chinoise. Un indice de la vitalité du bouddhisme, bien au-delà des persécutions et de la perte du pouvoir devant le confucianisme (↔), est représenté par le roman *Hsi-yu chi* ou *Voyage vers l'Occident*, souvent attribué au fonctionnaire Wu Ch'eng-en (XVIe siècle). De même que Paul Mus nous a donné une histoire du bouddhisme en Asie méridionale à partir de la description du temple de Borobudur dans l'île indonésienne de Java, Anthony Yu, dans sa magistrale traduction intégrale du *Hsi-yu chi*, nous présente au fond toute l'histoire du bouddhisme chinois, de son origine indienne et cultivée, mais aussi de son extraordinaire développement populaire. Le roman raconte les exploits du moine Hsüan-tsang, qui part en 627 vers l'Inde pour ramener en Chine des écritures bouddhistes authentiques. Mais Hsüan-tsang, qui est souvent l'objet de l'ironie attendrie de l'auteur, n'est pas le véritable héros du récit. C'est Singe, l'ancêtre semi-divin possesseur de tous les grands pouvoirs magiques, qui emporte l'attention du lecteur. Personnage majestueux autant que ridicule, il incarne les deux aspects contradictoires d'un passé mythique : la force spirituelle et une simplicité comique.

6.9 *Le bouddhisme en Corée et au Japon.* Le bouddhisme se propage de Chine en Corée dès le IVe siècle EC et le premier monastère bouddhiste dans ce pays que l'on a appelé « le Royaume des ermites » est érigé en 376. Par la suite, le bouddhisme coréen allait suivre attentivement et adapter tous les développements du bouddhisme chinois. Comme en Chine, jusqu'au Xe siècle les églises bouddhistes connaissent une prospérité sans limites, qui va de pair avec la diminution de leur message spirituel. Exaspérés par leur scolastique rigide, les représentants du bouddhisme Shon (Ch'an, jap. Zen) se constitueront en une faction indépendante. Mais ce schisme national n'est pas suivi du déclin du bouddhisme que nous enregistrons en Chine après le IXe siècle. Ce n'est que plus tard, avec la dynastie Yi (1392-1910), que le confucianisme devient doctrine d'État. Sans être supprimé, le bouddhisme sera soumis à des règlements sévères de 1400 à 1450, et se trouvera formellement organisé en deux Églises, l'Église de méditation Shon et l'Église doctrinale Kyo. A l'époque moderne, le bouddhisme coréen s'est développé en harmonie avec le bouddhisme nippon.

Le bouddhisme intellectuellement le plus créatif à l'heure actuelle est sans doute le bouddhisme japonais. Il a été introduit au Japon en provenance de Corée pendant la seconde moitié du VIe siècle, et tout d'abord sans succès. La conversion de l'impératrice Suiko (592-628), qui devient nonne, et de son neveu, le prince régent Shotoku (573-621), inaugurent une époque de prospérité pour le bouddhisme, qui continuera dans la capitale Nara, fondée en 710 (l'époque dite des « Six Sectes »). Plus tard, lorsque la capitale sera transférée à Heian (Kyoto, 794-868), le bouddhisme sera soumis au contrôle rigoureux de l'État. Il connaît une grande expansion dans les milieux populaires pendant le shogunat des Kamakura (1185-1333), à travers l'amidisme ou doctrine de la Terre Pure (Jodo), le Paradis occidental du Bouddha Amitābha dont le nom *(nembutsu)* représente une formule simple et efficace de méditation. Les shoguns Tokugava (1600-1868), qui transfèrent leur capitale à Edo (Tokyo), étaient eux-mêmes des adeptes du Jodo, qu'ils favorisèrent. Mais les *Ordonnances* des Tokugava (1610-1615) identifient le bouddhisme au Shintō (↔) officiel, le mettant sous le contrôle rigoureux du gouvernement.

A l'époque Meiji (1868-1912), la cohabitation pacifique du bouddhisme et du Shintō se termine, brusquement et brutalement, par la déclaration de l'illégalité du bouddhisme et le mouvement appelé *haibutsu kishaku* : « Tuez les bouddhistes et abandonnez les Écritures. » L'appel ne restera pas sans réponse : de nombreux religieux périront ou redeviendront laïques, de nombreux sanctuaires seront détruits ou transformés en temples Shintō.

Enfin, si nous parlions tout à l'heure de la créativité intellectuelle du bouddhisme nippon contemporain, celle-ci n'est pas le fruit d'une organisation florissante, comparable à celle des organisations religieuses sans but lucratif aux États-Unis, par exemple. En effet, plusieurs réformes depuis 1945, ainsi que la modernisation radicale du pays, ont largement privé les églises bouddhistes de leur base économique traditionnelle.

La prolifération de doctrines bouddhistes au Japon, si elle suit en général l'évolution du bouddhisme chinois, n'est pas dépourvue d'originalité. Comme nous le verrons, certaines superpositions étonnantes entre le système de la doctrine chrétienne et celui des doctrines bouddhistes conduisent à des problèmes communs, qui seront parfois abordés d'une manière analogue par les réformateurs des deux religions.

Parmi les Six Sectes anciennes, on reconnaît certaines aux discussions doctrinales qui avaient produit les écoles du bouddhisme indien. Les sectes Jojitsu, Kusha et Ritsu appartiennent au Hīnayāna ; les sectes Sanron, Hosso et Kegon au bouddhisme Mahāyāna.

Le Tendai (chinois T'ien-t'ai, de la montagne homonyme), introduit au Japon en 806 par le moine Saicho (767-822), rencontre la faveur de la cour impériale de Heian. Le texte fondamental de cette école est le *Saddharmapuṇḍarīka* dans la traduction de Kumārajīva (406 EC) ; sa thèse est que tous les êtres possèdent la nature du Bouddha et participent de son *dharmakāya*.

Le Shingon (chinois Chen-yen, du sanskrit *mantra*) est une forme de tantrisme « de la main droite », c'est-à-dire non sexuel, systématisé par le moine Kukai (774-835), qui voyage en Chine (804-806) et reçoit l'instruction d'un maître indien du Cachemire. L'iconographie du Shingon est particulièrement importante dans l'art religieux japonais.

Une troisième école, l'amidisme ou Jōdō shū, est fondée par le prêtre Honen (ou Genku : 1133-1212).

Enfin, le Zen (chinois Ch'an, du sanskrit *dhyāna*), qui avait déjà produit en Chine plusieurs écoles, parvient au Japon sous deux variantes : le Rinzai Zen, qui trouvera de nombreux adeptes parmi les samouraïs, introduit par le prêtre Eisai (1141-1215), et le Sōtō Zen, plus méditatif et populaire, introduit par le prêtre Dōgen (1200-1253). La composition sociale des adeptes des deux écoles est résumée dans la formule : *rinzai shogun, sōtō domin*, le Rinzai pour les aristocrates, le Sōtō pour les paysans.

Ces quatre grandes sectes du bouddhisme japonais adoptent diverses positions par rapport au même problème de la grâce qui, en Occident, avait provoqué la controverse entre Pélage et Augustin, et allait plus tard opposer les protestants aux catholiques. Le Tendai et le Jōdō, contre le Zen et le Shingon, ont une tendance plus quiétiste. En effet, affirme le Tendai, l'éveil est inscrit en nous depuis notre naissance ; il ne s'agit que de le retrouver. Le Jōdō shū, comme Augustin dans sa polémique contre Pélage, affirme que personne ne peut obtenir l'Éveil par ses propres efforts (*jiriki*), mais que tout salut provient de la grâce du Bouddha (*tariki*). Confronté au même problème, Shinran (1173-1262), disciple de Hōnen et fondateur du Jōdō Shinshū ou Vraie Secte de la Terre Pure, trouve une solution qu'on pourrait appeler luthérienne s'il ne lui manquait un terme, fondamental dans les spéculations de Luther sur Augustin : celui de prédestination. En effet, le salut pour

Shinran étant démocratique, on peut plutôt trouver des analogies entre lui et certains anabaptistes, car il affirme que tout le monde est *déjà* sauvé et que, par conséquent, il n'est pas nécessaire de poursuivre la voie de l'ascétisme et que l'on peut se marier.

Par contre, le Shingon affirme le principe du *sokushin jobutsu* : on peut *devenir* Bouddha dans le présent immédiat, par l'exécution de certains rituels tantriques.

De même, le Zen soutient qu'on peut parvenir à l'Éveil par ses propres efforts mais, alors que le Rinzai recommande plutôt des techniques simples à efficacité immédiate comme le *koan*, une formule paradoxale et souvent accompagnée de gestes inattendus, le Sōtō ne connaît qu'une seule règle : celle de la méditation en posture assise *(zazen)*.

Le Japon connaît une école nationale du bouddhisme dans la secte de Nichiren (1222-1282), d'abord adepte d'un Tendai qui devint bientôt trop étroit pour son désir de réforme. Personnage d'une intransigeance pittoresque et extraordinaire, il attaque violemment le bouddhisme de son temps, qu'il accuse de décadence ; il s'arroge d'ailleurs un droit spirituel direct à exprimer ses critiques, car il est convaincu d'être un Bodhisattva, et même plusieurs en même temps. Plusieurs fois exilé, condamné à mort puis pardonné, il n'abandonne jamais sa croisade contre les moines, le gouvernement, l'époque minable et pourrie qui l'a vu naître. Ses messages, qu'il envoie du seuil de la mort, sont assez troublants pour lui assurer une énorme popularité : « Moi, Nichiren, déclare-t-il dans le *Kaimokusho* [« L'Éveil à la Vérité », 1272], j'ai été décapité entre l'heure du Rat et celle du Bœuf, le douzième jour du neuvième mois de l'année dernière, et l'idiot en moi mourut alors. Je suis venu à Sado en esprit et, le second mois de la seconde année, j'écris ce traité pour l'envoyer à mes adeptes. Puisqu'il a été écrit par un esprit, il se peut que vous soyez effrayés. »

A l'heure actuelle, le bouddhisme est divisé en un nombre d'écoles qui dépasse celui de toutes les autres organisations religieuses au Japon : 162 en 1970.

6.10 *Le bouddhisme tibétain.* Le bouddhisme monastique indien, discipline *(vinaya)* des Mūlasarvāstivādins, s'installe au Tibet vers la fin du VIIIe siècle ; mais déjà au milieu du IXe siècle toutes sortes d'influences — provenant en particulier de la Chine, mais aussi du tantrisme indien — se feront sentir. Au XIe siècle, une renaissance du bouddhisme tibétain a lieu par un retour aux sources indiennes : le moine Atiśa, le guru (lama) par excellence, est invité au Tibet (1042-1054), où l'un de ses disciples sera le fondateur de l'ordre monastique Bka-gdams-pa ; et Marpa le Traducteur (1012-1096) voyage en Inde d'où il ramène au Tibet une forme de tantrisme ascétique que lui avait enseignée son guru Naropa (956-1040) et qu'il transmettra à son tour au fameux Milarepa, guru de Sgam-po-pa, fondateur de l'ordre Bka-brgyud-pa. Un disciple de Sgam-po-pa, en fondant l'ordre Karma-pa (« Bonnets Noirs »), établira sur des données ésotériques une lignée successive de Grands Lamas. Le procédé sera adopté par d'autres ordres, en particulier les Dge-lugs-pa ou « Bonnets Jaunes » (XIVe siècle), dont le chef, dit Dalaï Lama, obtiendra au XVIIe siècle l'exercice de l'autorité civile au Tibet, l'autorité spirituelle étant du ressort d'un autre Grand Lama Jaune résidant au monastère de Tashilumpo.

Établir des distinctions doctrinales entre ces ordres « orthodoxes » et leurs multiples branches serait une entreprise trop ambitieuse pour le cadre de cet ouvrage. A côté d'eux se constituent en ordre les pratiquants de la religion pré-bouddhiste (↔ 32) Bon (Bon-po) et les bouddhistes Anciens (Rñin-ma-pa), dont le premier guru serait Padmasambhava (VIIIe siècle) et dont les pratiques et doctrines précèdent, dans la plupart des cas, la renaissance du XIe siècle.

Les Bon-po sont franchement hétérodoxes, exclus du concert des ordres bouddhistes dominés par les Bonnets Jaunes. S'ils ont aspiré à en faire partie, c'est parce que leurs doctrines se sont constituées dialectiquement lors de la première pénétration du bouddhisme au Tibet. Les Bon-po ont recours à l'argument de l'ancienneté, d'une origine sacrée dans les brouillards du pays mythique occidental Shambhala (Tazig) et d'un Bouddha propre qui n'est pas l'imposteur Śākyamuni. Leurs pratiques chamaniques et magiques ont beaucoup influencé les Anciens (Rñin-ma-pa ou Bonnets Rouges, l'un des deux ordres qui arborent cette couleur), que la réforme des Bonnets Jaunes fondés par Tsong-ka-pa (1357-1419) trouve en proie au laxisme et aux superstitions magiques.

En raison de cette opposition aux Bonnets Rouges qui marque la constitution de l'ordre le plus fort du bouddhisme lamaïque du Tibet, il n'est pas surprenant de voir que les moines Jaunes ne seront pas disposés à accepter l'authenticité des doctrines des moines Rouges, alors que d'autres ordres seront plus tolérants à leur égard. La situation sera en outre compliquée par la pratique, commune aux Anciens et aux Bon-po, de révéler l'existence de « trésors enfouis » *(gter-ma)*, apocryphes attribués à Padmasambhava lui-même ou à d'autres vénérables maîtres et « retrouvés » à des endroits cachés ou tout simplement dans les profondeurs insondables de l'esprit de quelque individu. Les écoles du bouddhisme tibétain peuvent être classées entre ces deux extrêmes représentés par les moines Jaunes et les moines Rouges.

Le bouddhisme lamaïque devint religion d'État dans un autre pays, la Mongolie, où il se propagea en deux vagues : au XIIIe siècle et au XVIe siècle.

6.11 *Bibliographie.* Sur le bouddhisme en général, v. Eliade, H 2/147-54 ; 185-90 ; F.E. Reynolds et Ch. Hallisey, *Buddhism : An Overview*, in ER II, 334-51 ; F.E. Reynolds, *Guide to the Buddhist Religion*, Boston 1981 ; Edward Conze, *Buddhism. Its Essence and Development*, New York 1959.

Sur le Bouddha, v. F.E. Reynolds et Ch. Hallisey, *Buddha*, in ER II, 319-32 ; André Bareau, *Recherches sur la biographie du Bouddha dans les Sutrapitaka et les Vinayapitaka anciens*, 2 vol., Paris 1963-1971.

Sur l'histoire du bouddhisme indien, v. L.O. Gómez, *Buddhism in India*, in ER II, 351-385 ; Étienne Lamotte, *Histoire du Bouddhisme indien des origines à l'ère Śaka*, Louvain 1958 ; A.K. Warder, *Indian Buddhism*, Delhi-Patna-Varanasi 1970 ; John S. Strong, *The Legend of King Aśoka. A Study and Translation of the Asokavadana*, Princeton 1983.

Sur les sectes du Hīnayāna, v. A. Bareau, *Buddhism, Schools of : Hīnayāna Buddhism*, in ER II, 444-57 ; André Bareau, *les Sectes bouddhiques du Petit Véhicule*, Saigon 1955 ; du même, *les Premiers Conciles bouddhiques*, Paris 1955 ; Nalinaksha Dutt, *Buddhist Sects in India*, Calcutta 1970.

Sur le bouddhisme Mahāyāna, v. Nakamura Hajime, *Buddhism, Schools of : Mahāyāna Buddhism*, in ER II, 457-72.

Sur le bouddhisme tantrique, v. A. Wayman, *Buddhism, Schools of : Esoteric Buddhism*, in ER II, 472-82.

Sur le bouddhisme en Asie du Sud-Est, v. D.K. Swearer, *Buddhism in SE Asia*, in ER II, 385-400 ; sur les notions fondamentales dans le bouddhisme cinghalais, v. Nyantiloka, *Buddhist Dictionary. Manual of Buddhist Terms and Doctrines* (1952), Colombo 1972 ; sur la symbiose du bouddhisme et du pouvoir royal en Thaïlande, v. S.J. Tambiah, *World Conqueror and World Renouncer. A Study of Buddhism and Polity in Thailand against a Historical Background*, Cambridge 1976.

Sur le bouddhisme chinois, v. E. Zürcher, *Buddhism in China*, in

ER II, 414-26 ; S. Weinstein, *Buddhism, Schools of : Chinese Buddhism*, in ER II, 482-87 ; Arthur F. Wright, *Buddhism in Chinese History*, Stanford-Londres 1959 ; Paul Demiéville, *le Bouddhisme chinois*, Paris 1970 ; Kenneth K.S. Ch'en, *The Chinese Transformation of Buddhism*, Princeton 1973 ; W. Pachow, *Chinese Buddhism : Aspects of Interaction and Reinterpretation*, Lanham MD 1980. La traduction intégrale du roman *Voyage vers l'Occident* est due à Anthony C. Yu, *The Journey to the West*, 4 vol., Chicago 1977-1983 ; du même auteur, v. *Religion and Literature in China : The "Obscure Way" of The Journey to the West*, in Ching-i Tu (Éd.), *Tradition and Creativity : Essays on East Asian Civilization*, New Brunswick-Oxford 1987, 109-154 ; et *"Rest, Rest, Perturbed Spirit !" Ghosts in Traditional Chinese Prose Fiction*, in *Harvard Journal of Asiatic Studies* 47 (1987), 397-434.

Sur le bouddhisme coréen, v. R.E. Buswell, Jr., *Buddhism in Korea*, in ER II, 421-6. Sur le bouddhisme au Japon, v. Tamaru Noriyoshi, *Buddhism in Japan*, in ER II, 426-35 ; Araki Michio, *Buddhism, Schools of : Japanese Buddhism*, in ER II, 487-93 ; Joseph M. Kitagawa, *Religion in Japanese History*, New York 1966 ; *Japanese Religion. A Survey by the Agency for Cultural Affairs*, Tokyo-New York-San Francisco 1972 ; E. Dale Saunders, *Buddhism in Japan. With an Outline of its Origins in India*, Philadelphia 1964 ; *A Short History of the Twelve Japanese Buddhist Sects* (Tokyo, 1886). Translated from the Original Japanese by Bunyin Nanjio, Washington 1979. Sur le Shingon, v. Minoru Kiyota, *Shingontsu*, in ER XIII, 272-8 ; sur Shinran, v. A. Bloom, *Shinran*, in ER XIII, 278-80 ; sur le Zen, v. tout spécialement les *Essais sur le Bouddhisme Zen* de D.T. Suzuki, traduits sous la direction de Jean Herbert, Paris 1972 (1940). Un bon recueil de textes des grands fondateurs du bouddhisme japonais est *Hônen, Shinran, Nichiren et Dôgen, Le Bouddhisme japonais. Textes fondamentaux de quatre moines de Kamakura.* Préface et traduction française de G. Renondeau, Paris 1965. *L'Éveil à la Vérité* de Nichiren a été traduit par N.R.M. Ehara, *The Awakening to the Truth or Kaimokusho*, Tokyo 1941 (en français, sous le titre *le Traité qui ouvre les yeux*, dans Renondeau, 190-296).

Sur Kukai, voir Thomas P. Kasulis, *Reference and Symbol in Plato's Cratylus and Kukai's Shojijissogi*, in *Philosophy East and West* 32 (1982), 393-405.

Sur le bouddhisme au Tibet, v. H. Guenther, *Buddhism in Tibet*, in ER II, 406-14 ; D.L. Snellgrove, *Buddhism, Schools of : Tibetan Buddhism*, in ER II, 493-98 ; Giuseppe Tucci, *The Religions of Tibet*, Berkeley 1980. Pour une nouvelle classification doctrinale, v. Matthew Kapstein, *The Purificatory Gem and its Cleansing : A late Tibetan polemical discussion of apocryphal texts*, in *History of Religions* 1989. Sur le bouddhisme mongol, v. W. Heissig, *Buddhism in Mongolia*, in ER II, 404-5.

7

Religion du
CANAAN

7.0 Les peuples des plaines de la Syrie et de l'Arabie ont été en perpétuelle migration pendant des milliers d'années. Une population de langue sémitique apparut en Palestine avant 3000 AEC, période dite du Bronze Ancien. Vers 2200 AEC, les invasions des Amorites entraînent de nouveaux changements des structures socioculturelles, et la situation se répétera à l'arrivée des Israélites à la fin du second millénaire. Sur la côte de la Méditerranée, les cultes agricoles se mélangeaient aux panthéons célestes des pasteurs nomades. En dehors des sanctuaires et des figurines retrouvés dans les fouilles archéologiques, nos sources concernant les traditions religieuses de ces peuples se résumaient pendant longtemps aux informations fragmentaires et fort polémiques contenues dans l'Ancien Testament, à quelques tablettes cunéiformes de Mari et de Tell el-Amarna et à quelques passages d'auteurs hellénistiques et romains. En 1929, les fouilles de Ras Shamra ont ramené à la lumière l'ancienne ville d'Ugarit, représentant la civilisation cananéenne vers la fin du Bronze (ca. 1365-1175 AEC).

Situé sur la côte de la Syrie, le port d'Ugarit existait depuis les débuts du second millénaire. Vers 1350 AEC apparut une écriture cunéiforme par incision d'une pointe sur l'argile humide. Avant que l'invasion des peuples maritimes vers 1175 AEC ne détruise cette civilisation, de nombreux textes furent immortalisés de cette manière, comprenant des inscriptions votives, des charmes, des prières, des listes de dieux et surtout d'anciens mythes d'âge indéterminé.

7.1 Au sommet du *panthéon d'Ugarit* il y a le dieu El, créateur de l'univers et père des dieux, transcendant et bienveillant mais lointain et impuissant dans les affaires humaines, où il a été remplacé par l'implacable Baal, fils de Dagan, un dieu de la tempête qui ressemble à la divinité mésopotamienne Adad. Les scribes et la tradition populaire reconnaissent plus d'un El et plus d'un Baal, leurs noms signifiant d'ailleurs génériquement « dieu » et « seigneur ». Certains Elim et Baalim étaient probablement distingués par leurs lieux de culte, d'autres à cause des qualités spéciales qu'on leur attribuait. Baal, c'est le Puissant, le Haut, le Chevaucheur des Nuées, le Prince, Maître de la Terre. Dans les textes mythiques, ses ennemis sont Yamm (« La Mer »), les « Voraces » maléfiques et Mot (« La Mort ») qui remporte sur lui une victoire temporaire.

L'épouse d'El est la déesse-reine Athirat (Asherah), qui a des attributs marins. Plus active est Anat, la sœur ou l'épouse de Baal, puissante déesse de l'Amour et de la Guerre, parfois représentée debout sur le dos d'un lion. Réunies en la personne d'Ashtart wa-Anat, les deux déesses allaient se transformer plus tard dans la divinité syrienne Atargatis, dont les attributs marins et le culte de la fertilité résisteront jusqu'aux débuts du christianisme. Parmi les autres dieux d'Ugarit, il y a Ars wa-Shamem (Terre-et-Ciel), un dieu et une déesse lunaires, quelques filles de dieux : l'étoile du matin et l'étoile du soir (Vénus), Kothar le forgeron, Rashap le mauvais et d'autres dieux d'importation. Les ancêtres, en particulier ceux appartenant à une lignée royale, étaient déifiés et objets d'un culte, parallèlement à toute une assemblée de divinités inférieures sans noms individuels.

7.2 *Le culte cananéen*, tel qu'on peut le reconstituer d'après les figurines de métal et de terre cuite, se concentrait sur deux paires divines : El et Athirat, souverains de l'autre monde, et Baal et Anat, souverains de ce monde. La ville d'Ugarit abritait en tout cas les temples de Baal et de Dagan, et probablement d'autres également. Les grands temples, possédant des troupeaux et des dépôts d'huile et de vin, ont laissé plus de traces que les petits sanctuaires des cultes populaires. Le roi et la reine présidaient au culte de l'État et participaient activement aux rituels, aux fêtes et aux prières pour assurer la protection divine de la ville. Les prêtres (*khnm*, qui correspond à l'hébreu *kohanim*) et les fonctionnaires religieux appelés *qdshm* étaient préposés aux temples et aux cérémonies du culte, qui comprenaient offrandes, sacrifices, purifications et les soins accordés à la statue de la divinité. D'autres spécialistes s'occupaient du culte des morts, qui avait pour centre une cérémonie orgiastique. Les funérailles étaient accompagnées d'un banquet censé apaiser les morts. Il y avait des prêtres dont la fonction était divinatoire : ils s'exerçaient sur des moulages gravés de foies en argile, comme ceux retrouvés à Mari, en Mésopotamie. Les gens ordinaires avaient probablement recours à la magie et aux invocations propitiatoires.

7.3 *La mythologie ugaritique* est tout imprégnée par les luttes pour la souveraineté entre El et Baal, et entre celui-ci et ses adversaires. Parmi ces conflits, l'un des plus connus est le combat entre Baal et la divinité aquatique Yamm, représentée tantôt comme un être humain, tantôt comme un monstre marin. Encouragé par son père El, Yamm s'apprête à chasser Baal de son trône, mais celui-ci, à l'aide des armes magiques fabriquées par Kothar le forgeron divin, finira par remporter le duel. Le combat rappelle évidemment la défaite du monstre marin Tiamat vaincu par le dieu mésopotamien Marduk, selon la quatrième tablette de la Genèse babylonienne *Enuma Elish*, ainsi que la victoire de Yahweh sur la mer dans certains Psaumes et dans Job 26,12-13.

Lorsque la déesse Anat étale sa puissance au combat, Baal lui envoie une invitation à la paix et, comme dans l'*Enuma Elish*, lui apprend son désir d'obtenir un temple pour qu'il soit adoré. Anat obtient l'autorisation d'El et un grand temple est bâti pour Baal.

Un autre combat oppose Baal à Mot, la Mort, un autre rival qui descend d'El. Dans le schéma de la nature, le règne de Baal est associé à la fertilité et à l'abondance, alors que le règne de la mort signifie sécheresse et famine. Après avoir échangé des messagers, qui visitent Mot dans son abri de boue et de crasse, Baal accepte de se rendre dans le monde inférieur, entouré par son cortège de pluie, de vent et de nuages. Une lacune interrompt la suite du récit. Lorsque celui-ci reprend, Baal est mort, causant ainsi la détresse d'El et d'Anat, car aucun fils d'El n'est capable de monter sur son trône. Après avoir enterré Baal, Anat rencontre Mot et le réduit littéralement en poussière : elle le déchiquette, le vanne, le grille et le concasse, puis le sème dans les champs pour qu'il soit mangé par les oiseaux. La relation entre ces épisodes est obscure, mais c'est après l'écartèlement de Mot qu'El rêve que Baal et la prospérité retourneront au pays, ce qui se produit effectivement. A son tour, Mot n'est pas éliminé ; mais Baal remportera sur lui, sept ans plus tard, une victoire décisive, qui lui restituera la royauté pour l'éternité.

Les textes d'Ugarit contiennent aussi les récits de Kirta et d'Aqhat. Tous deux commencent avec l'épisode d'un roi juste affligé par sa stérilité, un thème repris par l'Ancien Testament. Les dieux mettent fin à leur détresse, mais dorénavant ils se mêlent à la destinée des humains. Anat décide la mort d'Aqhat, le fils désiré, lorsque celui-ci l'insulte et lui refuse son arc magique. Kirta obtient une épouse au combat, mais il oublie sa promesse à Asherah et tombe malade. Plus tard, un de ses fils l'accusera d'injustice dans le gouvernement du royaume.

Malgré l'état lacunaire des textes, cette littérature nous permet de jeter un regard sur le monde historique, mythologique et religieux que les Israélites viendront occuper et dont ils transmettront le reflet à la culture occidentale.

7.4 *Bibliographie.* Eliade, H 1/48-52 ; A.M. Cooper, *Canaanite Religion : An Overview*, in ER 3, 35-45 ; M.D. Coogan, *The Literature*, in ER 3, 45-68.

Les textes sont disponibles dans la traduction d'André Caquot et autres, *Textes ougaritiques*, Paris 1974. Les divers aspects de cette littérature sont illustrés dans : Roland de Vaux, *Histoire ancienne d'Israël, des origines à l'installation en Canaan*, Paris 1971 ; P. Garelli, *le Proche-Orient asiatique des origines aux invasions des Peuples de la Mer*, Paris 1969 ; G. Saadé, *Ougarit : Métropole cananéenne*, Beyrouth 1979 ; J.M. de Tarragon, *le Culte à Ugarit*, Paris 1980.

8

Religion des
CELTES

8.1 *Population et langue.* Les Celtes apparaissent dans l'histoire au vᵉ siècle AEC et s'installent sur une aire qui va de la presqu'île Ibérique à l'Irlande et à l'Angleterre, jusqu'en Asie Mineure (les Galates).

Ils s'identifient à ce qu'on appelle la « culture de La Tène » ou Second Age du fer. Leur expansion est freinée par les Germains, les Romains et les Daces. En 51 AEC, César conquiert la Gaule. Des Celtes se maintiennent encore, sous domination étrangère, en Angleterre et en Irlande. Aujourd'hui, les langues celtiques ne sont plus parlées en dehors de la zone insulaire (l'irlandais, le gaélique et le gallois) et sur la côte bretonne, en provenance d'Angleterre et non pas des anciens Gaulois.

8.2 *Sources.* A cause de l'interdiction faite aux druides de fixer leurs connaissances secrètes par écrit, il n'y a pas de documents directs concernant la Gaule, à part les monuments influencés par l'art romain. En revanche, les sources indirectes, de Jules César jusqu'à Diodore de Sicile et à Strabon, sont abondantes.

La situation est différente dans le cas des Celtes insulaires, où les renseignements directs sont riches, mais proviennent en général de sources médiévales parfois influencées par le christianisme. Plusieurs manuscrits irlandais du XIIᵉ siècle EC fixent par écrit d'anciennes traditions. Deux fameuses collections du XIVᵉ siècle, le *Livre Blanc de Rhydderch* et le *Livre Rouge de Hergest*, contiennent des traditions galloises, comme celles du recueil appelé *Mabinogi*.

8.3 *La religion de la Gaule* ne nous est parvenue qu'à travers l'interprétation donnée par les Romains. César mentionne un dieu suprême qu'il identifie à Mercure et quatre autres dieux, respectivement identifiés à Apollon, Mars, Jupiter et Minerve. Bien que ce témoignage soit fort controversé, il paraît assez fondé à la lumière de l'archéologie. Mercure doit être le dieu, dont survivent de nombreuses statuettes, que les Irlandais appellent Lugh. Son nom est attesté dans bien des toponymes.

Puisque les Celtes offraient des victimes humaines à trois divinités (Teutates, Esus et Taranis), chacune d'elles pourrait, à la rigueur, être le Mars de Jules César. Teutates paraît plutôt un nom générique signifiant « dieu de la tribu » (cf. l'irlandais *tuath*, « petit royaume tribal »).

Plusieurs concurrents s'offrent pour le titre d'Apollon et il n'est pas aisé de choisir entre eux. Plus de quinze noms, comme Belenus, Bormo, Grannus, etc., le désignent.

Le Jupiter gaulois était l'ancêtre mythique des druides. Il n'a pas été identifié.

Minerve s'identifiait à plusieurs divinités locales, comme le montrent l'iconographie aussi bien que les inscriptions votives. En Irlande, l'une de ces divinités était Brighid, associée à la poésie, à la médecine, à la technique. Sa personnalité mythique et sa fête ont toutes deux survécu sous le déguisement que lui a fourni la sainte chrétienne Brigitte (Brighid de Kildare).

Les monuments figurés conservent l'aspect et le nom de plusieurs autres divinités, comme les dieux sylvestres Sucellus et Nantos, et surtout le dieu Cernunnos (« cornu »), qui porte des cornes de cerf.

8.4 *Les traditions irlandaises* nous racontent l'histoire mythique de l'île depuis le déluge. Les premiers immigrés subissent constamment les attaques des Fomhoires, des êtres méchants venus d'outre-mer. Une nouvelle vague d'immigrés amène les lois et la société civile. Ils sont suivis par les Tuathas Dé Dananu, « les tribus de la déesse Dana », initiés au savoir magique et possesseurs de plusieurs objets magiques (la lance de Lugh qui assure la victoire, l'épée inexorable du roi Nuadhu, le chaudron inépuisable de Daghdha et une pierre qui sert à choisir le vrai roi). Les Tuathas Dé Dananu sont conduits par le dieu Lugh lui-même dans la grande bataille de Magh Tuiredh contre la race des Fomhoires, qui, vaincue, sera bannie à jamais d'Irlande. C'est après la bataille que parviennent à l'île les premiers Celtes, en provenance d'Espagne. Leur voyant Amhargin, qui sait, par son pouvoir occulte, neutraliser la réserve légitime des Tuathas devant les nouveaux arrivants, met ainsi le pied sur la terre irlandaise. Mais les relations entre Celtes et Tuathas resteront tendues, comme le montrent les diverses batailles qu'ils se livrent. Finalement, les Tuathas se retirent dans le monde souterrain et cèdent l'espace visible aux Celtes.

8.4.1 *L'institution druidique* était associée en Irlande à Uisnech, le « centre » du pays, lieu consacré où avaient probablement lieu les grandes fêtes saisonnières.

La royauté celtique était sacrée. Elle s'obtenait après le contact sexuel du futur roi avec la déesse représentant son royaume ou avec un substitut de la Grande Déesse équine (Rhiannon, l'Epona gauloise, etc.). En effet, dans sa *Topographie de l'Irlande* (XIIe siècle), Gérard de Cambrai parle du sacre du roi irlandais, dont la scène centrale serait l'accouplement en public du futur roi avec une jument blanche dont la viande bouillie sera ensuite mangée par l'assemblée.

8.4.2 *Le cycle héroïque* dit d'Ulster a pour protagoniste le jeune Cú Chulainn, qui réside à la cour du roi Conchobar à Ulster. La reine Medhbh de Connacht envoie une armée pour se saisir du taureau brun de Cuailnge et les gens d'Ulster, envoûtés, ne sont pas capables de lui opposer résistance. Mais Cú Chulainn luttera tout seul contre l'armée des adversaires, et un combat farouche entre le taureau brun de Cuailnge et le taureau de Connacht mettra fin à l'épopée. La carrière du demi-dieu Cú Chulainn sera brève, car ses ennemis le tueront par des moyens magiques.

Un autre héros mythique est Fionn mac Cumhail, chef du Fian, une confrérie d'initiés guerriers. Comme Cú Chulainn, Fionn possède des pouvoirs magiques, qu'il utilise pour éliminer les forces surnaturelles qui menacent son pays.

8.5 *Les traditions galloises* sont préservées en premier lieu dans un recueil, improprement appelé *Mabinogi*, qui consiste en des récits composés fort probablement au cours des XIe et XIIe siècles EC. Parmi les onze pièces contenues dans le *Livre Rouge de Hergest* (vers 1325), deux n'ont pas d'importance et trois semblent résumer la matière de trois romans arthuriens, encore assez récents à l'époque, de Chrétien de Troyes (XIIe siècle). Les autres contiennent ce qui a été appelé « une mythologie celtique en déclin », dont les personnages sont des dieux difficiles à classer. L'un d'eux, Pwyll, a des rapports curieux avec l'autre monde, où d'ailleurs il règne pendant un an. Sa femme est la déesse équine Rhiannon, une variante d'Epona, identifiée à l'époque du syncrétisme romain à la déesse grecque Déméter-Erynis, qui se transforme en cavale pour fuir les assauts de Poséidon, qui se transforme à son tour en étalon (Poséidon Hippios) pour s'unir à elle. De cette union naissent Perséphone et le cheval Areion (*Pausanias* 8.25,5-7). La variante védique (*Rgveda* 10.17,1-2) nous indique qu'il s'agit d'un mythe indo-européen. Dans les trois cas, la progéniture de la déesse est humaine et équine, ce qui trouve une confirmation dans la mythologie irlandaise *(Noínden Ulad)*.

D'autres récits gallois contiennent des traditions que les savants ont appelées « chamaniques », dont le protagoniste est Cei, qui se transformera dans le lugubre sénéchal Key du cycle arthurien. Enfin, le prototype gallois de Merlin est le poète-magicien Taliesin, qui se vante de posséder « tous les arts magiques de l'Europe et de l'Asie ». Mais d'autres personnages comme Math, Gwydion fils de Dôn (= la déesse Dana), Llwyd, etc., sont également capables d'exploits fabuleux.

8.6 *Bibliographie.* Eliade, H 2/169-72 ; P. Mac Cana, *Celtic Religion*, in ER 3, 148-66.

Sur la mythologie gaélique, voir P.K. Ford, *The Mabinogi and other Welsh Tales*, Berkeley-Los Angeles-London 1977 et I.P. Couliano in *Aevum* 53 (1979), 398-401.

9

CHAMANISME

9.0 *Le chamanisme* n'est pas, à proprement parler, une religion, mais un ensemble de méthodes extatiques et thérapeutiques dont le but est d'obtenir le contact avec l'univers parallèle mais invisible des esprits et l'appui de ces derniers dans la gestion des affaires humaines. Bien qu'il se manifeste pratiquement dans les religions de tous les continents et à tous les niveaux culturels, le chamanisme « a fait de l'Asie centrale et septentrionale sa terre d'élection » (Jean-Paul Roux, *Religion des Turcs et Mongols*, p. 61). Le terme « chaman » est d'origine toungouse et signifie « sorcier ». Le mot turc commun qui désigne le chaman est *kam*. Yakoutes, Kirghiz, Uzbeks, Kazaks et Mongols utilisent d'autres termes. Le grand chaman à l'époque des invasions mongoles est *beki* ; il a donné probablement le turc *beg*, « seigneur », qui est devenu *bey*. Les historiens musulmans attribuent à Gengis Khan lui-même des pouvoirs chamaniques.

9.1 *Le chamanisme asiatique*. Les Turcs, les Mongols et les Toungouses-Mandchous appartiennent à la famille linguistique altaïque, qui succède à la famille plus ancienne ouralo-altaïque, dont faisaient également partie les Finlandais, les Hongrois, les Estoniens et plusieurs autres peuples asiatiques. Beaucoup parmi ces peuples se convertirent plus tard à une religion et même, au cours des temps, à plusieurs religions universelles (bouddhisme, christianisme, islam, judaïsme, manichéisme, zoroastrisme). L'institution du chamanisme doit être cherchée soit dans leur passé historique, soit dans des survivances désavouées de date plus récente. Jean-Paul Roux a donné un excellent aperçu des témoignages anciens sur le chamanisme des Turcs et des Mongols (*Rel. Turcs. et Mon.*, pp. 61-98). Aujourd'hui, la tendance de nombreux ethnosémioticiens est d'attribuer des origines chamaniques aux peintures rupestres de Sibérie (vers 1000 AEC), sur la base des traits distinctifs qu'elles présentent en commun avec le costume et les rituels chamaniques attestés par les ethnographes (↔ 26.1). Ces données sont corroborées par des sources grecques à partir du VIe siècle AEC, qui suggèrent également qu'un type de chaman autochtone existait encore en Grèce au Ve siècle AEC. Puisque des observations similaires valent aussi pour d'autres religions de peuples archaïques qui connaissent l'écriture (Iraniens, Chinois, Tibétains, etc.), ainsi que pour des peuples sans écriture dont l'histoire s'est déroulée dans des conditions de relatif isolement, comme les aborigènes australiens, il n'est pas exclu que la perspective historico-culturelle soit plus profitable pour l'étude du chamanisme que la perspective historique pure et simple. Un jour, lorsque la discipline de la psychologie historique se sera constituée, elle nous fournira des concepts clés qui font encore défaut à la recherche sur le chamanisme. Tout en constatant que le chamanisme authentique a fleuri en Asie centrale et septentrionale (peuples turco-mongols, himalayens, finno-ougriens et arctiques), la plupart des savants s'accordent pour inclure dans l'aire du chamanisme la Corée et le Japon, l'Indochine et les deux Amériques.

9.1.1 *Parmi les peuples de chasseurs et pêcheurs de la Sibérie septentrionale*, le chaman a une fonction clanique (Youkagirs, Evenkis), locale (Nganasanis) ou sans support social (Tchouktches, Koriaques). Dans le Sud agricole (Yakoutes, Bouriates, Touvins, Khakases, Evenkis, etc.), l'institution du chamanisme est plus complexe et le statut du chaman varie selon ses pouvoirs personnels. Le chaman sibérien, même lorsqu'il hérite sa fonction de son père, doit subir une initiation individuelle dont les éléments sont en partie traditionnels (transmission de connaissances) et en partie surnaturels (obtention d'auxiliaires parmi les esprits). Visité par les esprits, le chaman est d'abord en proie à la maladie psychique, qui ne disparaît que lorsque, traversant le territoire désertique de la mort et revenant à la vie, il apprend à manipuler ses visiteurs pour effectuer des voyages extatiques dont le but sera, le plus souvent, curatif. Dans les séances, le chaman se sert de plusieurs objets qui symbolisent ses facultés particulières et l'aident à se mettre en route vers le pays des esprits : le tambour fabriqué du bois d'un arbre qui symbolise l'arbre cosmique, la coiffe, le costume qui associe son possesseur aux esprits et en même temps rappelle un squelette, symbole de la mort et de la résurrection initiatique. Pendant la séance, le chaman appelle ses esprits auxiliaires, puis, en état de transe (qui n'est pas nécessairement associée à la consommation d'hallucinogènes ou de produits toxiques), il voyage au pays des esprits. En Sibérie centrale et orientale (Youkagirs, Evenkis, Yakoutes, Mandchous, Nanays, Orotchis), le chaman est souvent possédé par les esprits, qui parlent à travers lui.

9.1.2 *Le complexe chamanique existe parmi tous les peuples arctiques*, qui appartiennent à plusieurs groupes linguistiques : ouralien, comprenant les Saamis ou Lapons, les Komis (Zyriens), les Samoyèdes (Nentsys-Youraks et Nganasanis-Tavgis) et les deux peuples ougriens des Khantys (Ostiaks) et des Mansis (Vogouls) ; toungouse, comprenant les Evenkis et les Evenys ; turc, comprenant en premier lieu les Yakoutes (et les Dolganes, tribu toungouse) ; youkagir (les Youkagirs, apparentés aux Finno-Ougriens) ; paléosibérien, comprenant les Tchouktches, les Koriaques et les Itelmens ; inuit (esquimaux), comprenant les Aléoutiens. Moins complexes qu'en Sibérie du Sud, les séances chamaniques parmi les peuples arctiques sont cependant plus intenses. Chez certains d'entre eux, comme chez les Indiens Algonquins de l'Amérique du Nord, le chaman se fait lier dans une tente close, violemment secouée par les esprits *(shaking-tent ceremony)*, qui le délivreront de ses liens.

La plupart des Inuits vivent au Groenland, au Canada et en Alaska. L'obtention des pouvoirs chamaniques se caractérise, chez eux, par l'expérience très vive de la mort initiatique. Ils pratiquent la cure des maladies par succion et la technique de divination appelée *qilaneq*, par variation du poids d'un objet tenu dans la main lorsqu'on pose diverses questions aux esprits. *Quamaneq* ou visualisation du squelette est une technique très répandue, qui caractérise le stade de l'obtention des pouvoirs chamaniques.

9.1.3 *En Corée et au Japon*, le chamanisme est généralement pratiqué par les femmes. Être aveugle est un signe d'élection. Au nord de la Corée, la chamanesse est cherchée par les esprits, au sud elle hérite la fonction de ses parents. La maladie initiatique ne lui est pas épargnée ; elle peut être visitée par un esprit amoureux et dans ce cas la vie maritale lui devient intolérable.

9.1.4 Le chamanisme est présent parmi les peuples des zones frontalières entre le Tibet, la Chine et l'Inde (Miaus, Na khis, Nagas, Lousheis-Koukis, Khasis, etc.), ainsi que parmi les peuples de l'Indochine (Hmongs, Khmers, Laos, etc.), de l'Indonésie et de l'Océanie.

9.1.5 *Le chamanisme nord-américain*, comme le chamanisme arctique, ne connaît pas à l'origine l'utilisation de substances hallucinogènes. Les pouvoirs chamaniques s'obtiennent de diverses manières, dont la plus commune est la solitude et la souffrance. Dans plusieurs aires les chamans tendent à former des associations professionnelles. Les membres de la Société de la Grande Médecine (Midewiwin) des tribus des Grands Lacs initient un nouveau membre en le « tuant » (en le « fusillant » avec des cauris ou d'autres objets symboliques censés pénétrer dans son corps) et le « ressuscitant » dans la cabane médicinale. L'extraction de l'esprit de la maladie par succion est très répandue.

9.1.6 *Le chamanisme sud-américain* connaît tous les motifs présents dans d'autres aires culturelles : maladie initiatique, visualisation du squelette, mariage avec un esprit, guérison par succion, etc. En outre, le chamanisme sud-américain se caractérise par l'emploi de substances hallucinogènes (*banisteriopsis caapi* ou *yagé* étant parmi les plus communes) ou toxiques (comme le tabac) et par la présence de cérémonies collectives d'initiation. L'utilisation du hochet pour invoquer les esprits est plus générale que celle du tambour. Les esprits sont souvent ornithomorphes. Le chaman peut fréquemment se transformer en jaguar.

9.2 *Bibliographie.* M. Eliade, *Shamanism : An Overview*, in ER 13, 201-8 ; A.-L. Siikala, *Siberian and Inner Asian Shamanism*, in ER 13, 208-15 ; S.D. Gill, *North American Shamanism*, in ER 13, 16-9 ;

P.T. Furst, *South American Shamanism*, in ER 13, 19-23 ; Å. Hultkranz, *Arctic Religions : An Overview*, in ER 1, 393-400 ; I. Kleivan, *Inuit Religion*, in ER 7, 271-73.

En général, voir Mircea Eliade, *le Chamanisme et les techniques archaïques de l'extase*, Paris 1964 ; Matthias Hermanns, *Schamanen, Pseudoschamanen, Erlöser und Heilbringer*, vol. 1 et 2, Wiesbaden 1970 ; Jean-Paul Roux, *la Religion des Turcs et des Mongols*, Paris 1984.

10

CHRISTIANISME

10.1 *Canon.* Le canon chrétien a mis à peu près quatre siècles à se constituer. Il consiste dans les 27 écrits dits du Nouveau Testament (par opposition à la Tanakh judaïque ou Ancien Testament) : quatre Évangiles (Marc, Matthieu, Luc et Jean), les Actes des Apôtres (attribués au rédacteur de l'Évangile selon Luc, qui serait disciple de l'Apôtre Paul), les épîtres des Apôtres (quatorze attribuées à Paul, une à Jacques, deux à Pierre, trois à Jean, une à Jude) et enfin l'Apocalypse (Révélation) attribuée à Jean. Dans toute cette littérature, l'Ancien Testament est souvent interprété de manière allégorique comme prophétie de la venue du messie Jésus-Christ. A vrai dire, son inclusion dans le canon chrétien s'est heurtée de bonne heure à la résistance du théologien Marcion de Sinope (ca. 80-155). Le problème a été reconsidéré plus tard par Martin Luther (1527 et 1537) et par l'évangélisme allemand jusqu'au début du XXe siècle (Adolf von Harnack).

L'authenticité des écrits du Nouveau Testament fait l'objet d'un débat qui se poursuit depuis cinq cents ans. Les lettres de Paul, dans la mesure où elles sont authentiques, représentent la couche la plus ancienne du canon (ca. 50-60). Au contraire, plusieurs parmi les autres épîtres canoniques n'ont été composées que pendant la première moitié du IIe siècle, alors que leurs prétendus auteurs n'étaient plus vivants.

Les Évangiles, quant à eux, sont un produit tardif, fondé sur plusieurs traditions. Les trois premiers (Matthieu, Marc, Luc) sont appelés *synoptiques* à cause des ressemblances qui existent entre eux et qui font qu'on peut les mettre en parallèle sur trois colonnes. L'Évangile selon Marc, rédigé vers 70, est le plus ancien. Les deux autres (vers 80) suivent Marc et une seconde source appelée Q. Écrit peu avant 100, l'Évangile dit de Jean est plus ésotérique et incorpore des éléments platoniciens très marqués, surtout dans l'assimilation du Christ au Logos de Dieu, qui est le plan divin de l'architecture du monde. D'autre part, l'Évangile de Jean contient une opinion fort négative vis-à-vis du monde social (appelé « *ce* monde »), dominé par le diable, qui apparaît comme adversaire plutôt que comme serviteur de Dieu. Ces conceptions ont été trop souvent comparées au gnosticisme et à la littérature essénienne de Qumran, ce qui prouve seulement que certains écrits du Nouveau Testament sont assez vagues pour tolérer les théories les plus diverses. Il est vrai que les esséniens en tout cas, et peut-être déjà les gnostiques, appartenaient au climat intellectuel du temps.

10.2 *Jésus-Christ*, un prophète juif de Nazareth en Galilée, né vers le début de l'ère commune et crucifié, selon la tradition, au printemps de l'an 33, est au centre de la religion chrétienne. Sa vie et sa brève carrière de messie sont décrites par les Évangiles. Les sources historiques du temps ne contiennent presque aucune information sur Jésus, au point qu'un courant mythologique radical a fortement douté de son existence. Bien que communément acceptée aujourd'hui, l'existence de Jésus continue de se heurter à de nombreux problèmes historiques.

Le Jésus des Évangiles est le fils de Marie, épouse du charpentier Joseph. Après avoir été baptisé par Jean-Baptiste, un prophète ultérieurement mis à mort par le roi fantoche Hérode, Jésus se met à prêcher et à faire des miracles. Il est impossible de reconstituer son message originel. Bien que le christianisme passe pour une religion de la paix, il est probable que Jésus entretenait des rapports suspects avec les Zélotes, combattants juifs fondamentalistes, dont le but était de mettre fin à l'occupation romaine de la Palestine. S.G.F. Brandon croit même que ces rapports auraient été très étroits. Quoi qu'il en soit, l'attitude de Jésus n'était pas faite pour lui attirer les sympathies des autorités religieuses juives, qui le font arrêter et le défèrent à la justice romaine. L'accusation n'est pas du tout claire ; il paraît toutefois que ce qui était blasphème pour les uns était sédition pour les autres. Après un jugement sommaire où Pilate (sinon les prudents auteurs des Évangiles, qui ne désirent pas choquer les autorités romaines) décide de confier la sentence au peuple juif ; Jésus est crucifié par les soldats romains sous l'accusation probable d'être un faux messie. Il meurt et on l'enterre le même jour.

Un des problèmes les plus épineux que la critique moderne ait dû affronter (d'ailleurs sans succès) a été d'établir à peu près ce que Jésus croyait de lui-même. Pensait-il être le Fils de Dieu ? Le messie (et *quel* messie) ? Un prophète ? Quoi qu'il en soit, le Jésus des Évangiles agit comme l'émissaire d'une autorité plus grande que la Torah elle-même, dont le but était de ramener les pécheurs à Dieu et d'annoncer l'avènement du Royaume de Dieu. Il est indéniable que Jésus appelait Dieu du terme familier de Abba (« cher père »), mais il est permis de douter que son sentiment filial ait été celui que lui prêtèrent les générations suivantes, sous l'influence d'un platonisme auquel ne répugnait pas l'idée que le monde des archétypes se fût incarné dans un être humain. Les Évangiles synoptiques donnent assez souvent à Jésus le titre de Fils de l'Homme (utilisé par le prophète Daniel), dont il est malheureusement impossible de préciser la signification contextuelle (en idiome araméen, il signifie simplement « homme »). Ses disciples l'appelaient *mašiah*, messie (oint), c'est-à-dire consacré, en grec *christos*. S'il fut crucifié sous l'inscription « Jésus de Nazareth, Roi des Juifs », il est probable qu'on lui prêtait l'idée d'appartenir à la lignée royale davidique. Il ne paraît cependant pas qu'il ait jamais proclamé ouvertement son identité de messie. Personnage énigmatique, il meurt et ses disciples affirment qu'il est ressuscité au bout de trois jours et qu'il est demeuré parmi eux pendant quarante jours (*Actes* 1, 3 ; les traditions apocryphes des gnostiques donnent un nombre de jours très supérieur). Mais, à l'époque où le christianisme n'était qu'une secte juive, des sectes comme celle des ébionites tenaient Jésus pour un simple prophète et ne croyaient pas à sa résurrection. C'est Paul qui met la résurrection au centre du message chrétien.

10.3 *Paul de Tarse*, le génial idéologue du christianisme, est une personnalité complexe. De son vrai nom, il s'appelle Saul et provient d'une famille juive de la diaspora, assez riche pour lui permettre une éducation classique à côté d'une solide instruction dans la Torah. Il est citoyen romain et pharisien. Il commence par persécuter les chrétiens, mais se convertit à la suite d'une vision du Christ ressuscité sur la route de Damas. Son activité missionnaire commence peu après et consiste dans l'expansion du christianisme hors du judaïsme, parmi les gentils. Autour de l'an 48, Paul et ses collègues, après avoir passé deux ans en Asie Mineure, s'embarquent pour l'Europe. Ils fondent les Églises de Philippes, de Thessalonique, de Corinthe. Alors que le parti judaïsant de Jérusalem conçoit toujours le christianisme comme une branche du judaïsme et requiert la circoncision et le respect des prescriptions normatives de la Torah, Paul prend le parti audacieux d'émanciper le christianisme du judaïsme, en opposant le régime de la Loi à la liberté dont jouit le chrétien sous le régime béni de la Foi. Ce moment de crise et de tension entre Paul et l'Église-mère de Jérusalem, conduite par Jacques, frère de Jésus, et par Pierre, forme l'objet de l'Épître de Paul aux Galates d'Asie Mineure (vers 53). L'activité de Paul à Éphèse se termine par son emprisonnement. Plus tard, on le retrouve à Corinthe où il prépare sa mission à Rome et en Espagne. Autour de 57, il visite Jérusalem et projette le voyage à Rome. Il s'arrête à Césarée où il est emprisonné pendant deux ans, mais, prétextant sa citoyenneté romaine, il demande à être examiné par l'empereur en personne. Ainsi arrive-t-il autour de 60 à Rome. Deux ans plus tard, il sera exécuté sous Néron.

10.4 *L'orthodoxie chrétienne* est le résultat d'un processus qui dure trois siècles et demi et se précise comme un système à multiples sous-ensembles interdépendants, dont le fonctionnement provient soit d'un mécanisme interne de dissociation des deux grands courants à l'intérieur de la théologie chrétienne (le courant juif et le courant platonisant), soit de l'interaction entre un sous-système central et des sous-systèmes qui gravitent autour du christianisme (ses « hérésies »), sans être à proprement parler chrétiens.

10.4.1 Le premier intellectuel qui aide l'orthodoxie à se définir par opposition à ses adversaires est *Marcion de Sinope* (ca. 80-155), riche armateur du Pont-Euxin, dont l'Église de Rome rejette la doctrine et les dons. Justin Martyr (ca. 100-165), le premier apologiste chrétien, en fait, vers 150-155, l'ennemi numéro un de la religion et l'élève des gnostiques. Premier théologien bibliste de l'histoire, Marcion conclut que le Nouveau Testament et l'Ancien Testament ne sauraient prêcher le même

Dieu. Il ne fait ainsi qu'accentuer la brèche entre judaïsme et christianisme entamée par Paul. Mais la défaite de Marcion et de l'Église marcionite montre que l'orthodoxie n'entend pas renoncer à l'héritage biblique, qui sert comme préfiguration du salut mis en marche par le sacrifice de Jésus-Christ, mais aussi comme légitimation de l'apparition et de la mission historique de Jésus. Enlevez l'Ancien Testament, semble dire l'Église, et l'homme Jésus disparaît.

10.4.2 *Le gnosticisme* (↔ 12.3) est, chronologiquement, le second (sinon le premier) grand adversaire du courant central du christianisme. Le premier hérésiologue à le combattre farouchement est Irénée de Lyon (ca. 130-200), suivi par Hippolyte de Rome (m. 235). Il existe toute une gamme de positions gnostiques concernant le rapport avec le judaïsme et le christianisme (voir Couliano, *les Gnoses dualistes d'Occident*, Paris 1990) ; cependant, il est possible d'affirmer que le gnosticisme accentue l'infériorité du monde et de son créateur plus que ne l'indique la commune ascendance platonicienne de la gnose et du christianisme. C'est pourquoi certains Pères de l'Église qui, par ailleurs, exaltent la virginité (condamnant parfois la procréation et les noces), ne sauront se résoudre à accepter que le monde est mauvais. Certains d'entre eux, comme Tertullien de Carthage (ca. 160-220), adopteront un double standard, accusant les adversaires gnostiques de ce que, par ailleurs, ils professaient eux-mêmes. D'autres, comme Clément d'Alexandrie (m. ca. 215), affirment la supériorité radicale de la révélation mosaïque sur la philosophie grecque, mais acceptent aussi l'existence d'une élite « gnostique » chrétienne qui parvient à la connaissance d'une vérité inaccessible aux simples fidèles. Une barrière infranchissable finira cependant par se dresser entre christianisme et gnosticisme : le premier admet la vérité de la Genèse biblique et fait sien le Dieu de la Torah, alors que le gnosticisme transforme le Dieu de l'Ancien Testament en démiurge de *ce* monde, par contraste avec le vrai Dieu, premier et unique, isolé dans sa transcendance presque inaccessible. Acceptant les termes de la Genèse, les chrétiens tiennent le monde pour bon ; mais de nouveau ils se rapprocheront des gnostiques dans la doctrine de la chute du couple humain primordial, surtout dans l'interprétation que lui donnera le manichéen converti Augustin, évêque d'Hippone (voir *infra*).

10.4.3 Avant le Concile de Nicée (325), le Père le plus important et le plus influent, sinon le plus embarrassant, de l'Église est sans doute *Origène* (ca. 185-254). Chrétien et fils d'un martyr chrétien (203), il étudie probablement la philosophie avec Ammonios Saccas et, comme Plotin (205-270), il combat en platonicien ces frères égarés que sont les gnostiques, tout en subissant leur influence. Il commence à écrire vers 215, pour ramener au sein de l'Église son riche ami Ambroise d'Alexandrie, qui s'était laissé tenter par les subtilités de la gnose valentinienne. Dans ces déprimantes querelles ecclésiastiques qui ne feront que s'intensifier après l'adoption du christianisme comme religion de l'État, Origène se voit ordonné prêtre à Césarée, mais défroqué par l'évêque d'Égypte. Ce doit être là l'origine de la légende de son excommunication. L'origénisme condamné aux Vᵉ et VIᵉ siècles, tout en utilisant son nom, ne le concerne plus directement.

Origène écrit avant les grands conflits trinitaires et christologiques du IVᵉ siècle. Sa théologie ne s'efforce donc pas d'être explicite, ce qui la rend plus facilement défendable, ou condamnable, selon les cas. Son exégèse allégorique de la Bible n'est pas plus poussée que celle que mèneront plus tard Ambroise et Augustin. En platonicien, Origène croit à la préexistence des âmes, mais sa doctrine ne se confond pas avec la métensomatose platonicienne ou hindoue. Nous sommes à une époque où prévaut encore le traducianisme de Tertullien, qui croit qu'une nouvelle âme est générée par la copulation psychique des parents. Aucune raison ne s'oppose encore à l'adoption de la position d'Origène ; l'absence de la métensomatose dans la Bible a dû être décisive.

10.4.4 L'importance de la dialectique des deux courants majeurs de la première théologie chrétienne, *le courant judaïsant et le courant platonisant*, a été mise en lumière par R.M. Grant à partir des débats christologiques d'Antioche, où une christologie « pauvre » se mesure à une christologie « riche », d'origine platonicienne, développée en premier lieu par Origène à Alexandrie. La christologie « pauvre » semble remonter en arrière jusqu'à Pierre lui-même (*Actes* 2, 22.36 ; 10, 38) ; elle comprend les ébionites, qui se dérobent à la théologie de Paul. Elle est représentée par les trois livres *Pour Autolycos* de l'évêque Théophile d'Alexandrie et crée les bases de ce qui sera dénoncé plus tard sous le titre d'« adoptianisme » : Jésus-

Christ est né homme et il ne sera adopté comme Fils de Dieu que lors du baptême du Jourdain. Au contraire, la christologie « riche », platonicienne, représentée par Ignace et par son disciple Tatien, souligne surtout la divinité du Christ. Cette christologie, qui se rattache à la philosophie alexandrine du Logos, prévaudra sur l'adoptianisme, qui sera condamné (264-268) en la personne de l'hérésiarque Paul de Samosate, évêque d'Antioche. Les controverses n'en deviendront que plus acharnées lorsque le christianisme, d'abord toléré (313), puis encouragé et adopté sur son lit de mort par l'empereur Constantin (m. 337), deviendra religion d'État (391), à l'exclusion des cultes païens.

10.4.5 Au IVᵉ siècle, le processus de formation de l'orthodoxie reçoit la contribution fondamentale des *Pères de Cappadoce*, Basile de Césarée (ca. 329-379), son ami Grégoire de Nazianze (ca. 329-391) et son frère Grégoire de Nysse (ca. 335-395), qui consolident le dogme de la Trinité, formulé définitivement au Concile de Constantinople en 381. Les Pères cappadociens sont origénistes et néo-platoniciens.

10.4.6 Premier Père occidental né dans la religion chrétienne, *Ambroise de Milan* (ca. 339-397) provient d'une famille de l'aristocratie impériale. Sa théologie a comme modèle Origène et Philon d'Alexandrie imprégné par les écrits d'autres auteurs latins.

10.4.7 *Augustin*. Dans cette époque de gloire de la théologie chrétienne qu'est la seconde moitié du IVᵉ siècle, malheureusement marquée par des luttes intestines dans lesquelles la figure de Jérôme (ca. 347-420), traducteur en latin de la Bible dite *Vulgate*, apparaît comme particulièrement agressive, un autre Père latin, Augustin (354-430), évêque d'Hippone, occupe une place particulière. Manichéen pendant neuf ans, le jeune et ambitieux orateur africain qui s'établit à Milan (384) reconnaît que l'avenir est dans le christianisme. Il se sépare des manichéens et reçoit le baptême d'Ambroise, en 387. Ordonné prêtre à Hippone (Hippo Regius, aujourd'hui Annaba en Algérie) en 391, il en devient l'évêque en 395. Deux ans plus tard, il écrit les *Confessions*, s'adressant à tous ceux que la mondanité ne satisfait pas. Et cependant l'expérience de la mondanité a dû servir à quelque chose dans la carrière de notre repenti, car il prend parti contre le rejet manichéen du monde et contre l'Église dominante en Afrique du Nord, celle des donatistes, qui exigent de leurs prêtres la pureté morale. En effet, dans l'hérésiologie chrétienne, « donatisme » finira par désigner une catégorie (à laquelle appartiennent, par exemple, les Vaudois) qui refuse la validité du sacrifice *ex opere operato*, c'est-à-dire par la seule force de l'action du prêtre ; c'est l'être moral de ce dernier qui influe sur le résultat de l'oblation, qui a donc lieu *ex opere operantis*. Enfermé dans une impitoyable doctrine autoritaire, Augustin n'hésitera devant aucun moyen pour l'emporter sur ses adversaires, qu'il réduira effectivement en poussière, utilisant sans scrupule la force de l'État contre eux. Mais le manichéisme continue de parler en lui et, à travers lui, il devient en quelque sorte la doctrine officielle de l'Église. Tout commence avec la doctrine de la grâce du moine Pélage (m. 418), qui croit fermement au libre arbitre. Selon lui, comme selon de nombreux théologiens de l'époque, la nature humaine est foncièrement bonne et peut faire le bien même sans le secours de la grâce. Le clair-obscur de l'expérience augustinienne du monde, avec la forte répudiation d'un passé de volupté et de frivolité dont cependant l'évêque devait être souvent nostalgique, ne correspond pas à la tranchante clarté de la position pélagienne. Ce n'est pas pour une Église de saints, mais pour une Église de pécheurs comme lui-même qu'Augustin formule sa doctrine anti-pélagienne, précisant que tout homme hérite du péché originel et que, par conséquent, il n'y a que la grâce qui puisse lui restituer la capacité de choisir, lui rendre cette même liberté qui, mal exercée, avait provoqué la chute des premiers représentants de l'humanité. Cela revient à dire que seuls Adam et Ève avaient été libres, et qu'ils avaient choisi le mal. Le péché originel s'hérite ; chacun de nous venant au monde n'est libre que de choisir le mal, mais le secours de la grâce rend possible le choix du bien. Cependant, la grâce n'est pas accordée à n'importe qui, ni pour des raisons évidentes. Elle n'est accordée qu'à certains prédestinés *(praedestinati)*, selon une raison mystérieuse de Dieu. Qui plus est, le nombre des prédestinés est limité à celui des anges déchus dont les places célestes sont libres. Le reste des hommes appartient à la masse des rejetés *(massa perditionis)* qui n'auront pas part au salut. Devant le déclin de l'Empire romain, Augustin établit dans *la Cité de Dieu* (413-427) la totale indépendance de l'Église par rapport à tout système politique.

Même position chez son partisan Orose (418) : l'Empire disparaîtra, l'Église subsistera sous ses conquérants.

10.4.8 *Les jours de l'empire d'Occident étaient en effet comptés.* Si à la fin du IVe siècle les moines d'Égypte, sales et barbus, qui s'aventuraient jusqu'à Rome étaient lapidés par les foules, la situation change radicalement lorsque les murs des monastères deviennent le seul rempart possible contre l'anarchie qui fait suite à la chute de l'empire (476). C'est Benoît de Nursie (ca. 480-543) qui fonde l'ordre monastique des Bénédictins et le monastère de Monte Cassino (ca. 529). Le héros du désert avait été un ascète solitaire, comme Antoine (ca. 300), mais cet idéal était trop difficile à atteindre et les occasions d'échec trop nombreuses. Le mouvement cénobitique commencé en Égypte par Pacôme (292-346) offre une alternative que l'Orient s'empresse d'accepter et de propager : la solitude collective. L'adoptant en Occident, Benoît crée des centres relativement protégés dont en dernière instance, comme le voit fort bien le perspicace moine Cassiodore (m. 575), le but aura été de cultiver des élites intellectuelles capables de fleurir dès que les conditions externes auraient été plus favorables. La première occasion ne surgit qu'avec la création de l'Empire carolingien (800). Charlemagne (768-814) attire à sa cour les religieux et les laïcs les plus doctes de l'Occident, comme Alcuin (ca. 730-804) de York, qui deviendra abbé de Saint-Denis (796), l'historien Paul le Diacre (ca. 720-795), etc. Ce mouvement intellectuel remet sur pied en Europe l'enseignement des *artes liberales* (le *trivium* et le *quadrivium*) et transforme les monastères en centres de préservation et de diffusion de la culture. La papauté, dont les bases solides avaient été établies par Grégoire le Grand (590-604), en légitimant l'empire qu'elle ressuscite en 800 pour se donner un glaive temporel contre les menaces externes (les Arabes et les Berbères musulmans avaient envahi l'Espagne en 711), crée en même temps son plus grand adversaire. Et la vie du Moyen Age s'organise, jusqu'après le Ghibellin (partisan de l'empire) Dante, selon la pénible dialectique Empire-Église. Le pape réformateur Grégoire VII (1073-85) se proclame supérieur à toute autorité temporelle et refuse à l'empire (désormais allemand) le droit d'accorder l'investiture ecclésiastique. L'empereur Henri IV dépose le pape en 1076 ; le pape à son tour dépose et excommunie l'empereur, obligé par ses princes à mendier le pardon du pape à Canossa (1077). Mais la lutte reprend de plus belle et ne trouvera de solution que par les armes : Henri IV nomme son propre pape (Clément III), occupe Rome (1083) et se fait couronner par lui (1084). Les aventures à la quête de la suprématie européenne continueront pendant des siècles, dans un climat politique de plus en plus complexe. Il suffit d'ouvrir n'importe quel manuel d'histoire pour suivre les vicissitudes de cette insoluble querelle entre le pouvoir spirituel et le pouvoir temporel. Elle n'appartient que de façon fort marginale à l'histoire *religieuse* de l'Occident, qui connaîtra une éclosion spectaculaire à partir du XIIe siècle.

10.4.9 Ce qu'on a appelé *« la Renaissance du XIIe siècle »* (la formule appartient à Charles Homer Haskins) est en grande partie l'effet d'événements du siècle précédent : en 1085, les royaumes de Castille et de León réunis conquièrent sur les musulmans Tolède, l'ex-capitale du royaume wisigoth ; en 1099, les croisés en Terre sainte conquièrent Jérusalem sur les Turcs seldjoukides, proclamant en 1100 le Royaume de Jérusalem sous Baudouin. Enfin, la présence de Bernard de Clairvaux (1091-1153) donne une lecture nouvelle à l'histoire de son temps et insuffle de nouveaux idéaux religieux, aussi bien dans le mouvement monastique réformé que dans la quête spirituelle des laïcs.

Les conséquences de la prise de Tolède sont incalculables. Des moines y affluent de toutes parts, attirés surtout par l'aura d'exotisme, de progrès et de mystère qui entoure la civilisation arabe — et moins par le projet manifeste du Collège de traducteurs installé à Tolède par l'archevêque Raymundo peu après 1130 : réfuter les faux principes de la religion musulmane. Des théologiens comme Pierre le Vénérable, abbé de Cluny, et Rodrigue Ximénez de Rada, en paient le prix, même si eux aussi savent mal cacher l'intérêt qu'ils portent à la culture arabe ; mais c'est pour permettre aux traducteurs, sous la direction de l'archidiacre Dominicus Gundisalinus, d'effectuer leur lent et monumental travail de transposition de la culture arabe et, à travers elle, de l'Antiquité gréco-romaine en latin. Le plus grand parmi eux sera Gérard de Crémone (1114-1187), auquel on attribue la traduction en latin de plus de soixante-dix ouvrages de médecine, de science et de philosophie en arabe. A travers l'activité des traducteurs, l'Europe chrétienne découvre et adopte la philosophie d'Aristote, qui deviendra le fondement de la nouvelle philosophie scolastique, propagée surtout par

Albert le Grand (1193-1280) et Thomas d'Aquin (1225-1274). Leurs précurseurs avaient été des penseurs comme Anselme d'Aoste (1033-1109), Pierre Lombard (m. 1160), auteur des fameuses *Sentences*, et Pierre Abélard (1079-1142), intéressant pour ses conceptions sur la supériorité de la femme sur l'homme, qui semblent provenir de l'amour courtois.

Mais le nouvel âge est aussi marqué par une dévotion particulière à la Vierge, Mère de Dieu, qui en fait, sinon de droit au moins de fait, l'égale des personnes trinitaires, vraie *regina coeli*, étoile salutaire qui intercède pour les humains. Les cathédrales, en général consacrées à Notre-Dame, qui surgissent dans le nord de la France vers 1150, sont le symbole visible de la nouvelle spiritualité. Peu à peu, les écoles qui fonctionnent à l'intérieur de ces cathédrales se transformeront en universités autonomes. Dans l'Occitanie des troubadours, le pendant de la dévotion à la Vierge est la dévotion à une Dame. Ce phénomène appelé amour courtois, dont de nombreux historiens nient l'existence sous prétexte qu'il n'a jamais été pratiqué, consiste dans une tension intellectuelle de l'amoureux qui, en intensifiant sans l'assouvir son désir pour la Dame, connaît une expérience particulière qu'on pourrait comparer sans hésitation à une expérience mystique. En Italie, l'amour courtois produit le genre poétique appelé *Dolce Stil Novo*, auquel se rattache le Florentin exilé Dante Alighieri (1265-1321), l'auteur de *la Divine Comédie*. Si les occasions de chute et rechute ont dû être nombreuses, il n'est point douteux que la poursuite de la tension provenant du désir inassouvi représente la clé de ce courant d'érotisme sublimé, dont l'idéal est tout le contraire de l'enseignement médical du temps (qui traite l'amour inassouvi comme un syndrome dangereux et même létal). Il est également certain que les romans du cycle arthurien, dont l'idéologie a dû être lancée par un centre d'intelligence ecclésiastique du nord de la France (fort probablement cistercien), transforment la dévotion à la Dame en épreuve constante de la qualité intérieure d'un chevalier. Il s'agit, bien entendu, d'une qualité mystique, car le cycle arthurien propage l'idée que la lutte contre les infidèles et la vertu sont suffisantes pour assurer la sainteté. Il n'est pas permis de mettre en doute la profonde liaison qui existe entre la formation des ordres religieux militaires et le cycle arthurien, avec sa sanctification de la pureté morale et du service à la Dame.

L'idée de fonder l'ordre du Temple vient à Hugues de Payens à Jérusalem et doit avoir quelque rapport avec l'ordre des Assassins ou Nizaris ismaélites fondé par Hasan-i Sabbah dans les montagnes de l'Elbourz en Iran (↔ 20.6.3). Connus sous le nom de *muhamars*, « les Rouges », les *fedawas* du Califat ismaélite portaient bonnet, cordon et bottes rouges sur un costume blanc. Les Templiers porteront une croix rouge sur un manteau blanc, et les chevaliers de l'Hôpital de Saint-Jean de Jérusalem (de 1530 à 1798 chevaliers de Malte), qui inversent souvent le symbolisme des Templiers, finiront par adopter comme emblème une croix blanche sur fond rouge. En 1118, avec l'appui du jeune Bernard de Clairvaux, qui fera adapter pour eux la sévère règle de saint Benoît aux conditions de la vie militaire, les Templiers recevront la reconnaissance officielle et auront le droit de porter les armes pour défendre les pèlerins en Terre sainte. En pratique, ils deviendront les spécialistes de la défense de Jérusalem et, après que le pape leur eut accordé (ainsi qu'aux Hospitaliers) le privilège d'une dépendance directe du siège pontifical, sans avoir à passer à travers la filière de la bureaucratie ecclésiastique, les Templiers et leurs émules les Hospitaliers seront les maîtres véritables de la Terre sainte. Hardies jusqu'à être téméraires dans la lutte, ces milices chrétiennes d'élite sauront se créer dans la vie de l'Occident une place d'une importance extraordinaire. Les Templiers assurent d'abord le transport de l'argent des pèlerins en Terre sainte, puis, disposant d'un réseau de forteresses qui s'étend de l'Écosse jusqu'en Espagne, ils transporteront l'argent en Europe et finiront par émettre des certificats d'échange. Banquiers des rois, n'ayant à rendre compte de leurs activités à personne d'autre qu'au pape, les Templiers finissent par inquiéter, par leur richesse et leur indépendance, le pouvoir de l'État en train de se consolider.

La perte de Jérusalem en 1187 ne met pas encore en question la raison d'être des Templiers ; au contraire, en 1198, un nouvel ordre militaire surgit en Allemagne : les Chevaliers teutoniques, qui choisiront de rester fidèles à l'empereur excommunié Frédéric II (1210-1250), montrant déjà par là les premiers signes de ce particularisme allemand qui éclatera au XVIᵉ siècle. En 1291, les derniers bastions chrétiens en Terre sainte tomberont sous la pression des Turcs mamelouks. En 1307, désireux de mettre un terme à leur puissance financière, Philippe le Bel fera arrêter tous les Templiers de France et exercera toute la pression possible sur le pape (Clément V, exilé à Poitiers, puis à Avignon, hors de la juridiction française mais dangereusement près du territoire du roi) pour qu'il se désolidarise d'eux. L'ordre des Templiers sera dissous en 1312, son grand maître Jacques de Molay sera, en 1314, la dernière victime de la mise en scène de Philippe et de son Garde des Sceaux, Guillaume de Nogaret.

Si la formation des ordres militaires et le phénomène de l'amour courtois se rencontrent sur le terrain de l'idéal chevaleresque propagé au XIIe siècle par les romans de Chrétien de Troyes, il est plus difficile de préciser de quelle manière les Cathares s'intègrent dans le panorama de la « Renaissance du XIIe siècle ». On a voulu les mettre en rapport avec l'amour courtois ; mais les preuves sont faibles. Ils sont les fidèles de deux religions provenant de cet Empire byzantin dont l'Église ne maintient plus de rapports avec l'Église occidentale depuis 1054 (« schisme d'Orient »). L'une, le bogomilisme, a fait son apparition en Bulgarie et a gagné Constantinople au début du XIe siècle. Elle est traitée comme une hérésie et persécutée par le feu et le glaive, mais ses dogmes sont en réalité assez proches de l'orthodoxie. D'anciennes doctrines docètes s'y retrouvent, qui veulent que le corps physique du Sauveur (et probablement de Marie) soit un fantasme trompeur. Antijudaïques, les bogomiles transforment Yahweh en Satan.

La seconde doctrine des Cathares, qui remplace l'autre en Occitanie après 1167, date du concile cathare de Saint-Félix-de-Lauragais, auquel participa l'évêque byzantin Nicétas ; elle est ce qu'on appelle la « revitalisation » d'une ancienne hérésie, l'origénisme des Pères du désert de Nitrie au IVe siècle. Les Cathares origénistes (les Albigeois proprement dits), qu'on appelle « radicaux » pour les distinguer des bogomiles « mitigés » (« radical » et « mitigé » ayant trait aux formes de « dualisme » qu'ils professent), ont une doctrine plus élaborée, non dépourvue de grandeur, qui se manifeste surtout dans la pensée, assez mal connue, de Jean de Lugio (peut-être de Lugano), hérésiarque lombard de Bergame vers 1250.

En 1209, une croisade est lancée contre les Albigeois, conduite d'abord par un militaire de profession, Simon de Montfort, qui fera raser des villes et des villages entiers, sans se préoccuper de distinguer les hérétiques des bons catholiques. Plus modérée par la suite, la croisade finira par se transformer en une guerre de conquête du Midi par la France. La lutte entre la couronne de France et les seigneurs occitans libres se poursuivra avec acharnement et des revers de fortune jusqu'à la prise de la principale forteresse cathare (Montségur) en mars 1244. Les chefs cathares semblent toutefois avoir eu le temps de se mettre à l'abri en Lombardie, où surgiront peu après les fameux banquiers et marchands lombards. En effet, les Albigeois étaient les banquiers du Midi et il est possible qu'ils aient emporté leur fortune avec eux, comme le croit Jean Duvernoy.

L'instrument de l'Inquisition papale sera créé lors de la croisade albigeoise (1231) et confié à l'ordre des Frères prêcheurs, plus connu sous le nom d'ordre dominicain, d'après son fondateur (1216) Dominique Guzman. L'*Ordo Praedicatorum* (OP) sera suivi peu après (1223) par l'ordre franciscain (Frères mineurs), une organisation religieuse professant une ascèse sévère, créée par François d'Assise (1182-1226), qui dans sa jeunesse avait dévoré les romans français de chevalerie et se fait l'émule de la perfection morale de Perceval et Galahad, sans toutefois prendre les armes comme eux. Chevalier du Christ et de Dame Pauvreté, il se dépouille de tous biens terrestres et se met au service des vrais déshérités de la terre, les pauvres, les infirmes et les malheureux. Par les deux ordres mendiants, le message chrétien se fera sentir jusqu'au cœur des masses, avec des conséquences souvent négatives, car la flamme de la prédication millénariste et apocalyptique brûlera parfois d'une ardeur ténébreuse. Ce seront en particulier les franciscains « spirituels » (Fraticelli) qui poursuivront les idées millénaristes de l'abbé calabrais Joachim de Flore (ca. 1135-1202), dont l'œuvre prophétisant l'avènement d'un nouvel âge du monde fut proclamée « évangile éternel » par un franciscain en 1254.

10.4.10 *Le nominalisme.* L'édifice de la scolastique, fondé sur le système scientifique et philosophique aristotélicien, paraît avoir trouvé une solution à tous les problèmes de tous les mondes, lorsqu'une pléiade de penseurs de qualité commencent à en attaquer systématiquement les présupposés trop étroits. Le chef de file du nouveau courant sera le franciscain John Duns Scot (m. 1308), suivi de Guillaume d'Occam (ca. 1285-1349), avec lequel la « voie moderne » prend le nom de « nominalisme » et gagne l'université de Paris, où elle sera enseignée par de fameux professeurs comme Jean Buridan (m. 1358) et Nicole d'Oresme (m. 1382). Le mérite extraordinaire du nominalisme a été de secouer les prémisses théologiques de la scolastique, n'admettant pas que le monde soit limité à la manière d'Aristote et de Ptolémée. Dans les milieux nominalistes, souvent persécutés, naît la doctrine de l'infinité de l'univers et de la pluralité des mondes, ainsi que celle de la position arbitraire (c'est-à-dire non pas centrale) de la Terre dans l'univers. Ces deux doctrines seront exposées par le nominaliste allemand tardif, le cardinal Nicolas de Cuse (1401-1464).

.11 *Les débuts de l'humanisme.* La scolastique n'est pas le seul produit du XIIIe siècle, qui ne satisfait plus les intellectuels du XIVe. Ceux-ci découvrent qu'au fond ce qui se cache derrière la science des Arabes n'est que l'Antiquité gréco-romaine et désirent s'abreuver directement à la source, et non par l'intermédiaire de traductions souvent problématiques. Moins dépendants de l'idéal religieux du XIIIe siècle, ils découvrent la sensualité et lui donnent une expression d'une franchise unique dans l'histoire. François Pétrarque (1304-1374) et Jean Boccace (1313-1375) sont les précurseurs des humanistes du XVe siècle qui inventeront le concept de « Moyen Age », l'âge fanatique et sombre qui s'interpose entre les temps nouveaux et l'Antiquité gréco-latine, époque non pas seulement de splendeur intellectuelle, mais aussi de *vérité* scientifique. En effet, l'humanisme croit que l'avenir est à découvrir dans le passé, par l'apprentissage du latin et du grec.

.12 *Le syncrétisme platonicien.* Comme Aristote avait déjà été découvert et avait contribué à l'élaboration d'un produit (la scolastique) que les temps modernes avaient désavoué en partie, à Florence plusieurs individus sont persuadés que seule la révélation platonicienne saura apporter la vérité définitive. C'est pourquoi le banquier et industriel Cosme de Médicis (m. 1464) décide de confier à Marsile Ficin (1433-1499) la traduction de l'œuvre de Platon, suivie par les *Ennéades* de Plotin et de nombreux ouvrages des philosophes néo-platoniciens. Cette époque, communément connue sous le nom de « Renaissance italienne », est caractérisée par ce que, faute de mieux, on a appelé le « syncrétisme platonicien », c'est-à-dire l'idée, déjà soutenue par Augustin, d'une « révélation primordiale » de Dieu aux premiers hommes qui peuplent la terre, révélation dont on retrouve les traces dans toutes les anciennes religions et qui est interprétable en des termes platoniciens. Pour Ficin et pour son émule Jean Pic de La Mirandole (1463-1494), cela revient à dire qu'Hermès Trismégiste, Zoroastre, Moïse et Orphée étaient au même titre dépositaires d'une seule et même vérité occulte. Cette vérité s'exprime dans la magie néo-platonicienne et arabe, ainsi que dans la kabbale juive, découverte par Jean Pic qui, animé par un intérêt pour les sources qui va au-delà du grec, apprend un peu d'hébreu, un peu d'araméen et peut-être un peu d'arabe. Le principe de l'éducation moderne qui passe par le grec et le latin, ainsi que la méthodologie de l'accès direct aux sources qui nous permet de distinguer le « spécialiste » du « dilettante », sont le produit de l'humanisme du XVe siècle et de la Renaissance italienne. Renforcés au XIXe siècle par le pédagogue Wilhelm von Humboldt (1767-1835), ils arrivent jusqu'à nous dépourvus de tous les fondements qui les rendaient attrayants au XVe siècle : l'idée que l'avenir lumineux est à chercher dans le passé et que la connaissance d'autres cultures sert à découvrir des vérités cachées, importantes pour le salut de l'humanité.

10.4.13 *Les premiers mouvements organisés de Réforme* qui se proposent de retourner à la pauvreté originelle de l'Église surgissent au XIIe siècle. Les Vaudois (1173) de Lyon sont les plus importants. Si les franciscains sauront absorber une partie des plaintes légitimes de la population, ils contribueront aussi à la création de mouvements paupéristes et millénaristes. Jean Wycliff (m. 1384), professeur à Oxford, est l'initiateur du mouvement des Lollards, qui rejettent l'eucharistie, le célibat des prêtres et la hiérarchie ecclésiastique. Malgré ses protestations, le prêcheur praguois Jean Hus (brûlé à Constance en 1415) est pris pour un disciple de Wycliff. Il est à l'origine d'un mouvement populaire qui, plutôt qu'une guerre de religion, est tout simplement un mouvement d'indépendance de la Bohême contre les Allemands. Les tentatives œcuméniques de cette époque semblent aboutir à une entente entre l'Église occidentale et l'Église orientale, mais l'idylle prend fin après la chute de Constantinople. Les conflits entre Rome et Constantinople, quoique déguisés en absurde querelle doctrinale autour du *filioque*, mot abusivement introduit par les chrétiens ibériques dans le credo de Nicée-Constantinople, étaient en réalité des conflits de pouvoir. Le patriarcat grec annule le traité d'union signé en 1439 à Florence par l'empereur byzantin Jean VIII Paléologue.

Au début du XVIe siècle, un schisme religieux bien plus

dramatique sépare le Nord allemand du reste de l'Europe. Il est l'œuvre du moine augustinien Martin Luther (1483-1546), professeur de théologie à l'université de Wittenberg, que ses méditations sur Paul et Augustin conduisent à la conclusion de l'inutilité de l'intercession de l'Église, de l'inefficacité des sacrements, de la condition pécheresse de l'humanité qui rend le célibat impossible et le mariage abominable mais néanmoins nécessaire, de la prédestination individuelle qui ne peut être modifiée par aucune œuvre humaine, et enfin de la justification par la foi toute seule, sans la nécessité de bonnes œuvres. Après avoir accroché ses 95 thèses (le 31 octobre 1517) à la porte de la cathédrale de Wittenberg, Luther défendra courageusement ses idées devant le cardinal légat Cajetan. Sous l'influence de son ami l'humaniste Philippe Schwarzerd-Melanchthon (1497-1560), Luther finira par transiger sur de nombreux points de doctrine et de pratique religieuse, alors que son disciple français Jean Calvin (1509-1564), qui régnera sur Genève à partir de 1541, défendra un protestantisme bien plus rigide, dogmatique et sombre. Le mouvement protestant gagne du terrain chez les princes particularistes d'Allemagne et de Suisse, qui n'acceptent pas de bon cœur l'autorité papale. La sécularisation des monastères est accueillie avec joie par des bandes de chevaliers armés aussi bien que par les paysans qui, incités par le protestant radical Thomas Münzer, commencent une guerre, désavouée par Luther et férocement réprimée par la Ligue des princes réformés (1525). Le mouvement protestant lui-même n'est pas unitaire : fondamentaliste en son essence, il contient néanmoins une frange libertine importante (Anabaptistes, Enthousiastes, Mennonites, etc.). La situation se complique aussi du fait que Luther désavoue ses idées de jeunesse, pourtant soutenues jusqu'au bout par d'anciens élèves et partisans, parmi lesquels les plus radicaux, Ulrich Zwingli (1484-1531) et Jean Calvin.

A son tour, l'Église catholique organise sa propre réforme (incorrectement appelée « Contre-Réforme », comme s'il s'agissait d'un mouvement d'opposition à la Réforme ; en réalité, l'Église catholique se replie sur elle-même, tout en acceptant une partie de la critique protestante), dont le héros sera la Compagnie de Jésus, un ordre fondé en 1534 par Ignace de Loyola (1491-1556) et dont les principes seront précisés par le long Concile de Trente (1545-1563). Comme la réforme protestante, la réforme catholique est un mouvement fondamentaliste, dont la morale austère et les nombreuses interdictions (par exemple, celle de lire les ouvrages inscrits dans l'*Index librorum prohibitorum*) marque l'avènement des temps modernes. En 1534, une autre Église nationale, l'Église d'Angleterre, se sépare de l'Église de Rome. Les conflits religieux et la prise du pouvoir par les calvinistes puritains seront la cause de la révolution anglaise (1642).

10.5 Il est impossible de résumer ici toute *l'histoire de l'expansion du christianisme*. Les Germains sont évangélisés par Boniface-Ulfila (680-754) et envoient à leur tour des missions chez les Bulgares slavisés, mais leur khan Boris choisit le baptême des Grecs (860). Au contraire, la mission byzantine des frères Cyrille (ca. 826-869) et Méthode (ca. 815-885) chez les Moraves n'a pas de succès, mais l'alphabet créé par eux et connu sous le nom de « cyrillique » sera adopté par les Slaves. En 988, le prince scandinave Vladimir de Kiev choisit le christianisme oriental, qui pénètre dans toute la Russie.

L'expansion territoriale européenne porte à l'évangélisation de nombreux peuples. Par le concordat entre le pape et les rois d'Espagne et de Portugal, le christianisme s'établit solidement en Amérique du Sud, accompagnant les conquêtes de Cortés (Mexique) et de Pizarre (Pérou). Les jésuites, à côté des dominicains et des franciscains, dépenseront le meilleur de leurs énergies dans l'activité missionnaire. Ordre nouveau et dynamique, il entend établir le modèle européen dans les sociétés indigènes, en créant une élite locale éduquée. La masse de la population, surtout au Brésil, soustraite par les jésuites à la mort certaine qui attend les ouvriers dans les plantations et les autres entreprises européennes, est évangélisée dans des réserves soumises à un régime rigoureux de communisme religieux. Du point de vue des intérêts des colonisateurs, l'expérience des jésuites allait trop loin. L'ordre sera expulsé d'Amérique latine en 1767. Peu après (1808), l'Église coloniale prenait elle-même fin, avec la libération des États de la tutelle européenne.

Les missions en Afrique, tant protestantes que catholiques, ne se développent qu'à partir de la première moitié du XIXe siècle, avec un succès considérable. La pénétration du christianisme en Asie se révèle plus difficile. En Chine, des missionnaires arrivent à plusieurs reprises (635, 1294, ca. 1600), mais ne réussissent à s'implanter solidement qu'après les guerres de l'opium (1840-42). La mission de François Xavier au Japon (1549) rencontra plus de succès et, vers la fin du XVIe siècle, on y trouvait déjà trois cent mille chrétiens. Cette période fut suivie de persécutions qui durèrent jusqu'en 1858, où l'on découvrit l'existence de crypto-chrétiens, des communautés qui avaient maintenu en secret leur foi chrétienne.

En Asie du Sud-Est, le catholicisme a pris pied aux Philippines avec la conquête espagnole (1538). Dans les pays bouddhistes, l'expansion du christianisme a rencontré beaucoup d'opposition.

En dépit de la date relativement ancienne de la fondation des premières Églises chrétiennes sur la côte occidentale de l'Inde, le christianisme reste étranger au sous-continent indien. Il ne fut majoritaire que dans la petite colonie portugaise de Goa (1510). Après la conquête britannique de l'Inde (1858), toutes sortes de missions y déployèrent une activité considérable, sans toufefois parvenir à gagner au christianisme plus de 3 % de la population (1980). L'Australie et la Nouvelle-Zélande furent, au XIXe siècle, le terrain d'expansion des anglicans (1788), des catholiques (1838) et des protestants (1840).

10.6 Les grands problèmes de l'Église, doctrinaux aussi bien que pratiques, sont débattus dans ses *conciles.*

Le premier concile œcuménique est convoqué par l'empereur Constantin à Nicée (Asie Mineure), du 19 juin au 25 août 325. 318 évêques y participent, condamnant l'arianisme (↔ 10.6). Le credo de Nicée affirme la divinité plénière du Christ. La version longue, ratifiée par le concile de Chalcédoine (451), est la profession de foi des chrétiens jusqu'à ce jour.

Le second concile œcuménique fut convoqué par Théodose Ier à Constantinople en 381. Il s'occupe des « pneumatomachiens », qui croyaient que le Saint-Esprit est inférieur au Père et au Fils.

Le troisième concile œcuménique fut convoqué par Théodose II à Éphèse (Asie Mineure) en 431, pour mettre un terme à la dispute christologique qui opposait Nestorius, patriarche de Constantinople, à Cyrille, évêque d'Alexandrie en Égypte. Les deux partis s'excommunient réciproquement, mais Cyrille réussit (433) à faire accepter aux nestoriens modérés le titre de *theotokos* (Mère de Dieu) qu'il réservait à la Vierge, ainsi que ses vues concernant l'amalgame des deux natures du Christ.

C'est le concile de Chalcédoine (451) qui prit la position

christologique la plus ferme, sanctionnant la théorie des deux natures du Christ. Mais le débat ne prend pas fin, ce qui obligera Justinien Ier à convoquer le second concile de Constantinople (553) pour formuler à nouveau la décision de Chalcédoine, en insistant plus systématiquement sur la divinité du Christ. L'origénisme est formellement condamné lors de ce concile.

Au VIIIe siècle, le problème à l'ordre du jour est la controverse iconoclaste. Le sort des images religieuses, tantôt acceptées et tantôt refusées, se joua aux synodes de 754 et 787 et au septième concile œcuménique de Constantinople (869-870). Lors de ces conflits, les autorités occidentales se prononcèrent à plusieurs reprises. La tension entre Orient et Occident deviendra intolérable lorsque les Occidentaux refuseront de reconnaître l'anti-iconoclaste Photius comme patriarche de Byzance (863). A leur tour, les Byzantins condamneront l'usage du terme *filioque* dans le credo (867). Déchu du patriarcat en 877, Photius y sera réinstallé, avec l'assentiment du pape, en 879-80. Le Schisme d'Orient (1054) marque le début du déclin de Byzance, achevé avec la conquête ottomane (1453). Au contraire, l'Occident désormais se suffit à lui-même. Les synodes du Latran (1123, 1139, 1179, 1215) ont l'ambition d'être des conciles œcuméniques. Le dernier surtout est connu pour avoir mis en usage le terme de *transsubstantiation*. Un concile convoqué à Lyon en 1274 essaya de rétablir l'unité des deux Églises, mais ses résultats furent sabotés par un synode de Constantinople (1283).

Le concile de Vienne (1311-12) s'occupa de plusieurs questions épineuses, comme les pratiques de l'ordre du Temple et l'interprétation de la pauvreté du Christ avancée par les franciscains spirituels. Les débats du concile de Constance, convoqué pour mettre fin au schisme d'Occident (1378) — c'est-à-dire à cette situation historique où plusieurs papes étaient en compétition pour la reconnaissance générale de l'Église — se prolongèrent de 1414 à 1418.

Une nouvelle tentative en vue de rétablir l'unité des deux Églises fut au centre d'un concile œcuménique qui changea plusieurs fois de place de 1430 à 1442. En 1439, l'Église latine et l'Église grecque signèrent un traité à Florence, suivi de traités avec l'Église arménienne (1439) et les Églises copte et éthiopienne (1442). Après l'occupation de Byzance par les Turcs, un synode répudia en 1484 le traité de 1439.

Au XVIe siècle, le concile catholique de Trente (13 décembre 1545-4 décembre 1563) répond par une série de réformes au climat de rigueur morale instauré par les protestants.

Au XIXe siècle, le concile Vatican Ier (1865-69) déclarera la primauté et l'infaillibilité du pape, en accentuant ainsi les différences qui séparaient l'Église romaine des autres confessions chrétiennes, mais aussi des États laïques qui s'émancipent des valeurs de la religion.

Le dernier concile catholique (Vatican II, 11 octobre 1962-8 décembre 1965) se déroula sous le signe de la conciliation et de l'unité œcuménique. Convoqué par le pontife Jean XXIII avec la participation de plus de 2 000 évêques et généraux d'ordres religieux, le concile atténua le centralisme pontifical, abolit la liturgie latine en lui substituant des liturgies dans les langues locales et reconnut la valeur des méthodes d'étude historique des matières religieuses.

10.7 *La théologie chrétienne* constitue un système que l'on peut décrire en des termes parfaitement synchrones. Son histoire forme, à son tour, un autre système qui entretient avec le premier des rapports d'interdépendance fort complexes. Ayant exposé les lignes les plus générales de l'histoire du christianisme, nous nous concentrerons maintenant sur le système synchrone des possibilités de la pensée chrétienne.

0.7.1 *La Trinité.* Une des particularités du christianisme est de jouer sur les rapports complexes entre trois personnes en une étrange relation trinitaire (le Père, le Fils, le Saint-Esprit) et entre cette Trinité de dominance mâle et un personnage féminin (la Vierge Marie) qui entretient, à son tour, avec chaque personne trinitaire, une relation qui ne se laisse pas facilement décrire.

D'autre part, les personnes de la Trinité sont engagées dans diverses dimensions, établissant ainsi de nombreuses combinaisons entre elles ou à l'intérieur d'elles-mêmes, et selon chaque dimension. La figure du Christ par exemple se laisse décomposer en sa divinité, son humanité, la constitution de l'agrégat qui s'appelle Jésus-Christ, sa nature, sa substance, sa position hiérarchique, etc. Nous pouvons dire que Jésus-Christ se trouve au centre d'un *fractal* multidimensionnel qui s'épanche selon des règles de production qui peuvent être décrites en des termes binaires. C'est ainsi qu'on peut parler d'un Christ qui est seulement divin, d'un Christ seulement humain, d'un Christ divin et humain à la fois, ou d'un Christ qui est d'une tierce nature. A son tour, la double nature du Christ peut être décrite comme mélangée ou séparée, en mettant l'accent sur le caractère distinct ou indistinct du mélange. Enfin, le mélange peut contenir plus de nature divine que de nature humaine ou vice versa.

Du point de vue hiérarchique, les personnes trinitaires peuvent être décrites comme égales ou inégales et les distinctions entre elles peuvent être précisées de plusieurs manières.

Cela ne révèle qu'une partie du fractal christologique, que nous allons essayer d'étudier plus en profondeur.

10.7.2 *La christologie « pauvre ».* Les grands conflits christologiques sont en partie le produit de l'existence de deux courants, l'un théologiquement « pauvre », d'origine juive, et l'autre théologiquement « riche », platonicien. La christologie « pauvre » accentue l'humanité du Christ. Ses représentants les plus anciens sont les ébionites (« pauvres »), une secte judéo-chrétienne qui remonte à la phase où le christianisme lui-même n'était qu'une secte juive. Les ébionites suivent la Torah, pratiquent la circoncision, respectent le Sabbat et les fêtes juives et rejettent Paul à cause de son hostilité envers la Loi. Pour eux, Jésus est un simple prophète, un homme qui n'a rien de divin en lui. L'histoire de la conception immaculée et de la naissance virginale de Jésus n'a pas de sens.

La christologie « pauvre » comprend parmi ses formules l'adoptianisme, que l'on a brièvement examiné plus haut (10.3.4). Arius (ca. 250-336) est excommunié en 318 par l'évêque Alexandre d'Alexandrie pour avoir affirmé que le Christ était hiérarchiquement inférieur au Père. C'est contre le subordinatianisme arien que fut convoqué en 325 le premier concile œcuménique de Nicée. Pour préciser les rapports Père/Fils, ce concile adopta le terme *homoousios*, déjà utilisé par Origène, pour dire que le Fils est « d'une même substance » que le Père.

Une version plus élaborée de la christologie « pauvre » se retrouve dans le nestorianisme, confession de l'Église de la partie la plus orientale de l'Empire byzantin. Le nestorianisme enfonce ses racines dans la théologie antiochienne de Diodore de Tarse et Théodore de Mopsueste. Nestorius, qui devient patriarche de Constantinople en 428, affirme la totale séparation des deux natures du Christ, divine et humaine. Il est condamné au concile d'Éphèse (431). Après la conquête musulmane de l'Iraq, les nestoriens seront protégés par les califes Abbassides (750-1258) et leur chef *(catholicos)* s'installe à Bagdad en 762. Après la conquête mongole (1258), le siège patriarcal est transféré au nord de l'Iraq. Les missions nestoriennes en Extrême-Orient cessent après cette date et plusieurs nestoriens de Chypre et d'Inde passeront plus tard au catholicisme, alors que l'Église d'Iraq sera constamment l'objet des attaques des Kurdes et des Turcs ottomans. Les *catholicoi* de l'Église dite « assyrienne » du nord de l'Iraq vivent depuis 1933 en exil aux États-Unis.

La conséquence de la séparation des deux natures de Jésus-Christ porte les nestoriens à élaborer une christologie de type antiochien (Dieu descend dans l'homme Christ comme il descend dans les prophètes) et une mariologie « pauvre », car ils croient que Marie n'a engendré que l'homme Jésus, non pas Dieu. Par conséquent, ils ne lui reconnaissent pas le titre de *Theotokos (Dei genitrix)*, mais seulement celui de *Christotokos* (celle qui a engendré le Christ).

0.7.3 *La christologie « riche »* est en général associée aux théologiens alexandrins et plus spécialement au patriarche Cyrille d'Alexandrie (m. 444). Elle connaît diverses formules, comme celle d'Apollinaire de Laodicée (ca. 310-390), qui ne croit pas à l'humanité plénière du Christ et dont les vues sont combattues au concile de Constantinople (381). Apollinaire construit une christologie selon la dimension de l'agrégat humain du Christ, qui doit comprendre au moins un corps et une âme. Or, il nie que le Christ ait une âme humaine : celle-ci a été remplacée par le Logos divin. Le concile affirme, au contraire, que Jésus a eu une âme humaine.

Plus tard, Eutychès de Constantinople (ca. 378-454) soutient que la nature divine du Christ engloutit son humanité. Ses vues sont réfutées par le concile de Chalcédoine (451), qui précise que le Christ a deux natures : une nature divine et une nature humaine. Nous voyons qu'après ce concile Nestorius affirme encore la séparation des deux natures, construisant ainsi une christologie adoptianiste et une mariologie « pauvre ». Le courant qui est le contraire du nestorianisme est appelé en général monophysisme (« une seule nature »), bien qu'il adhère à la théorie chalcédonienne de la double nature. C'est à un niveau plus subtil qu'il s'oppose à la conception orthodoxe, en affirmant que les deux natures du Christ sont mêlées et que, par conséquent, « Dieu en Christ » est un être d'une nouvelle espèce, ni divine ni humaine.

Le credo de Nicée (325) affirmait que le Christ était d'une même substance que le Père. Si cela est vrai, constatent les monophysites, alors il n'est point possible qu'il soit d'une même substance que l'homme.

Après 451, l'Égypte et la Syrie chrétiennes donnent leur préférence à la christologie « riche » monophysite. L'empereur Héraclius (610-641) cherchera un compromis entre eux et les orthodoxes dans la formule du *monoénergétisme* et du *monothélétisme*, selon laquelle le Fils a bien deux natures, mais une seule énergie et une seule volonté provenant du Père. Contre cette position, le concile de Constantinople (680) décidera que Jésus-Christ a deux volontés. Lorsque l'Égypte et la Syrie sont conquises par les Arabes, le parti monophysite se réjouit d'échapper au contrôle de Constantinople. Le monophysisme, qui devient la confession des Coptes, se combinant avec des idées docètes, connaît une variante en Syrie (le jacobisme). Il est indispensable de comprendre qu'il s'oppose au nestorianisme (deux natures séparées) aussi bien qu'à la formule orthodoxe (deux natures non séparées mais distinctes). Le monophysisme comporte une mariologie « riche » qui, elle, sera reconnue comme orthodoxe. Contre les nestoriens, dont la christologie est, en dernière instance, adoptianiste, le patriarche Cyrille d'Alexandrie affirme que Marie est *Theotokos, Dei genitrix*, position sur laquelle l'Église va surenchérir, la proclamant *Mater Dei*.

Quelques explications mariologiques sont indispensables. La position qui prévaudra est exprimée, au IIe siècle, par le *Protoévangile de Jacques* : Marie est restée *virgo in partu* et *post partum*, c'est-à-dire *semper virgo*. Dans l'ensemble des personnages du scénario primordial chrétien, elle finit par assumer un rôle de plus en plus surnaturel. Ainsi, le IIe concile de Nicée (787) la place au-dessus des saints, auxquels n'est réservée que la révérence *(douleia)*, alors que la « superrévérence » *(hyperdouleia)* est due à Marie. Insensiblement, elle devient un personnage de la famille divine, la Mère de Dieu. La *dormitio virginis* se transforme en *Maria in caelis adsumpta* ; les franciscains excluent Marie du péché originel, elle devient *Mater ecclesiae, mediatrix* et *intercessor* pour le genre humain auprès de Dieu. C'est ainsi que le christianisme finit par instaurer au ciel un modèle familial bien moins rigoureux et inexorable que le patriarcat solitaire du Dieu biblique.

10.7.4 Examinant à nouveau ce bref dossier christologique, nous voyons d'emblée qu'il est susceptible d'une interprétation synchrone et que toutes ses possibilités sont contenues d'avance dans le système :

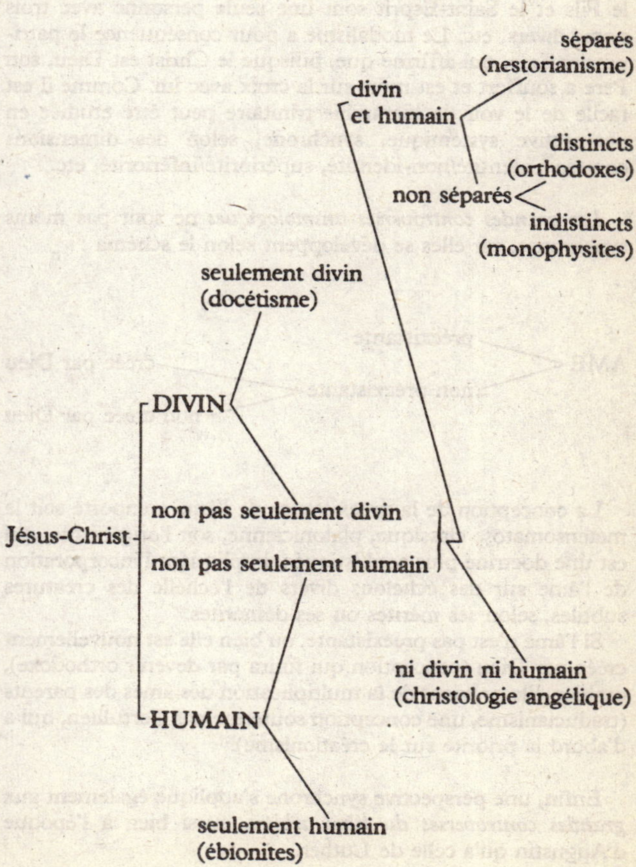

10.7.5 Une autre dimension christologique est formée par *les rapports hiérarchiques à l'intérieur de la Trinité.* La position orthodoxe affirme que le Père, le Fils et le Saint-Esprit sont trois hypostases qui se partagent la même substance *(ousía)* et la même énergie *(energeia).* Parmi les positions qu'elle exclut il y a le subordinatianisme, qui prétend que le Christ est inférieur au Père ; le pneumatomachisme, un courant combattu par Basile le Grand au IVe siècle, qui prétend que le Saint-Esprit est inférieur au Père et au Fils ; le modalisme, selon lequel le Père, le Fils et le Saint-Esprit sont une seule personne avec trois noms divers, etc. Le modalisme a pour conséquence le patripassianisme, qui affirme que, puisque le Christ est Dieu, son Père a souffert et est mort sur la croix avec lui. Comme il est facile de le voir, la hiérarchie trinitaire peut être étudiée en perspective systémique, synchrone, selon des dimensions comme : identité/non-identité, supériorité/infériorité, etc.

10.7.6 *Les grandes controverses animologiques* ne sont pas moins synchrones, car elles se développent selon le schéma :

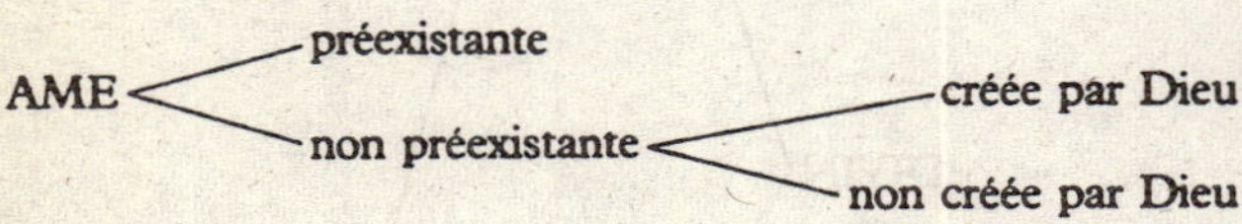

La conception de la préexistence de l'âme comporte soit la métensomatose classique, platonicienne, soit l'origénisme, qui est une doctrine plus sophistiquée, impliquant l'incorporation de l'âme sur des échelons divers de l'échelle des créatures subtiles, selon ses mérites ou ses démérites.

Si l'âme n'est pas préexistante, ou bien elle est nouvellement créée par Dieu (conception qui finira par devenir orthodoxe), ou bien elle provient de la multiplication des âmes des parents (traducianisme, une conception soutenue par Tertullien, qui a d'abord la priorité sur le créationisme).

10.7.7 Enfin, une perspective synchrone s'applique également aux *grandes controverses du libre arbitre,* aussi bien à l'époque d'Augustin qu'à celle de Luther.

Augustin s'oppose à Pélage, selon lequel le péché originel est incapable de mettre obstacle au libre arbitre humain. Au contraire, affirme Augustin, Dieu a créé l'être humain doué du libre arbitre de choisir entre le bien et le mal, mais, puisqu'il a choisi le mal, il a perdu la faculté de se conformer complètement à la volonté divine. C'est pourquoi la grâce lui est indispensable pour qu'il soit sauvé. Comme Luther le dira contre Érasme, dans ces conditions l'homme est plutôt doué d'un *servum arbitrium* que d'un *liberum arbitrium.*

En outre, déclare Augustin, Dieu a décidé de toute éternité qui sera sauvé ou non, et il envoie la grâce par décision éternelle. Le nombre des prédestinés *(numerus praedestinatorum)* est fixe et égal au nombre de places rendues vacantes au ciel par la chute des anges ; le reste des hommes sont prédestinés négativement à faire partie de la *massa perditionis.* Le concile d'Orange (529) déclare orthodoxe la conception augustinienne, mais le concile de Quiercy (853) rejette l'idée de la double prédestination (positive et négative), car la *massa perditionis* n'est pas prédestinée par Dieu, mais simplement livrée à la punition éternelle à cause de son mauvais choix.

La Réforme relance tout le débat concernant la prédestination, qui occupe une place centrale dans les questions doctrinales soulevées par Luther. Sous la pression de son ami Melanchthon, l'évangélisme orthodoxe abandonnera la discussion sur la prédestination, reprise cependant par le calvinisme. Le synode de Dort (Pays-Bas, 13 novembre 1618-9 mai 1619), constitué de représentants des confessions réformées, confirmera le caractère double, positif et négatif, de la prédestination.

La même perspective systémique, appliquée ici à quelques problèmes, peut être utilisée dans l'étude de la théologie chrétienne en son entier.

10.8 *La vie chrétienne* a plusieurs dimensions. Pour certaines confessions, l'année liturgique est fort importante, avec pour centre la naissance du Christ, célébrée traditionnellement le 6 janvier puis transférée au 25 décembre, fête de Mithra *Sol invictus,* et Pâques, précédée d'un jeûne autrefois strict de quarante jours et suivie de la célébration de la Résurrection. L'eucharistie, c'est-à-dire l'administration de l'hostie et du vin consacrés, est considérée par les catholiques et les orthodoxes comme l'un des sacrements, rites institués par Jésus-Christ lui-même (chez les catholiques : baptême, confirmation, eucharistie, extrême-onction, mariage, ordre, pénitence). Sa fréquence varie selon les époques, s'intensifiant chez les catholiques jusqu'à devenir une pratique quotidienne après le concile de Vatican II. La vie morale du chrétien est importante dans toutes les confessions. On aurait tendance à dire que l'intérêt pour la moralité devient prépondérant dans les Églises protestantes antisacramentaires, comme l'Église calviniste, mais cela signifierait ignorer son rôle ailleurs.

Bien que traditionnellement les Églises chrétiennes aient renforcé les valeurs d'une société patriarcale, elles ont ouvert un refuge dans les ordres à de nombreuses femmes, qui gagnaient ainsi l'accès à la culture et pouvaient jouir d'une certaine indépendance impossible ailleurs. De nombreux chercheurs comme Ida Magli, Rudolph Bell, Dagmar Lorenz, etc., ont remarqué que les seules possibilités que la société du Moyen Age et de la Renaissance offrait à une femme d'être indépendante étaient la religion et la prostitution. Par conséquent, l'institution des ordres monastiques féminins a subi une réinterprétation très positive. Au contraire, la dissolution des ordres féminins et l'obligation du mariage par le luthéranisme au XVIe siècle sont aujourd'hui tenues pour responsables de la dichotomie dégradante qui existe encore dans certaines sociétés, entre femmes mariées et femmes non mariées. En Allemagne, lors des grandes persécutions contre les sorcières, et même beaucoup plus tard, le célibat féminin était l'objet d'un soupçon qui pouvait se transformer aisément en répression et qui ne frappait pas le célibat masculin. Comme l'a montré Prudence Allen, c'est le triomphe de l'aristotélisme au XIIIe siècle qui généralise le dénigrement chrétien de la femme. En effet, Aristote est le père d'une théorie qui connaîtra l'une de ses dernières variantes dans la version freudienne de la « privation du pénis » : la femme est un homme incomplet, défectueux, dans la mesure où sa semence ne contribue pas à l'engendrement d'un nouvel être. Cette théorie, combinée avec des préjugés communs et sans fondement comme celui de l'insatiable sexualité féminine qui amène la ruine de l'homme, ou celui de l'« irrationalité » de la femme, tous deux justifiant ses rapports privilégiés avec le diable, ont conduit à cette persécution forcenée de la féminité amorcée en Allemagne par la bulle papale *Summis desiderantes affectibus* (1494) et le *Malleus maleficarum* (1496) des inquisiteurs Institoris et Sprenger, et poursuivie un siècle plus tard par la chasse aux sorcières, plus intense, comme l'observe J.B. Russell, dans les territoires marqués par le protestantisme.

Traditionnellement, l'espoir chrétien le plus vif était la survie après la mort et la récompense céleste des mérites accumulés pendant la vie. Symétriquement, le démérite entraînait la punition en enfer. Le jugement dernier allait rendre éternels les châtiments et les faveurs transitoires. L'idée d'un purgatoire pour expier les crimes véniels n'apparut, comme l'a brillamment démontré Jacques Le Goff dans sa *Naissance du purgatoire* (1981), qu'entre 1024 et 1254, période qui coïncide à peu près avec l'extraordinaire prolifération d'Apocalypses décrivant une visite du paradis et de l'enfer. La plus ancienne est une *Visio Beati Esdrae*, probablement du xe siècle ; suivent la *Vision d'Adhamhnán* irlandaise (XIe siècle), la *Vision d'Albéric de Montecassino* (1111-1127), la *Vision de Tundal* (1149), le *Traité du purgatoire de saint Patrick* (1189), etc. C'est de cette tradition que provient *la Divine Comédie* du Florentin Dante Alighieri, qui n'a rien à voir avec les récits islamiques du *mi 'rāj* du Prophète.

10.9 Il est impossible de conclure ces pages sans un rapide survol de *la riche tradition mystique chrétienne*, qui peut être envisagée comme une forme d'ascétisme contemplatif platonicien s'accompagnant d'activités dévotionnelles et parfois liturgiques. Dans sa richesse historique, le mysticisme chrétien embrasse presque toute la phénoménologie mystique possible, en mettant toutefois l'accent sur l'extase plutôt que sur l'introspection. L'expérience mystique tend à l'union avec Dieu dans l'oubli total du corps et du monde. C'est d'abord Origène (↔ 10.4.3) qui donne le cadre interprétatif d'une telle expérience, mais elle finira par s'imprégner de néo-platonisme, sans pourtant perdre la dimension caractéristique de l'*amour* qui la distingue du néo-platonisme. L'auteur inconnu, élève du néo-platonicien athénien Proclus (410/12-485), qui écrit sous le nom de Denys l'Aréopagite, disciple de l'Apôtre Paul, inaugure une forme de mysticisme qui, par l'insistance sur le caractère inconnaissable de Dieu (théologie négative ou apophatique), inaugure toute une tradition qui, sans cesser d'être extatique, ressemble également à la « mystique du vide » présente dans le bouddhisme. L'état de *fanā'* dans le soufisme, le Dieu de Maître Eckhart (1260-1327), de Jan van Ruusbroec (1293-1381) et de Jean Tauler (1300-1361), la *noche oscura* du carmélitain Jean de la Croix (1542-1591), élève de la grande mystique extatique Thérèse d'Avila (1515-1582), l'embarras du protestant silésien Jacob Boehme (1575-1624) devant le caractère insondable (et par conséquent presque diabolique) de Dieu le Père, tout cela relève du mode théologique négatif, d'ailleurs magnifiquement cultivé dans la spéculation des grands nominalistes du XIIe au XVe siècle. Mais, comme l'observe très bien Michel Meslin (*l'Expérience humaine du divin*, 1988), il est impossible de séparer le mysticisme de l'amour du mysticisme pour le vide, qui parfois n'apparaît que comme une étape (le désert, la nuit) sur la route du mystique. C'est ici qu'intervient le mysticisme spéculatif, qui dénombre les stades de l'expérience mystique. Son modèle est le même Denys l'Aréopagite, sa tradition se propage à l'est et à l'ouest, de Jean Climaque (m. ca. 650), auteur de *l'Échelle (klimax) du paradis*, qui propose une hiérarchie de l'expérience mystique en trente étapes, jusqu'au franciscain Bonaventure de Bagnoreggio (1221-1274), auteur de l'*Itinerarium mentis in Deum*.

Si toute mystique de l'amour est, selon la fameuse expression de Thomas à Kempis (1379/80-1471), une imitation du Christ, il est indispensable de souligner l'existence d'une modalité de l'expérience mystique par excellence féminine, qu'on pourrait appeler mystique de l'eucharistie. Celle-ci n'est pas une simple variante du mysticisme féminin de l'amour, remarquablement illustré par la Mère bénédictine Julienne de Norwich (1342-ca. 1416), par Thérèse d'Avila, par Thérèse de Lisieux (1873-1897) et par beaucoup d'autres. Par ailleurs, il serait tout à fait réducteur de classer toutes les mystiques femmes sous la rubrique du mysticisme de l'amour ; une visionnaire comme Hildegard de Bingen (1098-1179) explore toutes les modalités du mysticisme.

L'historien Rudolph Bell a cru relever des symptômes d'anorexie nerveuse chez de nombreuses mystiques italiennes du XIIIe au XVIIe siècle : Claire d'Assise (ca. 1194-1253), la compagne mystique de François d'Assise (1181-1226), Umiliana de' Cerchi (1219-1246), Marguerite de Cortone (1247-1297), Catherine de Sienne (1347-1380), Benvenuta Bojani (née 1255), Angela de Foligno (m. 1309), Francesca Bussa (née 1384), Eustachia de Messine (m. 1485), Colomba de Rieti (née 1466) et Orsola Veronica Giulliani (1660-1727). Caroline Bynum Walker y a ajouté plusieurs cas provenant d'autres parties de l'Europe, proposant une interprétation suggestive du phénomène. Bynum rejette l'analogie avec l'anorexie nerveuse soulignée par Bell. Pour elle, le jeûne et les autres mortifications, parfois extraordinaires, auxquelles ces femmes mystiques se soumettent proviennent en réalité d'une vision positive de leur rôle dans le monde. Pour elles, l'eucharistie dans laquelle Christ se transforme en pain nourrissant devient le symbole de leur propre transformation : en renonçant à la nourriture, ces mystiques *se transforment elles-mêmes en nourriture.* Cette interprétation révolutionnaire de Bynum rejette la tradition herméneutique qui voit dans toute mortification un exemple de dualisme.

Si en Occident le mysticisme évolue en quatre sens qui s'interpénètrent sans démarcation catégorique (théologie négative, amour, mystique spéculative et eucharistique), en Orient il assume un caractère plus technique avec l'hésychasme fondé par Grégoire Palamas (ca. 1296-1359), qui évolue dans le sens d'exercices de visualisation, de respiration et de méditation (« prière du cœur ») qui rappellent le yoga et certaines méthodes du soufisme. Pratiqué par les moines du monastère d'Athos, l'hésychasme fut propagé dans tout le monde orthodoxe et spécialement en Russie, à travers les écrits recueillis à la fin du XVIIIe siècle sous le titre de *Philokalia.* L'institution typiquement russe du *starets,* guru et marabout orthodoxe à la fois, est une interprétation locale de l'hésychasme. Une autre forme d'hésychasme russe, plus proche de l'originel et élaborée à l'intention des masses dans les établissements du staretsisme, est la « prière perpétuelle » qui consiste à répéter mentalement comme un mantra le nom de Jésus-Christ.

10.10 *Bibliographie.* Une bonne introduction sans prétentions à l'histoire générale du christianisme est *Eerdmans' Handbook to the History of Christianity,* Grand Rapids 1987. Comme ouvrages de référence on peut consulter les 21 volumes de l'*Histoire de l'Église des origines à nos jours* (Fliche-Martin), Paris 1934-1964, et le *Dictionnaire de théologie catholique,* Paris 1909-1950. Pour la doctrine, un bon aperçu général est offert par Jaroslav Pelikan dans *The Christian Tradition : A History of the Development of Doctrine,* 4 vol., Chicago 1971-1984. Sur l'expansion du christianisme, un ouvrage remarquable est celui de Kenneth S. Latourette, *A History of the Expansion of Christianity* en 7 volumes, New York 1937-1945. Pour la période ancienne, un bon aperçu historique et doctrinal est fourni par W.H.C. Frend dans les 1022 pages de *The Rise of Christianity,* Philadelphia 1984, à compléter avec Johannes Quasten, *Patrology,* 4 vol., Utrecht 1950-1960. Sur les apologistes du IIe siècle, voir R.M. Grant, *The Greek Apologists of the IInd Century*, Philadelphia 1988 ; A.J. Droge, *Homer or Moses ? Early Christian Interpretations of the History of Culture*, Tübingen 1989. Parmi les meilleurs livres sur la formation du christianisme il faut signaler R.M. Grant, *Augustus to Constantine*, New York 1970 et, par le même auteur, *Gods and the One God*, Philadelphia 1986.

Une bonne introduction à la civilisation médiévale est contenue dans les ouvrages de Jacques Le Goff, *la Civilisation de l'Occident médiéval*, Paris 1967, et *Pour un autre Moyen Age*, Paris 1977. En outre, Le Goff a consacré un volume capital à l'apparition de la doctrine du purgatoire (*la Naissance du purgatoire*, Paris 1981) et a été le rédacteur du volume collectif *Hérésies et société dans l'Europe préindustrielle XIe-XVIIIe siècles*, Paris-La Haye 1968. Sur l'hérésie médiévale, voir en outre J.B. Russell, *Dissent and Reform in the early Middle Ages*, Berkeley-Los Angeles 1965 et R.I. Moore, *The Origins of European Dissent*, London 1977 ; bibliographie dans I.P. Couliano, *les Gnoses dualistes d'Occident*, Paris 1990. Sur les rituels de la chevalerie médiévale, voir Michel Stanesco, *Jeux d'errance du chevalier médiéval. Aspects ludiques de la fonction guerrière dans la littérature du Moyen Age flamboyant*, Leiden 1988.

Sur la tradition apocalyptique médiévale, voir Bernard McGinn, *Visions of the End : Apocalyptic Traditions in the Middle Ages*, New York 1979 ; par le même, l'introduction et la traduction de textes de Lactance, Adso de Montier-en-Der, Joachim de Flore, les spirituels franciscains et Savonarole, dans *Apocalyptic Spirituality*, New York 1979. Sur les voyages dans l'au-delà, voir I.P. Couliano, *Expériences de l'extase*, Paris 1984.

Sur le mysticisme dans une perspective comparée, voir Michel Meslin, *l'Expérience humaine du divin*, Paris 1988 ; Samuel Umen, *The World of the Mystic*, New York 1988 ; Moshe Idel et Bernard McGinn (Eds.), *Mystical Union and Monotheistic Faith : An Ecumenical Dialogue*, New York 1989. Sur la spiritualité chrétienne, voir André Vauchez, *la Spiritualité du Moyen Age*, Paris 1975 ; *la Sainteté en Occident aux derniers siècles du Moyen Age*, Rome 1981 ; Bernard McGinn, John Meyendorff et Jean Leclercq (Eds.), *Christian Spirituality : Origins to the Twelfth Century*, New York 1987.

Sur les conceptions du corps humain dans l'Antiquité tardive et le Moyen Age, voir surtout Peter Brown, *The Body and Society : Men, Women, and Sexual Renunciation in Early Christianity*, New York 1988 ; Rudolph Bell, *Holy Anorexia*, Chicago 1985 ; Caroline Walker Bynum, *Holy Feast and Holy Fast*, Berkeley 1987. Sur les conceptions de la femme dans le christianisme, voir Prudence Allen, *The Concept of Woman. The Aristotelian Revolution, 750 BC - AD 1250*, Montréal/Londres 1985 ; Pierre Darmon, *Mythologie de la femme dans l'Ancienne France*, Paris 1983 ; Barbara Becker-Cantarino (Ed.), *Die Frau von der Reformation zur Romantik*, Bonn 1987. Sur la chasse aux sorcières, voir I.P. Couliano, *Sacrilege*, in ER 12, 557-63.

Sur les divers aspects de la « Renaissance du XIIe siècle », dont les fruits sont recueillis au siècle suivant, voir Michel Pastoureau, *Vie quotidienne en France et en Angleterre au temps des chevaliers de la Table ronde*, Paris 1976 ; Jean Richard, *le Royaume latin de Jérusalem*,

Paris 1953 ; *les Croisades*, introduction par Robert Delort, Paris 1988 ; Roger Boase, *The Origin and Meaning of Courtly Love*, Manchester 1977.

Sur le bas Moyen Age jusqu'à la Réforme, voir Steven Ozment, *The Age of Reform, 1250-1550 : An Intellectual and religious History of Late Medieval and Reformation Europe*, New Haven 1980.

Sur la magie en général et la magie à la Renaissance en particulier, voir I.P. Couliano, *Éros et Magie à la Renaissance*, Paris 1984, qui contient aussi une bibliographie choisie d'ouvrages sur la Renaissance.

Sur le protestantisme, une synthèse équilibrée a été réalisée par Martin Marty, *Protestantism*, New York 1972 ; sur Luther, voir Brian Gerrish, *Grace and Reason : A Study in the Theology of Luther*, Oxford 1962 ; sur Calvin, voir A.M. Schmidt, *Jean Calvin et la tradition calvinienne*, Paris 1956.

11

CONFUCIANISME

11.1 *Le canon* confucianiste repose sur les six « classiques » *(king)* : le *I King* (« Livre des Changements »), le *Shih King* (« Livre des Odes »), le *Shu King* (« Livre de l'Histoire »), le *Li chi* (« Livre des Rites »), le *Yüeh King* (« Livre de la Musique ») et le *Ch'un-ch'in* (« Les Annales du Printemps et de l'Automne »). Confucius lui-même semble être l'auteur du dernier. Les oracles du *I King* lui étaient familiers et il en a probablement fourni un commentaire. Au XIIe siècle EC, le *Livre de la Musique*, qui avait toujours été fragmentaire, fut remplacé par un texte rituel, le *Chou Li* (Rites de Chou). Les sentences de Confucius sont connues sous le nom d'*Analectes (Lun yü)*. Il en subsiste une version du IIe siècle AEC.

11.2 *Confucius* est le nom latinisé de K'ung Fu-tzu (« Maître K'ung »), le fondateur du confucianisme. De son vrai nom K'ung Ch'iu, il aurait vu le jour vers la moitié du VIe siècle AEC dans la province de Shantung, où son père appartenait à l'aristocratie militaire inférieure. Son éducation et ses débuts furent modestes. Il aimait les rituels et la musique, mais cela ne lui valut aucune fonction publique. Ce n'est qu'à cinquante ans qu'il devint fonctionnaire, mais il abandonna son poste au bout d'un an. Cette situation se répéta dans plusieurs autres États. Finalement, il revint au lieu de sa naissance pour exercer un emploi public sans éclat et se consacrer à l'enseignement d'un groupe restreint de disciples aux moyens modestes, qu'il essayait de transformer en *jens*, êtres humains accomplis. Le modèle que l'on pourrait utiliser pour se faire une idée de la qualité du *jen* n'est pas le chevalier médiéval, mais le *gentleman* qui excelle par une correction formelle dans toutes les circonstances de la vie, des plus banales aux plus inattendues. Ce qui assure aux choses leur caractère propre *(li)*, aux situations sociales leur continuité, à l'homme sa position dans l'ensemble de la société, c'est le *rituel*.

La morale confucéenne, qui deviendra la base de l'Empire chinois jusqu'en 1911, n'était pas une morale aristocratique, mais bourgeoise. Elle ne consolidait pas les privilèges de la naissance, mais ceux de l'éducation et du comportement formel ; elle ne favorisait pas les élans du militaire, mais la patience du fonctionnaire.

11.3 *Doctrine.* Bien que le confucianisme fasse partie des Trois Religions qui étaient l'héritage traditionnel des Chinois, il est légitime de se demander s'il est, à proprement parler, une « religion ».

En apparence il ne l'est pas. Sa vocation est de *démythologiser* les croyances chinoises : les êtres surnaturels se transforment en vertus, le Ciel cesse d'être un dieu mais reste un principe qui garantit l'ordre, etc. En un sens, la critique confucéenne de la religion traditionnelle ressemble à celle du Bouddha (↔ 6), mais au contraire de celle-ci elle ne concerne pas le « salut » de l'individu, pour la simple raison qu'il n'y a rien dans la vie sociale dont il faille être sauvé et donc personne à sauver. « Lorsqu'on est incapable de servir des êtres humains, comment peut-on servir des êtres spirituels ? » signifie qu'il faut abandonner la quête d'une réalité invisible. « Si tu ne connais pas la vie, comment connaîtras-tu la mort ? » décourage ceux qui ont quelque penchant pour les secrets de l'au-delà.

Au contraire du bouddhisme, qui développe une puissante organisation avec ses hiérarchies de moines et de laïcs, le confucianisme n'a pas de prêtres. Les officiants du rituel sont les *jus*, les lettrés-bureaucrates qui remplissent par l'examen d'État tous les postes disponibles de l'administration impériale, centrale et provinciale. Difficile d'appeler « religion » ce culte formel exécuté mécaniquement par des non-prêtres pour des non-divinités auxquelles ils ne croient pas !

S'il n'est pas une religion au sens courant du terme, le confucianisme n'est pas non plus un système philosophique. Sa cosmologie, élaborée par Tung Chung-shu (176-104 AEC), Premier ministre de l'empereur Wu-ti (140-87 AEC) de la dynastie Han, est rudimentaire et faite de taoïsme. La logique, pas plus que la mythologie, n'intéresse Confucius, dont la préoccupation principale est de trouver la Voie *(Tao)* du milieu dans la société humaine et dans les actions individuelles, la Voie qui garantisse l'équilibre entre la volonté de la Terre et la volonté du Ciel. Ce « Ciel », il faut le préciser encore une fois, n'est pas une divinité, mais un principe universel omniprésent, caché et indéfinissable, dont les opérations « ne font pas de bruit et n'ont pas d'odeur ».

Si le confucianisme poursuit donc un but salutaire, il n'est pas pour autant une sotériologie religieuse. En effet, le confucéen n'a pas une conception négative du monde, comme le bouddhiste ou le chrétien ; il ne comprend pas l'immortalité, à l'instar du taoïste, comme quelque chose qu'on peut acquérir individuellement, mais comme un but déjà atteint par la succession naturelle des générations ; il n'a pas un rapport direct, parfois problématique et douloureux, avec Dieu comme le juif et ne tremble pas devant le Ciel comme un musulman devant Allah. Le confucianisme n'assigne à l'être humain aucun autre but que celui de parfaire son humanité *(jen)* en remplissant ses devoirs selon ce qui est propre et correct *(li)* : *le père doit être père, et le fils doit être fils.*

En effet, la société humaine doit être réglée par un mouvement éducatif qui part d'en haut et qui correspond à l'amour paternel (pour un *fils*) et un mouvement de révérence qui part d'en bas et qui équivaut à la piété filiale, seul devoir confucéen dont le caractère absolu semble porter une empreinte quasi passionnelle. Enfreindre la règle de la piété (envers sa famille, son chef, sa patrie, son empereur, etc.) est la seule définition du sacrilège selon le confucéen. Il est évident qu'une telle idéologie paternaliste put dégénérer plus facilement que d'autres en une obéissance aveugle aux intérêts d'un État totalitaire.

11.4 *L'histoire du confucianisme* en Chine est surtout marquée à ses débuts par les doctrines des philosophes Meng-tzu (Mencius, IVe-IIIe siècle AEC) et Hsün-tzu (IIIe siècle AEC). Le premier croit à la bonté intrinsèque de la nature humaine, le second à sa méchanceté foncière ; le premier croit que les règles et les rituels sont intériorisés et expriment sincèrement la volonté individuelle, le second qu'ils ne sont qu'une soumission non désirée aux contraintes sociales ; le premier croit que les sentiments du roi envers le peuple sont paternels, le second que le roi n'a pas de sentiments. Entre les deux il y a la même distance qui sépare le sombre Augustin de l'optimiste Pélage (↔ 10.4.7), ou Emmanuel Kant de Jean-Jacques Rousseau. La mécanique impersonnelle de Hsün-tzu triomphe d'abord dans l'école légaliste de la dynastie Ch'in (221-207 AEC) et sous les Han (206 AEC-220 EC). Plus tard, sous les Sung (960-1279), la pensée de Mencius devient cependant si influente qu'il finit par être considéré comme le « Second Sage », seul continuateur légitime de Confucius. C'est ainsi que, contrairement à ce que l'on peut observer en Occident, où les doctrines pessimistes de la nature humaine sont réitérées par Augustin, Luther et Kant, en Chine la doctrine de la bonté de la nature humaine triomphe avec le confucianisme de Han Yü (768-829 EC), le philosophe qui réhabilite Mencius à l'époque T'ang (618-907 EC).

Le mouvement connu sous le nom de néo-confucianisme commence à l'époque Sung. Il réinterprète la notion de *li* (« principe ») en des termes ontologiques et développe des spéculations cosmologiques. Les principaux représentants du néo-confucianisme sont les Cinq Maîtres Sung du Nord (Shao Yung, 1011-1077 ; Chou Tun-i, 1017-1073 ; Chang Tsai, 1020-1077 ; et les frères Ch'eng Hao, 1032-1085, et Ch'eng I, 1033-1107), suivis de Chu Hsi (1130-1200), qui réalise une synthèse métaphysique originale à partir de l'œuvre de ses prédécesseurs. De son vivant, Chu Hsi doit surmonter l'opposition doctrinale d'un collègue méridional, Lu Hsiang-shan (1139-1193). Ils se rencontrent par deux fois en 1175, mais continuent de se critiquer sans arriver à aucune solution commune. Leurs controverses ressemblent étrangement- à celles du nominalisme occidental, à peu près à la même époque. Chu Hsi n'a pas d'égal comme maître de la tradition confucéenne. Du début du XIVe siècle jusqu'en 1912, le canon confucéen, également utilisé dans le système bureaucratique chinois pour la préparation des redoutables examens publics, est celui fixé par Chu Hsi, et l'établissement de la lignée orthodoxe de la transmission du confucianisme est également l'œuvre de Chu Hsi. Son école n'aura pratiquement que deux rivaux importants : Wang Yang-ming (1472-1529) à l'époque Ming (1368-1644) et Tai Chen (1723-1777) à l'époque des Mandchous. En 1912, la proclamation de la République mit temporairement fin aux sacrifices officiels au Ciel et à Confucius, repris pourtant en 1914. D'abord peu favorables au confucianisme, les intellectuels chinois de la République ne tardèrent cependant pas à se rendre compte de son rôle fondamental dans l'histoire de la Chine. Persécuté en Chine communiste dans les années 60, le néo-confucianisme a maintenu son rôle à Hong Kong et à Taiwan, ainsi que dans les communautés chinoises de États-Unis. Il y a aujourd'hui une pensée néo-confucéenne vigoureuse, comme le démontrent les ouvrages de Tu Wei-ming et d'autres philosophes et savants.

11.5 *Hors de la Chine*, le confucianisme s'est d'abord propagé en Corée avant l'EC, mais ce ne fut pas avant la fin du XIVe siècle EC que le néo-confucianisme, avec son canon formé des Quatre Livres et des Cinq Classiques, s'installa solidement comme philosophie de l'État Yi (1392-1910) et comme système d'éducation et d'examens publics.

En provenance de Corée, le confucianisme pénétra au Japon vers la fin du IIIe siècle EC et s'y installa vers le milieu du VIIe siècle, pour s'effondrer peu après. Le néo-confucianisme y fut introduit de Chine après la mort de Chu Hsi (en japonais Shushi) et se combina au bouddhisme zen, tout en restant à l'ombre de celui-ci. Vers 1600, de nouveaux textes confucéens furent ramenés de Corée. Ils attirèrent l'attention de Fujiwara Seika (1561-1619) et de son disciple Hayashi Razan (1583-1657), qui assura aux enseignements de Chu Hsi une place modeste dans le Japon des Tokugawa. Plusieurs autres écoles confucéennes fonctionnèrent en parallèle avec celle-ci.

Au début du XXe siècle, le confucianisme se transforma en idéologie de la conquête militaire japonaise et remplit ce rôle tout au long de la Seconde Guerre mondiale.

11.6 *Bibliographie*. J. Ching, *Confucius*, in ER 4, 38-42 ; Wingtsit Chan, *Confucian Thought : Foundation of the Tradition*, in ER 4, 15-24 ; *Neo-Confucianism*, in ER 4, 24-36 ; L.G. Thompson, *The State Cult*, in ER 4, 36-8 ; J. Kim Haboush, *Confucianism in Korea*, in ER 4, 10-15 ; P. Nosco, *Confucianism in Japan*, in ER 4, 7-10.

Sur l'association militarisme-confucianisme au Japon lors de la Seconde Guerre mondiale, voir Warren W. Smith, Jr., *Confucianism in Modern Japan. A Study of Conservatism in Japanese Intellectual History*, Tokyo 1959.

Sur le néo-confucianisme contemporain, voir le livre de Tu Wei-ming, *Confucian Thought : Selfhood as Creative Transformation*, New York 1985.

12

Religions
DUALISTES

12.0 Le mot *dualisme* a été inventé en 1700 pour caractériser la doctrine iranienne des deux esprits (↔ 33). Plus tard, les savants découvrirent que les mythes dualistes ont une diffusion universelle et connaissent d'innombrables transformations à tous les niveaux culturels et dans un grand nombre de religions, depuis celles qui font l'objet de l'ethnologie jusqu'aux « grandes religions » comme le bouddhisme, le christianisme, la religion grecque, l'hindouisme, l'islam, le judaïsme, etc. La définition la plus simple du dualisme est : *opposition de deux principes.* Cela implique un jugement de valeur (bon/mauvais) et une polarisation hiérarchique de la réalité à tous les niveaux : cosmologique, anthropologique, éthique, etc.

On a traditionnellement reconnu l'existence de deux formes ou types de dualisme religieux : le dualisme *radical,* qui pose l'existence de deux principes coéternels responsables de la création de ce qui est ; et le dualisme *mitigé* ou monarchien (qui ne met pas en discussion la monarchie d'un créateur suprême), où le second principe se manifeste plus tard et tire en général son origine d'une erreur dans le système mis en route par le premier principe.

12.1 Ugo Bianchi, auteur de la monographie *Il dualismo religioso* (1958, 1983), constatait que les mythes qui ont pour protagoniste un *Trickster* sont souvent dualistes. Un Trickster est un personnage roublard, humain ou animal, capable de se transformer, facétieux, qui existe dans les mythes de tous les continents et se camoufle souvent dans une des divinités ou semi-divinités des grandes religions, comme Seth dans la religion égyptienne, Prométhée dans la religion grecque, ou Loki dans la religion scandinave. Dans la plupart des cas, le Trickster est mâle, mais il existe aussi des mythes typiques qui ont pour protagoniste une Trickster femelle. Dans toute une catégorie de mythes, le Trickster agit en second créateur du monde ou d'une partie du monde et remplit surtout le rôle de celui qui gâche la création de la divinité suprême, introduisant dans le monde tous les malheurs présents aujourd'hui : la condition mortelle des hommes, les douleurs de l'enfantement, etc. Il s'agit, en général, d'épisodes mythiques appartenant au dualisme radical. Nous reconnaissons dans le mythe biblique de la Genèse la présence discrète d'un Trickster (le serpent) *ex machina*, qui révèle au couple humain primordial la sexualité, produisant leur expulsion du paradis, marquée par l'enfantement dans la douleur, la domination de l'homme sur la femme, la malédiction du travail, la mort. Le dualisme radical a été maintenu sous une forme mitigée : le serpent a été créé par Dieu. Mais dès que l'on commence à se poser des questions sur sa nature intelligente et maligne, on entrevoit déjà que ce mythe peut se prêter à de nombreuses transformations interprétatives. Partout — dans les deux Amériques, en Eurasie, en Afrique et en Océanie — le Trickster peut être un tel « démiurge roublard », auteur d'une contre-création aux conséquences souvent funestes.

12.2 A côté de mythes à contenu dualiste, il existe *des religions et des courants dualistes* dont l'attitude devant le monde et l'homme peut varier depuis l'anticosmisme (le monde est mauvais) et l'antisomatisme (le corps est mauvais) jusqu'au procosmisme (le monde est bon) et au prosomatisme (le corps est bon). Le zoroastrisme (↔ 33) est une religion dualiste, procosmique et prosomatique ; l'orphisme est un courant religieux dualiste anticosmique et antisomatique ; le platonisme, courant d'idées dont l'influence religieuse fut énorme à toutes les époques, est fortement antisomatique mais non pas anticosmique ; d'autres religions, enfin, comme le gnosticisme, le manichéisme, le paulicianisme, le bogomilisme et le catharisme ont toujours été analysées comme des groupes à part, étant donné qu'elles ont été historiquement interprétées comme des hérésies chrétiennes. Leurs traits distinctifs seront brièvement analysés dans les paragraphes suivants.

12.3 *Le gnosticisme* est une religion qui se manifeste aux débuts de l'ère chrétienne, sous la forme de nombreux courants séparés qui divergent parfois entre eux. Il est typique du gnosticisme d'utiliser deux mythes appartenant dans la plupart des cas au dualisme mitigé : celui d'une femme-Trickster, la déesse céleste Sophia qui produit ce désastre ou cet inconvénient qui aura pour conséquence la création du monde ; et celui d'un Trickster mâle, avorton de Sophia, qui fabrique le monde à partir soit d'une substance ignoble appelée « eau » (Gen. 1,6), soit de déchets ou de rêves provenant d'en haut, du vrai Dieu. Le démiurge du monde s'identifie en général au Dieu de l'Ancien Testament. Il n'est franchement mauvais que dans peu de témoignages ; il est ignorant et orgueilleux, « fou », dans une série de textes en langue copte qui figurent parmi les collections de papyrus gnostiques dont la plus importante a été retrouvée à Nag Hammadi en Haute Égypte, en 1945. Dans les témoignages qui ressortissent à la gnose de Valentin (fl. 140-150), le démiurge ignorant se repentit et on l'excuse d'avoir créé le monde.

Dans le panorama des idées de l'époque, le gnosticisme est révolutionnaire en ce qu'il contredit les deux principes affirmés à la fois par la Bible et par Platon : le principe de l'*intelligence écosystémique*, selon lequel le monde a été créé par une cause intelligente et bienveillante, et le *principe anthropique*, qui affirme que ce monde a été créé pour le genre d'êtres humains qui s'y trouvent et que ces êtres humains ont été créés pour ce monde. Au contraire, le gnosticisme affirme que le démiurge du monde est ignorant, que le monde est, par conséquent, mauvais, et que l'homme est supérieur au monde pour détenir une étincelle d'esprit provenant du Père lointain et bon des générations divines. S'évader du cosmos sera donc le but du gnostique.

Le gnosticisme utilise le plus souvent des matériaux chrétiens et son sauveur s'appelle dans la plupart des cas Jésus-Christ. Il a la fonction de révéler à l'adepte l'existence de l'étincelle d'esprit emprisonnée dans son âme, gnose éternelle qui lui permettra de remonter à son origine hypercosmique. Jésus-Christ n'a pas, en général, de corps physique (christologie *docète*) et ne peut donc souffrir réellement et mourir sur la croix. Les interprétations varient énormément, mais dans certains cas c'est quelqu'un d'autre qui est crucifié (Simon de Cyrène) et le vrai sauveur se tient en riant à l'ombre de la croix.

Ce sourire moqueur du Christ à l'intention du démiurge et de ses acolytes représente sans doute un trait qui ne provient pas des Évangiles.

12.4 La plupart des écrits du Nouveau Testament existaient déjà sous une forme ou une autre à l'époque de *Marcion de Sinope* sur le Pont-Euxin (ca. 80-155), le premier grand hérésiarque qui obligea l'Église chrétienne à définir son attitude concernant le canon des Écritures, sa christologie, etc. Marcion n'est pas un gnostique, mais seulement un critique rationaliste de la Bible. Le dieu de l'Ancien Testament ne correspond pas aux critères d'omnipotence, d'omniscience et de bonté qu'on lui applique. Par conséquent, Marcion pose un dualisme radical entre un Dieu bon et inconnu, qui vit dans son monde (immatériel ?) au troisième ciel ; et un démiurge qui n'est pas bon, mais inférieur et juste, le dieu de l'Ancien Testament, créateur de ce monde, fait de matière corrompue par le diable, et de l'homme. Il n'y a pas de communication entre les deux mondes jusqu'au moment où le Dieu bon fait au système du monde du démiurge juste le don gratuit du Christ. Bien que le corps de celui-ci soit un fantasme trompeur (variété du docétisme dite *phantasiasme*), sa souffrance et sa mort ont leur réalité, à laquelle répond le martyre volontaire et libérateur de l'adepte du marcionisme.

Au contraire du gnosticisme, qui dans sa conception de l'homme supérieur à son créateur est d'un optimisme unique dans l'histoire des idées, le marcionisme est une doctrine pessimiste du monde, car elle nie le principe de l'intelligence écosystémique, tout en acceptant le principe anthropique : le monde est de qualité inférieure (et, dans ce sens, « mauvais »), mais l'homme ne le transcende nullement. Il ne mérite pas le salut en vertu de sa parenté avec le Dieu bon. Le salut est un don gratuit et immérité.

Le marcionisme se constitua en une Église qui, par sa vocation du martyre, finira par s'éteindre dans le monde romain dont, pour un temps, la vocation fut d'offrir le martyre. D'assez nombreux marcionites, champions de l'ascèse, ont survécu jusqu'au Ve siècle dans la campagne syrienne, où Théodoret de Cyr convertissait huit villages à l'orthodoxie.

12.5 *Le manichéisme* est la religion gnostique la plus influente, fondée par Mani (216-276), le prophète né dans une communauté baptiste mésopotamienne et actif en Perse jusqu'à son martyre sous Bahram II. Le manichéisme se propage en Occident jusqu'à Rome, où il brave les persécutions jusqu'au VIe siècle, et en Orient jusqu'en Chine (694), devenant pour un temps religion d'État dans l'empire des Turcs Ouïgours (763-840). Comme les marcionites, lorsqu'ils sont expulsés des villes, les manichéens se réfugient dans la campagne, surtout en Asie Mineure. Religion universaliste fondée sur des révélations directes et écrites, le manichéisme traduit ses écritures dans toutes les langues, adoptant des concepts fondamentaux des religions locales comme le zoroastrisme ou le bouddhisme. En réalité, il ne repose nullement sur un fonds religieux iranien, comme on l'a souvent prétendu, mais il élabore une doctrine originale à partir de systèmes gnostiques préexistants. Il se caractérise par son dualisme radical, son idée particulière du monde comme « mélange » de Ténèbres et de Lumière, son optimisme anticosmique et son ascétisme sévère. La seule innovation du manichéisme par rapport aux systèmes gnostiques précédents (qui, par ailleurs, n'optent pas toujours contre le dualisme radical en faveur du dualisme monarchien) est d'avoir attribué l'acte de la création du monde à un démiurge bon appelé Esprit Vivant. Le fait que le matériau dont le monde est fait consiste dans les carcasses des princes des Ténèbres a poussé de nombreux savants à conclure que le manichéisme est fortement pessimiste. Le jugement est sans doute faux, car ces carcasses sont mélangées avec les portions de Lumière englouties par les créatures ténébreuses. Toute souffrante qu'elle soit dans cette étreinte de la matière, la Lumière transparaît néanmoins dans chaque brin d'herbe. L'expérience immédiate qu'un manichéen a du monde n'est point traumatique. Il ne lui manque sûrement pas la révérence devant la création qui fait défaut à certains gnostiques. Cette partie de la nature qui est une épiphanie de la Lumière constitue pour lui un mystère, objet d'incessants étonnements. Le manichéisme établit une lignée des prophètes qui se conclut avec Mani lui-même et attribue à Jésus une fonction cosmique.

12.6 *Le paulicianisme*, qui ne nous est connu que d'après le récit tardif d'un écrivain byzantin du IXe siècle, Pierre de Sicile, envoyé en mission (869) par l'empereur Basile Ier auprès des chefs d'un État paulicien menaçant qui allait bientôt disparaître (872), est une forme de marcionisme populaire qui se développe sans tradition écrite dans un milieu d'abord réfractaire à tout intellectualisme. Souvent confondus par les savants modernes avec des « pauliens » adoptianistes arméniens, au IXe siècle les pauliciens de l'Euphrate furent déportés en masse en Thrace (Bulgarie d'aujourd'hui). Selon Pierre de Sicile, la secte avait été fondée au VIIe siècle par un certain Constantin, originaire de Mananali, une ville située sur l'Euphrate supérieur.

Les conséquences éthiques du dualisme radical professé par les pauliciens comprennent le refus des sacrements, par lequel ils veulent probablement exprimer leur mépris des institutions orthodoxes relâchées.

12.7 *Les bogomiles* ont été souvent, mais à tort, associés aux pauliciens, à cause de leur origine bulgare. En réalité, même s'ils partagent avec les pauliciens le mépris des orthodoxes, les bogomiles ne sont même pas des dualistes, car ils affirment que Satan n'est pas le créateur, mais seulement l'organisateur (l'« architecte ») du monde. On y retrouve d'anciennes doctrines chrétiennes qui avaient été orthodoxes à leur époque, comme le traducianisme (une nouvelle âme est née de la copulation des âmes des parents), la conception et la naissance auriculaires de Jésus-Christ et d'autres, comme le phantasiasme docète, qui, sans être orthodoxes, jouissent cependant d'une vénérable antiquité. Le bogomilisme n'est pas une recrudescence de la gnose. Il a été conçu par des religieux byzantins ultra-conservateurs, encratites et végétariens.

Le bogomilisme, qui fait son apparition en Bulgarie au Xe siècle, s'établit bientôt à Byzance, d'où il irradie vers l'Occident. Traversant peut-être la Dalmatie et sûrement l'Italie, il arrive en France au début du XIIe siècle et disparaît peu après (1167), lorsque les évêques français sont convertis par un envoyé de Byzance à une nouvelle hérésie qui professe le dualisme radical. Le catharisme bogomile se maintiendra en Italie du Nord jusqu'au XVe siècle et fera de nouveau une brève incursion au Midi au XIVe siècle, à travers quelques nouveaux convertis du catharisme provençal, après la destruction des Albigeois au XIIIe siècle.

12.8 *Les cathares* sont donc les adeptes de deux doctrines diverses provenant de Byzance. L'une est bogomile et l'autre, qui est celle des Albigeois du Midi, de 1167 jusqu'à la chute de

Montségur en 1244, est un mélange d'origénisme avec un peu de manichéisme, opéré sans doute dans des milieux intellectuels ascétiques byzantins. En Italie du Nord, les différences doctrinales des deux Églises cathares s'expriment dans la polémique des cathares monarchiens (bogomiles) de Concorezzo en Lombardie, appelés « Bulgares », avec les cathares radicaux (origénistes) de Desenzano sur le lac de Garde, appelés « Albanais », peut-être « Albigeois ».

Tous les documents que nous possédons sur la doctrine des cathares radicaux (parmi lesquels sept traités originaux en latin réunis sous le titre de *Liber de duobus principiis*) proviennent du catharisme italien. Ils voient dans l'origénisme, professé aux IVe et Ve siècles par des ascètes et des intellectuels, surtout dans le désert égyptien, et condamné au VIe siècle, l'origine de la partie la plus importante de leurs croyances, qui comprennent la métensomatose (préexistence de l'âme), la corporéité des anges, la double création et l'existence de mondes parallèles, l'idée de la multiplicité des jugements des âmes, l'existence de corps de résurrection qui ne sont pas les corps physiques, et la négation de l'omnipotence et du libre arbitre de Dieu.

Au XVe siècle, une église bosniaque hérétique, qui existait depuis le XIIe siècle, professe, semble-t-il, le dualisme radical.

12.9 *Bibliographie.* Un commentaire exhaustif des sources et des doctrines des religions dualistes occidentales a été fourni dans le livre d'I.P. Couliano, *les Gnoses dualistes d'Occident*, Paris 1990.

hérétiques en 1278, est un mélange d'éléments qui avait un peu de manichéisme, créés sans doute dans des milieux intellectuels [illegible]. En Italie du Nord, les différentes [illegible] des deux Églises cathares s'affrontent dans la polémique [illegible] (Concorezzo en Lombardie, appelés « Bulgares ») avec les cathares radicaux (dualistes) de Desenzano sur le lac de Garde, appelés « Albanais », peut-être « Albigeois ».

Tous les documents que nous possédons sur la doctrine des cathares radicaux [illegible] sont réunis sous le titre de Liber de duobus principiis [illegible] de cathares italiens. Ils vivent dans l'ignorance [illegible] ont été [illegible] dans le désert [illegible] de la partie la plus importante de leurs croyances, [illegible] la [illegible] (préexistence de l'âme), la [illegible] des anges, la double création et l'existence de mondes parallèles. [illegible] de la multiplicité des réincarnations des âmes, [illegible] corps de résurrection qui ne sont pas les corps physiques, et la négation de l'omnipotence et du libre arbitre de Dieu.

Au XIV siècle, [illegible] cathare [illegible] le XIII siècle [illegible] radicale.

153. Bibliographie. Un commentaire [illegible] des [illegible] et des [illegible] dans le [illegible] Paris, 1961.

13

Religion de l'
ÉGYPTE

13.0 En dépit de notre familiarité superficielle avec l'iconographie de l'Égypte ancienne, sa religion reste étrange et énigmatique. A une telle distance dans le temps, la pluralité est ressentie comme contradictoire, les structures multiples du panthéon, les variantes des mythes et les dieux se confondent et sont parsemés de lacunes. Tout a été remis en question aujourd'hui : la divinité du pharaon, la réalité de l'au-delà, la nature précise d'entités comme le *ba* et le *ka*, généralement traduites par « âme » et « esprit », etc. D'autre part, la tradition religieuse égyptienne est extrêmement conservatrice. Elle résiste à tout changement et possède ses modèles archétypaux de dieux et de héros. Elle est tout orientée vers un au-delà immuable dans sa perfection, dont de nombreuses générations de chercheurs ont essayé de déchiffrer les mystères.

13.1 *Période archaïque.* Le style unique de l'iconographie égyptienne, ainsi que l'écriture hiéroglyphique, apparaissent en même temps que la première dynastie pharaonique et l'unification des vallées septentrionale et méridionale du Nil vers 3000 AEC. Auparavant, les Mésopotamiens avaient étendu leur influence sur la contrée, interrompant sa monotonie par des constructions en brique séchée au soleil et par leurs objets de fabrication orientale comme les sceaux cylindriques. Plus tôt encore, les populations préhistoriques de la région enterraient leurs morts face à l'ouest, pourvoyant leurs tombes de biens pour l'au-delà.

Le début de l'histoire égyptienne est le début de la royauté, présente pour la première fois sur une palette de Narmer où le roi porte les couronnes de la haute et basse Égypte. A l'origine, les rois s'identifiaient à Horus, une seconde dynastie à Seth ou à Horus et Seth ensemble. Dans la mythologie, Horus et Seth s'étaient disputé la royauté. Le statut suprahumain du roi fut constitué très tôt et se révéla un instrument politique durable et efficace. Ménès, comme on appela plus tard le premier roi et unificateur de l'Égypte, fonda selon la tradition la capitale de Memphis. Les rois des premières dynasties (l'Ancien Royaume) firent construire les pyramides et les complexes funéraires les plus grands, dont les inscriptions et les charmes renferment leurs premières théologies.

13.2 *Cosmogonies et théologies.* Une cosmogonie de l'Ancien Royaume nous met en présence de Rê/Atum qui crée Shu (Air) et Tefnout (Humidité), qui produisent Geb (Terre) et Nut (Ciel). A leur tour, ceux-ci donnent naissance à Osiris et Seth, à Isis et Nephthys. Le roi juste de la Terre, Osiris, fut tué par son frère Seth. Isis réussit à devenir enceinte par le mort Osiris et lui engendra Horus, le fils qui vengera Osiris et auquel le pharaon s'identifie.

Comme en Mésopotamie (↔ 23), chaque temple des grandes villes, sièges du pouvoir, se créait sa propre cosmogonie avec le dieu local au sommet de la hiérarchie. L'œuf dont le créateur était sorti provenait du lac d'Hermopolis. Il avait émergé du chaos aquatique exprimé par quatre êtres : Occultation, Ténèbres, État amorphe, Abîme aqueux. A Héliopolis, des eaux était surgie une colline primordiale de sable, encore visible là où le monde avait commencé. Quant aux actes cosmogoniques, les plus rudes, comme la masturbation ou l'expectoration du dieu créateur, étaient fortement prisés, mais des théories plus raffinées virent le jour dans les principaux centres religieux. C'est ainsi que, dans une tradition plus tardive, Ptah conçoit Atum dans son cœur et le crée en prononçant son nom. Ce mythe rendait Ptah supérieur à Atum, et de la même manière Rê était supérieur à Atum à cause de sa position antérieure dans la cosmogonie.

Le monde selon les Égyptiens était plat et soutenait le ciel dont la forme de bol renversé était parfois le dessous de la vache Hathor ou le devant de la déesse Nut qui chaque soir engloutit le soleil. De nombreux dieux ont des formes animales, ce qui n'implique pas l'adoration d'animaux, mais peut-être la reconnaissance d'une altérité essentielle et plus profonde ou une intelligence des qualités archétypales des choses vivantes. La nature protéiforme des dieux égyptiens est énigmatique. Ce sont eux qui créent les êtres humains, produits par la parole de Ptah ou façonnés sur le tour du potier. L'esprit se préserve aussi longtemps que son support physique existe. Ce souci de subsistance fait qu'une inhumation selon les rites est préférable à l'existence terrestre, même confortable. Les tombeaux sont plus importants que les maisons les plus somptueuses et il est impensable d'économiser au détriment des prêtres funéraires.

13.3 *La première période intermédiaire.* Vers 2200 AEC, crise politique et guerre civile scindèrent l'Égypte pour cent cinquante ans. Les œuvres littéraires de cette période témoignent d'une croissante individualisation et d'une « démocratisation » de la vie religieuse devant l'anarchie sociale régnante. Des charmes mortuaires des anciennes tombes royales se retrouvent dans les cercueils de ceux qui peuvent les payer. Les textes appelés *Chansons des harpistes* recommandent de vivre au présent. Un avenir incertain menace le pays, où les tombes seront pillées et les innocents poursuivis. Tout est objet de doute : le soi, l'au-delà, les dieux, le pharaon. Des ouvrages prophétiques comme les *Remontrances d'Ipuwer* nous présentent un vieux sage qui se répand en injures sur les mensonges et la violence du roi et de son règne. L'*Instruction pour Merikaré* déplore les vicissitudes de l'existence, tout en exaltant les valeurs morales traditionnelles de l'Égypte, la justice et la générosité, spécialement envers les pauvres. Une pièce particulièrement intéressante est la *Dispute d'un homme fatigué avec son Ba*, où un homme qui désespère de la méchanceté du monde soutient la cause du suicide devant son âme, qui l'encourage au contraire à poursuivre sa vie et à en jouir. L'âme, en tant que garante de la vie future, promet à l'homme de ne pas le quitter, mais la perspective de l'au-delà ne semble pas présenter plus d'attrait que cette existence imparfaite. Des plaintes amères contre le chaos social croissant — les fils qui s'élèvent contre leurs pères et les sujets contre leur roi — sont les stéréotypes littéraires de cette période, qui subsisteront pendant des siècles.

13.4 *La pratique religieuse.* Comme en Mésopotamie (↔ 23), les dieux avaient leurs capitales dont les temples étaient leurs habitations. En général, l'intérieur des temples était réservé aux prêtres en état de pureté rituelle. Des équipes de prêtres à la tête rasée avaient de nombreuses fonctions : le lavage des statues, l'offrande rituelle des nourritures et des boissons, l'installation de la présence divine dans les statues, le transport des statues en procession oraculaires, etc. Au temple d'Amon à Thèbes, dont le personnel comptait quelques dizaines de milliers de gens, il y avait à peu près cent vingt-cinq postes divers à remplir. La fonction principale des statues, dans lesquelles le dieu était censé demeurer, était de rendre des oracles directs. Installées dans leurs cabines opaques au centre de barques de dimensions variables (très grandes et lourdes dans le cas de dieux puissants), les statues étaient sorties en procession par les prêtres. La foule se joignait souvent aux porteurs, car c'était un mérite d'avoir contribué au transport du dieu. Interrogé au sujet de n'importe quelle querelle, le dieu fonctionnait souvent comme juge entre deux parties ; mais si l'une d'elles ne se trouvait pas satisfaite, elle pouvait remettre la question à un autre dieu. L'oracle était rendu par une opération assez étrange : si la réponse était « oui », alors le dieu était censé alourdir la proue de la barque, forçant les porteurs à s'agenouiller, ou les poussant à avancer ; si la réponse était « non », il les faisait reculer. Mais parfois on présentait au dieu des oracles inscrits avec « oui » et « non », entre lesquels il était appelé à choisir. L'intervention des prêtres dans les opérations divines était plus marquée dans le cas des oracles médicaux. Dans le sanctuaire de Deir el-Bahari à Louqsor, la voix du dieu Aménophis dictait à chaque patient la recette pour guérir. C'était un sacerdote caché dans le sanctuaire qui parlait par une ouverture secrète dans la voûte. Lorsque quelque curieux ouvrait la porte, le sacerdote avait le temps de disparaître. Les prêtres de Karanis à Fayyoum avaient des méthodes plus subtiles. Cachés derrière les grandes statues des dieux, creuses à l'intérieur, ils les faisaient parler à travers des tuyaux.

Un temple pouvait disposer d'un scriptorium et de bibliothèques spéciales où les rouleaux pouvaient être préservés pendant des générations. La fonction de prêtre ou prêtresse en chef était politiquement importante ; un roi y plaçait ses enfants ou un ami puissant. Les temples, comme les citoyens riches, détenaient des propriétés foncières dans la vallée du Nil, marquant ainsi leur poids dans la stabilité et l'unité du pays.

Les gens du commun s'attendaient à obtenir justice, dans la

société comme dans l'univers. Le pharaon était l'incarnation de *maat*, ordre et vérité. La littérature sapientielle égyptienne, les collections d'aphorismes moraux comme *la Sagesse de Ptahhotep* de la Ve dynastie et *la Sagesse d'Aménémope* du Nouveau Royaume, rappellent dans leur esprit les *Proverbes* de l'Ancien Testament, dont le message est parfois similaire. Les nombreuses amulettes protectrices, propitiatoires et curatives — scarabées et figurines — témoignent d'une importante couche de croyances populaires. La magie était censée avoir été transmise aux hommes par les dieux afin de leur permettre de se défendre contre l'adversité du sort. Des charmes inscrits sur papyrus ou ostraca étaient en usage dans le temple ainsi que chez les personnes privées. Les noms et les sons qu'ils contenaient s'adressaient aux dieux pour invoquer leur aide. En dernière instance, les dieux étaient manipulables par la magie.

Dans la religion populaire, Osiris, vainqueur de la mort et juge des trépassés, avait une place particulière. Il symbolisait la renaissance et tous cherchaient son conseil. Abydos, lieu traditionnel de sa sépulture, était le plus important site de pèlerinage en Égypte. De tels centres culturels entretenaient un commerce actif d'offrandes et de figurines votives, de pétitions inscrites sur des stèles, de biens périssables. Les principales fêtes étaient associées au transport des dieux, invisibles au centre de leurs barques cérémonielles, au son de la musique et au milieu des danses. La populaire fête de Min était un festival saisonnier de la récolte incorporé au culte royal. Un taureau blanc sacré participait à cet événement.

13.5 *La réforme d'Akhenaton.* Au XIVe siècle AEC, après l'expulsion des Hyksos, suivie d'une période de conquêtes à l'est et de diplomatie internationale, le jeune roi Aménophis IV entreprit une réforme politique et religieuse radicale, transformant Aton, le disque solaire, en divinité suprême du panthéon égyptien. Il changea son propre nom d'« Amon-est-satisfait » (Aménophis) en « Celui qui plaît à Aton » (Akhenaton), il fit transférer la capitale de Thèbes à Akhetaton (Tell al-Amarna) et fit rayer de toutes les inscriptions le nom d'Amon. Ce mouvement a été appelé hénothéisme, monolâtrie et même monothéisme. Quoi qu'il en soit, sa portée politique est claire : les puissants prêtres et officiers des temples d'Amon étaient dépossédés de leurs considérables privilèges. Les nouveaux temples d'Aton n'avaient pas de toit. Un nouveau style d'art naturaliste s'associa à la révolution d'Akhenaton. Le disque solaire était représenté avec ses rayons se terminant par des mains, parfois offrant la croix *ankh* aux présents. Le roi se plaça lui-même dans une position d'intercesseur divin entre l'humanité et Aton, source unique de toute vie.

Après la mort d'Akhenaton, sa femme Nefertiti a probablement régné brièvement sous le nom de Smenkhare. Les puissants prêtres d'Amon s'emparèrent de leur fils Toutankhaton, qu'ils ramenèrent au culte d'Amon, changeant son nom en Toutankhamon. Après la fin de la dynastie, qui était la XVIIIe, le mouvement d'Aton fut considéré comme une exécrable hérésie.

13.6 *La mort : voyage et mémoire.* A l'origine, l'au-delà semble avoir été placé au ciel et associé à l'ouest. Nous savons combien était importante la tâche consistant à préserver le mort par la momification et tout un arsenal d'objets et de procédés comme le tombeau à fausse porte, les statues et figurines du double *(ka)* dans lesquelles l'esprit se réfugie, la tête où l'esprit peut s'installer grâce à la cérémonie d'animation ou « ouverture de la bouche », les offrandes de nourriture et de mobilier, les statuettes de serfs et de soldats, etc. De puissantes malédictions tenaient à distance les pillards de tombeaux. Les passants étaient appelés à faire des offrandes, réelles ou symboliques, aux défunts, afin de les ravitailler. Le voyage du mort était d'une importance capitale. Des charmes placés dans le tombeau étaient censés assurer un passage facile dans l'au-delà.

Les premiers charmes, les textes des pyramides, consistent dans quelque 760 inscriptions retrouvées dans les anciennes tombes royales à partir de celle d'Unas, le dernier roi de la Ve dynastie (XXIVe siècle AEC). Dans les textes des pyramides nous assistons aux rituels d'inhumation du roi et à son ascension qui culmine lorsque le dieu solaire reçoit le roi pour l'éternité, selon la théologie du temple de Rê à Héliopolis. Le roi, immortel à cause de sa divinité, s'envole sous la forme d'un oiseau, d'un scarabée ou d'une sauterelle vers le Champ des Offrandes situé à l'est dans le ciel. Il lui fallait se purifier pour être transporté sur l'autre rivage d'un lac. Pour parvenir au niveau suivant, il lui fallait répondre par des formules magiques à un interrogatoire initiatique. Comparé lui-même à l'immortel Osiris, le roi n'avait pas à rencontrer Osiris le juge.

Finalement, il était installé sur un trône céleste à l'instar du dieu solaire, afin de régner sur son peuple pour l'éternité.

Les textes des sarcophages, provenant de la IXe jusqu'à la XIIIe dynastie (du XXIIe au XVIIe siècles AEC), réinterprètent les données des anciens textes des pyramides. Ils sont inscrits à l'intérieur des sarcophages en bois. Osiris et le jugement des morts y occupent une place centrale. Depuis la VIe dynastie, la décentralisation politique et l'apparition de potentats locaux mirent les grandes tombes à la portée des familles nobles et riches. On y retrouve les mêmes thèmes que les textes des pyramides réservaient à l'apothéose du roi, mais sous une forme populaire.

Une troisième phase dans le développement de la littérature funéraire est représentée par le texte communément appelé *Livre des Morts*. De la XVIIIe dynastie (XVIe siècle AEC) jusqu'à la période romaine, ce livre était placé dans le cercueil. Il pourvoyait le mort, pour son voyage et son jugement, de charmes tirés pour la plupart des textes des sarcophages, avec certaines réinterprétations. Leur contenu magique est maintenant clair : ils étaient censés faire fléchir les dieux.

13.7 *Bibliographie.* Eliade, H 1, 25-33 ; L.H. Lesko, *Egyptian Religion : An Overview*, in ER 5, 37-54 ; D.B. Redford, *The Literature*, in ER 5, 54-65.

Texte dans J.B. Pritchard et al., *Ancient Near Eastern Texts relating to the Old Testament*, Princeton 1967 (ANET) ; L. Speelers, *Textes des cercueils du Moyen Empire égyptien*, Bruxelles 1947 ; Miriam Lichtheim, *Ancient Egyptian Literature : A Book of Readings*, 3 vol., Berkeley 1973-1980 ; Paul Barguet, *le Livre des Morts des Anciens Égyptiens*, Paris 1967.

Comme ouvrage de référence, on pourra toujours consulter Hans Bonnet, *Reallexikon der ägyptischen Religionsgeschichte*, Berlin 1952.

Ouvrages historiques sur la religion égyptienne : Jacques Vandier, *la Religion égyptienne*, Paris 1949 ; Siegfried Morenz, *la Religion égyptienne*, Paris 1962 ; Serge Sauneron, *les Prêtres de l'Ancienne Égypte*, Paris 1957.

14

Religion des
GERMAINS

14.0 *Les Germains* sont un groupe d'anciennes tribus indo-européennes dont la présence est archéologiquement attestée en Europe du Nord vers 600 AEC. A l'époque, leurs voisins étaient les Lapons et les Finnois au nord, les Baltes et les tribus iraniennes des Scythes et des Sarmathes à l'est, les Gaulois au sud. Au temps des conquêtes romaines (Ier siècle AEC), ils pratiquaient l'élevage du bétail, l'agriculture et la chasse.

14.1 *Sources.*

Les sources directes les plus importantes de la religion des Germains remontent à l'âge des Vikings. L'Edda poétique en langue islandaise contient dix poèmes sur les dieux et dix-huit poèmes sur les héros. L'Edda en prose, œuvre de l'historien islandais Snorri Sturluson (1179-1241), est un manuel de poésie skaldique en trois parties, dont la préface, le *Gylfaginning*, est une introduction à la mythologie norvégienne. La première partie de l'histoire des rois norvégiens de Snorri *(Heimskringla)*, appelée *Ynglingasaga*, est consacrée à l'origine mythique de la royauté nordique.

4.2 *Cosmogonie-cosmologie, théogonie-théologie.*

2.1 *La cosmogonie* dans le *Gylfaginning* est présentée d'après trois poèmes eddiques (*Vafthrúdhnismál*, *Grimnismál* et *Voluspá* ou « Prophétie de la Voyante »). Au début, il n'y avait qu'un grand vide appelé Ginnungagap. Avant la terre, ce fut

Niflheimr, le monde de la mort, qui vint à l'être. Du grand puits Hvergelmir, onze rivières coulaient ; au sud s'étendait le monde incandescent Múspell, appartenant au Géant Noir Surtr. L'eau des rivières se transformait en glacier au contact de Ginnungagap ; et par l'action du feu de Múspell sur la glace, apparut un être anthropomorphe géant, Ymir. De la sueur de son aisselle droite sortit un couple de géants, et ses deux jambes engendrèrent un fils l'une avec l'autre.

De la glace qui fond sort la vache Audhumla, qui nourrit Ymir de lait et se nourrit à son tour de glace salée, donnant ainsi naissance à un autre être, Búri, dont le fils Borr épouse Bestla, la fille du géant Bolthorn. De ce couple naissent trois fils : Odhinn, Vili et Vé. Les trois frères divins tuent le géant Ymir, dont le sang engloutit la race des géants, sauf Bergelmir et les siens. Les dieux transportent le corps d'Ymir au milieu de Ginnungagap, où sa chair forme la terre, son sang les eaux, son crâne le ciel, ses os les montagnes, ses cheveux les arbres, etc. Les astres, dont le mouvement est réglé par les dieux, sont des étincelles qui s'enfuient de Múspell.

Au milieu de la terre circulaire, entourée d'un grand océan, les dieux bâtirent un enclos des sourcils d'Ymir, Midhgardhr, destiné à être habité par les hommes, qui furent créés peu après. Et lorsqu'ils eurent bâti Asgardhr, la demeure des dieux, la création fut terminée.

Le couple humain primordial fut créé par Odhinn de deux arbres, Askr et Embla, trouvés sur la plage de l'océan. Il leur conféra la vie, alors que Hoenir leur donna la sensibilité et Lòdhurr la forme humaine et la parole.

14.2.2 Le monde est à l'ombre de l'arbre cosmique Yggdrasill, *axis mundi* qui soutient les voûtes célestes. Selon les Scandinaves occidentaux, Yggdrasill est un frêne dans lequel se réunit chaque jour le conseil des dieux. Yggdrasill a trois racines qui s'enfoncent dans les trois mondes : celui des morts (Hel), celui des géants de glace, celui des hommes. Plusieurs sources jaillissent à son pied (bien qu'à l'origine elles ne fussent probablement qu'une) : Urdhr, source du destin, Mímir, source de la sagesse, et Hvergelmir, source des rivières terrestres. De l'écorce de l'arbre s'écoule le liquide vivifiant *aurr.*

14.2.3 *Théologie.* Les dieux se divisent en deux classes : les Ases et les Vanes. Asgardhr est la cité des Ases, dont les plus importants sont Odhinn et Thórr. Au commencement des temps, les Ases mènent une longue guerre contre les Vanes, qui se conclut par un échange d'otages : le Vane Njordhr et son fils Freyr s'installent chez les Ases, alors que Mímir et Hoenir vont s'installer chez les Vanes. Dans la guerre, le rôle de la déesse Vane Freya n'est pas clair, mais il est probable qu'elle implante dans Asgardhr la convoitise dont les Ases ne pourront plus jamais se défaire. Elle enseigne à Odhinn les arts magiques *(seidhr)*.

14.2.4 Déjà Jules César et surtout Tacite *(Germania)* nous donnent des renseignements importants sur les dieux des Germains. Tacite assimile le dieu Odhinn-Wôdhan à Mercure, interprétation encore courante au IVe siècle, lorsque le jour de Mercure (mercredi) sera appelé par les Germains « jour de Wôdhan » (anglais *Wednesday*, néerlandais *woensdag*, etc.). On offre à ce « dieu qui règne sur toutes choses » *(regnator omnium deus)* des sacrifices humains. D'autres divinités sont identifiées à Mars et à Hercule ou à Jupiter, dieu du Tonnerre. Tacite mentionne également une déesse mystérieuse, équivalent de Nerthus, et le culte de deux jumeaux divins, équivalents de Castor et Pollux.

Du temps des Vikings, Odhinn reste le dieu souverain, mais c'est Thorr qui, dans ce culte, reçoit la plupart des honneurs.

14.3 *Eschatologie.*

14.3.1 *La fin du monde* est liée à l'activité d'un personnage de première importance dans la mythologie germanique, le géant Loki, qui se mêle cependant à toutes les affaires des Ases. Fils de la géante Laufey, il s'accouple à la géante Angrbodha, qui engendre le loup Fenrir et le serpent Midhard qui entoure l'univers — êtres menaçants et destructeurs. Loki peut être décrit comme ce personnage des mythologies du monde entier appelé Trickster, être plus ancien que les dieux, facétieux et souvent méchant, parfois bisexuel ou transsexuel et aussi saugrenu et ridicule. Dans son rôle féminin, Loki accouche du cheval à huit pattes Sleipnir, qui a été engendré par l'étalon Svadhilfari et donne naissance à toute une race d'être appelés *flagdh*. Dans l'Edda en vers, Loki ne manifeste aucun penchant à la méchanceté. Ce n'est que le poème tardif *Lokasenna* qui lui attribue un grand nombre de méfaits.

14.3.2 L'un de ces méfaits, qui a un rapport direct avec la fin du monde, est *le meurtre de Baldr*, le fils resplendissant d'Odhinn, qui a des rêves prémonitoires sur sa mort prochaine. Sa mère Frigg demande à toutes les choses du monde de prêter serment de ne pas faire de mal à Baldr, mais oublie la pousse de gui. Jaloux de Baldr, Loki se déguise en vieille femme et apprend de Frigg ce secret ; après quoi il arme le frère aveugle de Baldr, Hodhr, de la pousse de gui et le dirige vers Baldr pour qu'il la jette contre lui en signe de joie. Baldr est tué sur le coup, mais la déesse Hel accepte de le relâcher si tout ce qu'il y a au monde le pleure. Et tout, jusqu'aux pierres, pleure sa disparition, à l'exception de la géante Thokk, qui n'est que Loki déguisé. La condition n'ayant pas été remplie, Hel retient Baldr.

En punition du meurtre de Baldr, les dieux enchaîneront Loki à une pierre avec les entrailles de ses propres fils. Au-dessus de lui se tient un serpent dont le venin s'écoule sur la tête de Loki, provoquant en lui mille tourments. Mais le malin s'échappera de ce lieu de torture peu avant la fin du monde.

14.3.3 *Le Ragnarok* (« destinée des dieux ») ou fin du monde n'est pas un processus de courte durée. La destruction fait déjà partie de l'arbre Yggdrasill lui-même, dont le feuillage est dévoré par un cerf, l'écorce en train de pourrir et la racine l'objet de la gourmandise du serpent Nídhhoggr. Après un début idyllique, les dieux engagent entre eux une guerre aveugle, au cours de laquelle la convoitise s'insinue dans Asgardhr. L'avant-dernier acte de la tragédie est le meurtre de Baldr. Le dernier, c'est le déchaînement dc toutes ces forces terrifiantes que les Ases avaient temporairement soumises : Loki et ses descendants, le loup Fenrir et le Grand Serpent cosmique. Précédées de signes précurseurs épouvantables, les forces de destruction se jettent sur Asgardhr, Loki à la tête des géants indomptables et Surtr, seigneur de Múspell, à la tête des démons de feu qui incendieront le cosmos. Les Ases et leurs adversaires s'entre-détruisent : le loup Fenrir tue Odhinn, Vídharr fils d'Odhinn tue Fenrir, Thorr et le Grand Serpent s'entre-tuent, Freyr est tuée par Surtr, toutes les lumières célestes s'éteignent et la terre embrasée est engloutie par la mer. Elle en réémergera, domaine du bon et innocent Baldr et d'une race humaine sans péché qui habitera sous une coupole d'or.

14.4 *Chamanisme et initiations guerrières.*

14.4.1 L'existence d'aspects chamaniques (↔ 9) a été remarquée chez Odhinn, l'Ase souverain, détenteur de la puissance magique *seidhr.* Comme les chamans, Odhinn possède un cheval miraculeux (Sleipnir) à huit pattes et deux corbeaux omniscients ; il peut changer de forme, s'entretenir avec les morts, etc.

14.4.2 *Le Berserkr.* Odhinn est aussi dieu de la Guerre et ses guerriers ont un sort privilégié : après la mort, ils s'en vont au palais céleste Valholl, et non pas chez Hel, la déesse des Enfers. En effet, la mort du guerrier équivaut à une expérience religieuse suprême, de nature extatique.

Le guerrier parvient à l'état de *berserkr* (litt. : « A peau d'ours »), qui est un mélange de fureur meurtrière et d'invulnérabilité, en imitant le comportement d'un carnassier, en premier lieu le loup.

14.4.3 Dans la société des Germains, Odhinn est le dieu des *jarls* (nobles) et ne jouit pas de la popularité auprès des *karls* (hommes libres), dont le dieu est Thorr. Les bandes armées d'Odhinn terrorisent les villages. En outre, le dieu requiert le sacrifice de victimes humaines, qui sont pendues aux arbres, peut-être en mémoire du fait qu'Odhinn lui-même, suspendu pendant neuf mois à l'arbre Yggdrasill et blessé par une lance, avait ainsi obtenu la sagesse magique des runes et le don précieux de la poésie.

14.5 *Bibliographie.* Eliade, H 1, 173-77 ; E.C. Polomé, *Germanic Religion,* in ER 5, 520-536.

Sources traduites par F. Wagner, *les Poèmes héroïques de l'Edda,* Paris 1929, et *les Poèmes mythologiques de l'Edda,* Liège 1936. Sur Loki, voir Georges Dumézil, *Loki,* Paris 1986.

[illegible]

[illegible]

[illegible]

[illegible]

[illegible]

[illegible]

15

Religions de la GRÈCE

15.1 *Religion minoenne.* La civilisation crétoise du second millénaire AEC prend le nom du roi légendaire Minos, qui fit construire le fameux labyrinthe. Si celui-ci n'est pas le grand palais de Cnossos, décoré de doubles haches *(labrys),* il est probablement l'image déformée des anciennes grottes aménagées en sanctuaires depuis le néolithique. La civilisation crétoise était caractérisée par ses vastes complexes de palais, son art célébrant la nature et ses deux formes d'écriture, l'une hiéroglyphique dérivant de la langue indo-européenne luwienne de l'Anatolie occidentale, l'autre provenant de la Phénicie, comme la langue qu'il codifie, la Linéaire A, qui semble être d'origine sémitique. En déclin après l'explosion de l'île volcanique de Théra (Santorin), la culture minoenne a été en partie préservée et en partie remplacée par l'expansion de la robuste civilisation mycénienne (ca. XVe siècle AEC).

Les thèmes de la religion minoenne sont exprimés dans l'iconographie : les fresques colorées des palais, le métal décoré, les vases et les figurines. Toutes ces représentations nous indiquent que la principale divinité de l'île était une Grande Déesse de la nature qui se manifestait à ses prêtres et à ses adorateurs, parfois en compagnie de son frêle partenaire mâle, un dieu adolescent, probablement de la catégorie des divinités qui meurent et retournent à la vie. La déesse porte une jupe en forme de cloche, a les seins nus et les bras levés. Parmi ses attributs figurent les serpents et les panthères. Elle est maîtresse des animaux, mais aussi des montagnes et des mers, de l'agriculture et de la guerre, reine des vivants et des morts. Les symboles principaux de la sacralité minoenne sont la double hache de la déesse et les cornes stylisées de taureau (« cornes de consécration »), toutes deux d'origine anatolienne. La colombe et le taureau désignent respectivement la déesse et le dieu.

Le culte minoen consistait dans des sacrifices et des offrandes dans des grottes (Kamares, Psychro, etc.) et sur les cimes des montagnes (par exemple, le Tombeau de Zeus, caractéristique du motif du dieu mourant en Crète), dans des sanctuaires ruraux construits autour d'arbres sacrés ou dans des chambres spéciales des palais. Les fouilles archéologiques d'Arthur Evans et d'autres y ont découvert des traces de sacrifices de taureaux et d'autres animaux plus petits, d'offrandes brûlées et de libations. On offrait à la déesse des figurines votives, des armes et des sanctuaires en miniature. Des rituels du feu sur les cimes des montagnes, des processions et des acrobaties au-dessus des cornes d'un taureau faisaient partie de la vie religieuse crétoise.

15.2 *La religion mycénienne* est celle d'un peuple qui parle le grec et qui fait triompher la divinité céleste mâle, indo-européenne, sur l'ancienne déesse de la Crète, la *potnia therōn* (maîtresse des animaux). Cette civilisation maritime florissante, qui s'empare de la riche cité anatolienne de Troie, s'enlise dans des conflits princiers jusqu'aux conquêtes des « peuples de la mer » (XIIe-IXe siècles AEC), qui marquent son complet déclin.

Les inscriptions en écriture dite Linéaire B ont révélé l'existence de panthéons locaux, avec des divinités comme Poséidon, Zeus, Héra, Artémis, Dionysos, Erinys, etc., la plupart connus plus tard en Grèce. Les offrandes faites à ces dieux sont similaires à celles de la Grèce ancienne, même s'il est assez probable qu'on pratiquait des sacrifices humains à l'époque minoenne comme à l'époque mycénienne.

15.3 *La religion grecque archaïque et classique* transparaît à travers des mythes et des rituels d'une richesse extraordinaire. Le mythe est à la base du rituel, et tous deux sont à la fois locaux et généraux, car les variantes locales ont très souvent des correspondances ailleurs. Il en va de même pour les dieux : leurs attributs, leurs légendes et même leurs noms varient selon la région et le contexte culturel. A Delphes dans son oracle Apollon est le Pythien, dans son île native il est le Délien, dans *l'Iliade* il est Phoebus qui tire sa flèche de loin. Les poèmes homériques sont panhelléniques dans leur effort délibéré pour ne mentionner que les attributs communs des dieux. La religion grecque est d'une extraordinaire complexité et couvre plusieurs dimensions. Les recherches en matière de psychologie, de sociologie, d'histoire, d'art et de linguistique les révèlent l'une après l'autre, trouvant parfois leur résonance dans l'interprétation moderne, et demeurant parfois impénétrables, obscures et troublantes.

15.3.1 *La religion civile*, qui comporte un calendrier sacré et un sacerdoce dans les diverses zones de la ville, se développe du XIe au VIIIe siècle AEC. Elle est caractérisée par le sacrifice et la consommation en commun de la viande de la victime animale. L'antinomisme orphique et pythagoricien, qui se manifeste au VIe siècle, avec son régime végétarien et ses autres abstentions, soumet le sacrifice à une critique sans appel. Les mystères d'Éleusis sont une institution secrète qui doit assurer une sorte d'immortalité à tous les citoyens de la *polis* athénienne. A l'époque hellénistique, d'autres communautés de mystères, plus exclusives (↔ 24), seront le signe d'une époque qui met l'accent sur l'individualisme et l'intériorisation du rituel.

15.3.2 Cette tendance individualisante était déjà présente dans un personnage étrange, prophète et guérisseur, techniquement désigné par le terme composé de *iatromante* (de *iatros*, « guérisseur », et *mantis*, « devin »), qui ressemble de près aux chamans du centre de l'Asie (↔ 9).

Parmi les iatromantes grecs qui ne relèvent pas simplement du domaine du mythe, les plus importants sont Épiménide de Crète, Hermotime de Clazomène, Aristée de Proconnèse, Empédocle d'Agrigente et Pythagore de Samos. Ils sont censés être capables d'exploits qui comprennent l'abstinence, la prévision, la thaumaturgie, l'ubiquité, l'anamnèse des vies précédentes, le voyage extatique et la translation dans l'espace. Toute une tradition pythagoricienne et platonicienne continuera de vanter les prouesses de ces personnages semi-divins et de les imiter par des méthodes théurgiques qui seront dûment codifiées à l'époque romaine.

15.3.3 Cette tendance, qui allait à l'encontre de la religion populaire, se manifeste également dans *la philosophie*, capable d'abolir la distance entre l'humain et le divin et de secourir l'âme enchaînée dans l'Hadès. F.M. Cornford voit dans les iatromantes la source première de toute philosophie. Walter Burkert croit que la philosophie prit de l'importance à partir de l'apparition du livre, moyen de communication entre un individu pensant et un autre. A l'anthropomorphisme coloré des dieux succède le scepticisme des présocratiques qui s'épanouit dans le rationalisme, l'héritage le plus typique de la Grèce. La découverte de la profonde religion de Platon est cependant ressentie comme un choc par ceux qui se laissent d'abord prendre aux nombreux pièges de sa dialectique. Le rationalisme grec n'exclut pas la recherche des dieux ou de la divinité, mais implique au contraire la reconnaissance et la systématisation de nos rapports avec eux. Lorsqu'il doit énoncer une vérité, qui par définition est extérieure au processus dialectique, Platon a recours au mythe. Un des principes fondamentaux qui animent sa pensée c'est la hiérarchie verticale de l'être : nous sommes des êtres inférieurs, vivant dans les crevasses de la terre comme des vers ; déjà la surface de la terre (la « vraie terre ») est comme un paradis pour nous, avec ses êtres qui se déplacent sur l'air de la même manière que nous nous déplaçons sur la mer. Cette vision esquissée dans *Phédon* se précise dans le *Gorgias* (523 a ss), où les habitants de la Vraie Terre vivent dans les Iles des Bienheureux entourées par l'océan de l'air. Les grands mythes eschatologiques et cosmologiques de Platon (*Phédon, Phèdre, Timée*, le mythe d'Er dans *la République* X) ne font que prolonger les croyances relatives à l'extase des iatromantes. Présentés l'un à la suite de l'autre, les mythes platoniciens nous décrivent comment l'âme individuelle est tombée dans la prison du corps (*Cratyle* 400 b), comment elle peut s'en dégager en pratiquant la « vie philosophique » qui consiste dans une séparation systématique des désirs corporels, comment la rétribution posthume de l'âme est en fonction directe du genre de vie que nous avons mené sur terre. Comme certains iatromantes, et probablement les puritains orphiques, Platon met la métensomatose (réincarnation de l'âme dans plusieurs corps, au contraire de la métempsycose qui serait l'animation par une âme de plusieurs corps successifs) au centre de son scénario religieux. En effet, l'âme du philosophe accompli aura la chance d'être expédiée dans les régions supérieures du cosmos pour contempler les Idées immortelles pendant quelques milliers d'années ; après quoi elle sera à nouveau exposée au contact abrutissant avec le corps. Si elle vainc le corps pendant plusieurs cycles successifs, elle restera en contact permanent avec les Idées incorruptibles. Mais si elle ne résiste pas aux pressions du corps, elle finira par renaître en des conditions de plus en plus défavorables : à la limite inférieure de la hiérarchie humaine des incarnations mâles, il y a le tyran, puis l'incarnation en femme (même s'il croit à l'égalité politique des femmes avec les hommes, Platon croit aussi à leur infériorité ontologique). Avec Er de Pamphyle, Socrate le narrateur du *Phédon* et du *Phèdre*, et Timée de Locres, tous les recoins de l'autre monde nous deviennent connus, sauf les zones inaccessibles des dieux astraux, prélude au monde extraordinaire des essences idéales. Respectueux du silence de Platon sur les mystères des astres, le platonicien Plutarque de Chéronée (Iᵉʳ-IIᵉ siècles EC), créateur lui-même de mythes qui rivalisent avec ceux du maître, ne décrira en détail que la fonction eschatologique de la Lune.

Dans la tradition platonicienne, la philosophie est une religion et la religion une philosophie. Seule une question d'accent indique si une branche du platonisme se développera dans une direction plus abstraite ou finira par s'ouvrir au culte et au mystère. En un certain sens, le christianisme maintient les termes du dualisme platonicien âme-corps et une eschatologie platonicienne simplifiée ; en son centre il y a le Logos platonicien, compendium du monde des Idées, qui s'est fait homme pour assumer les péchés de l'humanité. Les tentatives récentes en vue de dégager le christianisme de son cadre dualiste platonicien sont vouées à l'échec. Le purisme philosophique de Plotin donne lieu à des courants néo-platoniciens qui exalteront la théurgie et la magie et qui continueront d'exister dans un contexte chrétien, tant à Byzance avec Michel Psellus qu'à Florence avec l'Académie platonicienne de Marsile Ficin (1433-1499).

15.3.4 *La littérature* en général fixe le mythe. Cela finit par être le cas des épopées homériques, orales à l'origine mais mises par écrit aux VIIᵉ et VIᵉ siècles AEC. Homère, Hésiode et les autres poètes finissent par avoir un poids théologique incalculable. La *Théogonie* d'Hésiode présente la naissance des forces naturelles et des dieux du Chaos primordial, de la Terre, de Tartaros et d'Éros, les anciens Titans suivis de la génération de Kronos qui châtre son père Ouranos (Ciel) et de celle de Zeus, qui triomphe de son père Kronos et l'exile quelque part sur la terre, en Sicile ou, selon d'autres versions, dans une île de l'Atlantique. C'est toujours Hésiode qui explique la déchéance de l'humanité, son passage de l'âge d'or à l'âge d'argent et à l'âge de bronze des grands héros homériques, et finalement à l'âge actuel de fer. D'autres poètes didactiques comme Théognis de Mégare, ou lyriques comme Sappho, ont donné une expression aux nouveaux développements dans la vie des dieux.

Le panthéon grec a été défini comme indo-européen, mais il a subi l'influence décisive du Proche-Orient et de l'Anatolie. Zeus est un dieu céleste indo-européen, roi de la génération olympienne, doué d'une puissance fécondatrice débordante. Ses attributs sont la foudre et l'aigle. Sa femme légitime, Héra, maintes fois trompée, inflexible, férocement jalouse et somme toute antipathique, est le redoutable arbitre des liaisons matrimoniales. Zeus a de nombreux enfants, un fils seulement avec Héra : Arès, qui n'est pas particulièrement engageant. Athéna, la sage vierge, est sortie miraculeusement, couverte de son armure, de la tête de Zeus, sans la coopération d'un partenaire féminin. Elle enseigne aux femmes les arts domestiques, aux hommes les arts de la guerre. Leto, de la race des Titans, a conçu de Zeus les jumeaux Artémis et Apollon. Artémis, maîtresse des animaux *(potnia theron)*, est la vierge chasseresse qui, à Brauron par exemple, préside aux initiations pubertaires féminines. Sous les apparences de ce personnage froid et inflexible, se cache une grande divinité féminine provenant probablement d'un substrat pré-indo-européen. Apollon, dieu resplendissant mais lointain de la lyre et de l'arc, compagnon des Muses, cache sous son apparence rationnelle les secrets les plus profonds des facultés prophétiques, de l'extase visionnaire, de la guérison et des purifications. Maia la nymphe, fille du géant titanide Atlas, enceinte de Zeus, enfante Hermès le messager, dont le nom revient dans les pierres phalliques *(hermai)* qui délimitent les propriétés, dieu psychopompe et Trickster. Déméter, sœur de Zeus, enfante Perséphone, reine de l'enfer ; et la Thébaine Sémélé enfante Dionysos. Aphrodite, déesse de l'Amour, Ishtar/Astarté orientale qui arrive en Grèce à travers Chypre, a pour époux Héphaistos, le forgeron boiteux. Poséidon et Hadès sont les frères de Zeus, présidant respectivement la sphère des eaux et celle de l'enfer souterrain.

15.3.5 Dionysos est un dieu extraordinaire. Bien qu'il soit le fils de Zeus et de la princesse thébaine Sémélé, il est censé provenir des régions mystérieuses de la Thrace ou de la Phrygie. Car, même s'il est autochtone, il représente l'Étranger en nous-mêmes, les redoutables forces antisociales que déchaîne la divine fureur. Ébriété causée par le vin, excès sexuels, masques et théâtre ne sont que les signes extérieurs de la folie divine. Ses troupes de ménades, femmes possédées, parcourent les montagnes en état d'hypnose, déchiquetant de leurs propres mains les animaux sauvages et se repaissant de leur viande crue. C'est ainsi que la leçon de Dionysos va complètement à l'encontre des normes sociales.

15.3.6 *L'orphisme* (ou plutôt l'*orphikos bios*, le genre de vie orphique) doit être envisagé comme une inversion sémantique du dionysisme, qui soumet le dionysisme à un changement radical de son cours. En effet, l'orphisme ne se contente pas de tempérer les excès du dionysisme, il les transforme en excès de sens contraire : c'est l'abstention qui devient la norme, qu'il s'agisse du régime alimentaire ou de la vie sexuelle. Le mythe central de l'orphisme est fortement dualiste : la race humaine a été créée des cendres des Titans foudroyés par Zeus pour avoir tué et mangé l'enfant Dionysos. Elle doit donc expier les conséquences néfastes de cet événement primordial. Le puritanisme orphique, qui a dû jouer un rôle considérable dans la doctrine antisomatique de Platon, est l'expression d'une vision de la vie qui est à l'opposé des états incontrôlés favorisés par le dionysisme.

15.3.7 Après la mort, une personne devient une âme *(psyché)* qui peut à l'occasion hanter les vivants. Un personnage extraordinaire devient un *daimon*, mais ce n'est pas la seule origine des *daimons* ou génies, comme la voix qui parle à Socrate. E.R. Dodds a observé que dans l'*Odyssée* homérique, au fur et à mesure que le rôle de Zeus devient plus limité, le nombre de génies augmente. Une autre catégorie d'êtres intermédiaires dont le culte est attesté à Mycènes depuis le VIIIe siècle AEC est représentée par les héros, par exemple Hélène et Ménélas. Le tombeau d'un personnage illustre se transforme en *heroon*, centre du culte et lieu d'où émane le pouvoir du héros, dont les reliques, même si elles sont transférées ailleurs, agissent comme des talismans pour la communauté qui les possède. Les exemples les plus mémorables de ce culte des reliques sont l'acquisition par les Spartiates du squelette long de sept coudées d'Oreste et le retour des os de Thésée à Athènes. Œdipe est un héros de par le caractère extraordinaire de sa vie et de sa mort ; le moribond de la tragédie *Œdipe à Colone* de Sophocle est recherché pour la valeur talismanique de son corps, tout comme les saints médiévaux étaient recherchés comme des reliques potentielles. D'autres héros sont fondateurs d'une ville ou ancêtres d'une noble lignée ; d'autres encore, comme Héraklès, Hélène ou Achille, étaient semi-divins depuis leur naissance. Persécuté sans cesse par Héra, Héraklès finira par devenir divin après sa mort. Le culte des héros comprenait des libations, des sacrifices et des concours athlétiques qui assuraient la cohésion de la communauté. A l'époque hellénistique, les héros se transformèrent en êtres célestes intermédiaires, comme l'atteste le traité *Sur les mystères d'Égypte* du néoplatonicien Jamblique de Coelé-Syrie.

15.4 *Les sacrifices* divins, selon la *Théogonie* d'Hésiode, ont été manipulés à Mékoné par le Titan-Trickster Prométhée, qui enseigna aux hommes à faire choisir Zeus entre un amas contenant la viande couverte par l'estomac de l'animal et un autre contenant la carcasse couverte de graisse. Zeus choisit le second amas, établissant ainsi le prototype du sacrifice (*Théogonie*, 556). L'animal sacrificiel était porté en procession par des gens parés de guirlandes jusqu'à un autel où il était tué et dépecé cérémoniellement. La graisse et les os étaient brûlés à l'intention des dieux, alors que la viande était rôtie, puis bouillie et distribuée aux participants. Des inscriptions en pierre enregistrent les lois sacrées du partage des tâches et de la distribution de la viande dans les sacrifices publics, mentionnant les titres et les fonctions des officiants. La divination par lecture des entrailles de la victime avait lieu à l'occasion ; elle provenait de Mésopotamie et n'allait jamais atteindre le niveau de complexité des extispices mésopotamiens (↔ 23.2). Les poèmes homériques et la littérature ultérieure indiquent que d'autres formes de divination étaient plus répandues, comme l'interprétation des rêves, l'observation des oiseaux et des phénomènes météorologiques, etc.

Les sacrifices chthoniens, comme le remarque J.-P. Vernant, destinés aux divinités, aux héros, ou à contrecarrer les forces obscures qui menaçaient le bien-être de la cité, suivaient un autre ordre. L'autel était bas et pourvu d'un trou pour faire écouler le sang sur le sol. La cérémonie avait lieu au crépuscule et n'était pas suivie d'un repas, car l'animal était totalement brûlé. Le sang assurait un dialogue avec les forces chthoniennes. Dans *l'Odyssée* (livre XI), le sang bu par les morts leur rendait la connaissance et la voix.

Les morts en général étaient commémorés par des repas familiaux sur les tombeaux, lors des anniversaires ou des fêtes comme la Genesia. On leur faisait des libations et on leur distribuait des gâteaux faits de céréales et de miel.

La pollution *(miasma)* qui résultait d'un désordre quelconque — meurtre, maladie, transgression des tabous, profanation d'un sanctuaire ou simplement jalousie d'un dieu — nécessitait une réparation. Des héros qui jusqu'alors étaient des sources de pollution se transformaient, après avoir reçu une compensation rituelle apaisante, en sources de protection et de bonheur. Parfois on employait un « bouc émissaire » *(pharmakos)*, qui pouvait être un homme. Il était chassé de la ville après avoir été battu et chargé de tous ses péchés.

15.5 *Le calendrier festif* variait d'une cité à l'autre, mais il contenait nombre de cérémonies générales, comme celles du nouvel an. A Athènes, après des mois de purification rituelle et de préparation, on célébrait au milieu de l'été les Panathenaia. Une procession partait des portes de la ville et se rendait à l'Acropole pour offrir une nouvelle robe à la statue cultuelle d'Athéna Polias. Des sacrifices, des courses de chevaux et des fêtes nocturnes s'ensuivaient.

Une fête ancienne et répandue qui durait trois jours, appelée Anthesteria, était consacrée à Dionysos au printemps, lorsque le vin nouveau était fermenté. La ville entière la célébrait en buvant du vin mélangé, ou même en organisant une grande beuverie. Pendant la nuit, la femme de l'*archon basileus* était donnée à Dionysos en noces rituelles. Les esprits des morts étaient censés être présents dans la ville jusqu'à la clôture des fêtes, lorsqu'ils en étaient chassés.

Seules les femmes participaient aux Thesmophories de Déméter. Elles campaient dans des huttes hors de la ville, sacrifiant des pourceaux et célébrant des mystères de fertilité chthonienne.

15.6 Mais *les mystères* par excellence d'Athènes, et les plus illustres du monde ancien, étaient célébrés à Éleusis en l'honneur de Déméter et de sa fille Perséphone (Koré) ravie par Hadès, ainsi qu'en l'honneur de Bacchus. L'hymne homérique à Déméter nous fournit une partie du mythe que les participants aux mystères avaient sans doute présent à l'esprit, mais n'explique pas le but des mystères, dont le secret restera à jamais inconnu.

Les initiés se purifiaient par le jeûne et par un bain rituel dans la mer, tenant dans leurs bras le pourceau qui allait être sacrifié pour commémorer la descente de Koré à l'Hadès. Une procession se dirigeait vers Éleusis. Les participants échangeaient des propos licencieux. Ils visitaient la cave de Pluton, l'entrée de l'Hadès. Les initiés mettaient leurs voiles, tout comme jadis Déméter s'était voilée en signe de deuil. On buvait une boisson à base d'orge. A l'intérieur du sanctuaire, appelé *telesterion*, théâtre couvert plutôt que temple, le drame sacré se déroulait, comportant peut-être un accouplement symbolique. Le sacerdote montrait finalement aux participants un épi de blé. Il est probable que les mystères éleusiniens conféraient aux citoyens d'Athènes certains espoirs d'immortalité, qu'il est impossible de définir sans tomber dans la spéculation gratuite.

15.7 *La typologie du sanctuaire grec est complexe.* Un enclos sacré était appelé *temenos*. Entourés généralement d'un mur, ces sites sacrés se maintenaient pendant des centaines d'années. Le christianisme a préservé sans scrupules la sainteté de nombreux *temenoi*.

Un temple était l'habitation d'un dieu, qui y était représenté par une statue objet de culte. Au ve siècle AEC, ces statues étaient des chefs-d'œuvre faits d'ivoire et d'or sur un centre en bois. Dans les sanctuaires les fouilles mettent généralement au jour de nombreuses figurines votives et des offrandes de monnaies. Les donateurs plus riches faisaient ériger des bâtiments, des stèles et des statues.

Chaque maison contenait un autel pour les sacrifices et le culte des ancêtres. Le ve siècle eut tendance à renforcer le culte public aux dépens du culte privé.

L'oracle était un sanctuaire d'un genre particulier, dont l'exemple le plus fameux est celui de Delphes, censé être l'*omphalos* ou nombril du monde. La Pythie, prêtresse d'Apollon, était assise sur un tripode du genre de ceux qu'on employait pour bouillir les viandes sacrificielles. Elle entrait en une transse provoquée peut-être par des agents extérieurs et donnait des réponses ambiguës aux questions qu'on lui posait. Les prêtres de l'oracle transformaient ces propos, qui couvraient un large éventail de sujets, en vers difficiles à comprendre. Les fonctions de l'oracle étaient nombreuses. Il servait de garant des promesses et des contrats, de l'affranchissement d'esclaves, de lieu de purification rituelle, de sanctuaire, etc.

15.8 *Bibliographie.* Sur la religion grecque en général, voir Ugo Bianchi, *La Religione greca*, Turin 1975 ; Walter Burkert, *Griechische Religion der archäischen und klassischen Epoche*, Stuttgart 1977. Sur les iatromantes grecs, voir I.P. Couliano, *Expériences de l'extase*, Paris 1984. Sur le mythe et le rituel grecs, voir J.-P. Vernant, *Mythe et pensée chez les Grecs*, 2 vol., Paris 1965 et *Mythe et société en Grèce ancienne*, Paris 1974 ; Marcel Detienne, *l'Invention de la mythologie*, Paris 1981. Sur les fêtes attiques, voir Ludwig Deubner, *Attische Feste* (1932), réimpression, Hildesheim 1966. Sur le sacrifice grec en général, voir Marcel Detienne et Jean-Pierre Vernant (ed.), *la Cuisine du sacrifice en pays grec*, Paris 1980. Sur Dionysos, voir Henri Jeanmaire, *Dionysos : Histoire du culte de Bacchus*, Paris 1951. Sur Orphée, voir W.K.C. Guthrie, *Orpheus and Greek Religion : A Study of the Orphic Movement*, Londres 1952.

16

Religion
HELLÉNISTIQUE

16.0 *L'hellénisme* est la culture qui surgit à la suite de l'expansion territoriale d'Alexandre (362-331 AEC), et se caractérise par l'usage de la langue grecque et l'hégémonie de la pensée grecque. Dans le temps, l'hellénisme se situe à peu près entre la mort d'Alexandre et l'avènement du christianisme (↔ 10), mais plusieurs traits de cette culture, parfois appelée hellénistico-romaine, subsisteront jusqu'à la fin de l'Empire romain (476) et même plus tard. Il est donc impossible de fixer une fin précise à l'hellénisme.

16.1 *La religion* de l'époque subit l'influence de la pensée d'Aristote (384-322 AEC), de la synthèse philosophique stoïcienne (vers 300 AEC), et du développement général de la science, produisant une vague de mysticisme astral qui se manifestera au IIIe siècle dans l'apparition de l'astrologie hellénistique. Celle-ci se caractérise par la combinaison d'éléments divinatoires, empruntés aux religions égyptienne et mésopotamienne, avec l'astronomie grecque.

Le culte du roi adopté par Alexandre et par la dynastie des Ptolémées d'Égypte (323-30 AEC) provient manifestement de l'Orient et se transformera à l'époque romaine dans le culte de l'empereur.

16.1.1 Une tendance générale de l'époque, qui doit avoir été encouragée par le dogme stoïcien de la légèreté de l'âme ignée, est la disparition des lieux de punition infernaux qui jouaient un rôle important dans la géographie religieuse platonicienne, avec ses cavernes dans les entrailles de la terre et ses fleuves terrifiants, l'Achéron, le Phlégéton et le Cocyte. Il est possible que déjà l'élève de Platon, Héraclide du Pont (né entre 388-373 AEC), ait envisagé tous les épisodes de l'eschatologie individuelle comme ayant lieu au ciel, mais il est peu probable qu'un penseur platonicien aussi tardif que Plutarque de Chéronée (ca. 45-125 EC) ait complètement renoncé à l'Hadès de Platon, situé à l'intérieur de la Terre. Cependant, chez Plutarque l'enfer est effectivement imaginé dans l'espace sublunaire. Une tendance similaire se manifeste également dans les récits visionnaires juifs (l'*Hénoch* éthiopien, les *Testaments des Douze Patriarches*) et chez le philosophe juif platonicien Philon d'Alexandrie (ca. 15 AEC-50 EC). Au IIe siècle EC une doctrine qui restera fondamentale dans le platonisme, de Macrobe (ca. 400 EC) jusqu'à Marsile Ficin (1433-1499), a déjà cours dans le gnosticisme et l'hermétisme. Elle prévoit la descente de l'âme individuelle dans le monde à travers les sphères planétaires et son retour aux étoiles par le même chemin. Les visites au ciel sont très fréquentes aux premiers siècles de l'EC, dans les trois grandes traditions de l'époque : le platonisme, la religion juive et le christianisme.

16.1.2 *L'astrologie* comme superposition de deux systèmes — le système du mouvement des astres et celui de l'existence terrestre — provient de la Mésopotamie et de l'Égypte, mais la synthèse hellénistique entre plusieurs éléments orientaux et l'astronomie grecque est unique. Attribuée au dieu égyptien Hermès-Thot, elle fait son apparition vers la fin du IIIe siècle AEC et s'occupe de prédictions tant universelles *(genikà, thema mundi)* qu'individuelles, relatives à l'avenir ou à l'étiologie, aux ordonnances et à la posologie médicales *(iatromathematika)*. La nouvelle synthèse astrologique qui a encore cours aujourd'hui (bien qu'après la Réforme elle ait perdu le statut de science qu'on lui accordait encore à la Renaissance) est liée au nom de Claude Ptolémée (ca. 100-178 EC). L'astrologie hellénistique gagna l'Inde du Ier au IIIe siècle EC et au VIe siècle la Perse, où plusieurs traités furent d'abord traduits en pahlavi (moyen persan) puis en arabe par Abū Ma'shar (Albumasar, 787-886).

16.1.3 *La magie* hellénistico-romaine témoigne d'une production très abondante d'invocations, signes, incantations, amulettes, malédictions, et hymnes, dont les formules et les recettes sont conservées dans des manuels en grec et en égyptien démotique — les célèbres « papyrus magiques ». Des récits de magie abondent également dans la littérature de l'époque. Le plus important, lié aussi à une autre institution typique de l'hellénisme, les mystères religieux (↔ 24), est le roman *les Métamorphoses* ou *l'Ane d'or* de l'écrivain africain latin Apulée de Madaure (ca. 125-170 EC).

L'étude de la magie hellénistique n'en est encore qu'à ses débuts. Il n'existe pas une sociologie des recettes magiques. Et cependant on peut se rendre compte d'après la fréquence des philtres d'amour que le cas le plus commun est celui de l'homme qui désire s'assurer la fidélité de sa maîtresse. Beaucoup plus d'hommes que de femmes se présentent devant le magicien. Parfois le client désire se débarrasser d'un ennemi ou porter préjudice à sa santé ou à ses biens. Parfois aussi l'invocation d'un démon auxiliaire assurera à qui le possède toutes sortes de facultés surnaturelles.

16.1.4 *Les thaumaturges*, sans être une création de l'hellénisme, subsisteront à l'époque chrétienne, et certains savants ont vu dans Jésus lui-même un magicien. Le miracle fait, à l'époque, partie de l'existence quotidienne. Les magiciens ne promettent-ils pas l'invisibilité, le don des langues, la translation instantanée dans l'espace ? Ne sont-ils pas persuadés qu'il est possible d'influencer à distance non seulement les êtres humains, mais aussi les éléments de la nature ? Il ne faudra pas s'étonner que les gens prêtent foi aux récits les plus invraisemblables. Le portrait typique de l'« homme divin » hellénistique est celui d'Apollonius de Tyane (Iᵉʳ siècle EC), selon la biographie de Philostrate (ca. 217). Apollonius, initié à l'ancienne sagesse pythagoricienne, est l'émule des Brahmanes et des prêtres d'Égypte.

Plus tard, des auteurs néo-platoniciens comme Porphyre (ca. 234-301/5) et Jamblique (ca. 250-330) rédigeront une *Vie de Pythagore* fondée sur des traditions antérieures, en faisant de l'ancien philosophe le prototype de tout « homme divin » *(theios anēr)*. La discipline de la *théurgie*, illustrée par les *Oracles chaldéens* composés au IIᵉ siècle EC par Julien le Chaldéen et son fils Julien le Théurge et fortement prisée par les néo-platoniciens, de Porphyre à Michel Psellus (XIᵉ siècle), enseigne comment invoquer les dieux et profiter de leur commerce. Avant de se convertir au christianisme et de devenir évêque, le néo-platonicien Synésius de Cyrène (ca. 370-414) allait composer un traité *Sur les rêves* où il indiquait dans le rêve le meilleur terrain pour rencontrer les dieux. Même dans la philosophie de Plotin (205-270), le fondateur du néo-platonisme, le but suprême de l'existence est l'union extatique avec l'Intellect universel ; ses disciples finiront par multiplier les êtres intermédiaires et les rencontres avec le numineux.

16.1.5 *L'alchimie* est également une discipline hellénistique, qui culmine aux IIIe-IVe siècles EC avec les écrits de Zosime et de ses commentateurs. Les scénarios alchimiques s'intègrent pleinement au contexte religieux hellénistique, qui met l'accent sur l'initiation et le changement d'état qui s'ensuit, la « transmutation » qualitative de l'individu.

16.1.6 *L'hermétisme* est l'une des créations de l'hellénisme. Des livres d'astrologie attribués à la sagesse immémoriale du dieu égyptien Hermès-Thot étaient déjà apparus au IIIe siècle AEC, mais ce qu'on appelle le *Corpus hermeticum* est une collection d'écrits de divers genres, rédigés de 100 à 300 EC, qui ont subi sans doute des remaniements dans des cercles gnostiques. En réalité, l'hermétisme est une étiquette collée sur des connaissances d'astrologie, de magie et d'alchimie empruntées au milieu culturel de l'époque. Seule la cosmogonie du traité *Poimandres* est originelle. L'existence d'une communauté hermétique aux premiers siècles de l'EC est problématique, mais son existence au Moyen Age est sûrement de la mauvaise fiction.

16.2 *Bibliographie.* Eliade, H 2, 209-11 ; I.P. Couliano, *Astrology*, in ER 1, 472-5 ; du même auteur, *Expériences de l'extase*, Paris 1984, avec de nombreuses références bibliographiques. Consulter également, dans ce *Dictionnaire*, les chapitres consacrés aux religions dualistes (↔ 12) et aux religions des mystères (↔ 24). Sur la magie hellénistique, voir Hans-Dieter Betz (ed.), *The Greek Magical Papyri*, Chicago 1985.

17

HINDOUISME

17.1 *La vallée de l'Indus*, qui couvre le territoire du Pakistan du nord-ouest de l'Inde d'aujourd'hui, a vu s'épanouir une grande culture à peu près contemporaine de celles du « Croissant fertile », dont les centres semblent avoir été les villes de Mohenjo-Daro et de Harappa. Dès 1600 AEC, donc *avant* la conquête aryenne, cette culture décline. Dépourvue de temples, ses lieux de culte peuvent aussi avoir été les bassins d'ablution ; en effet, les villes connaissent un impressionnant système d'eau courante et de canalisations. Des statuettes représentant une divinité féminine paraissent avoir dominé le culte privé, alors que le culte public était vraisemblablement sous l'égide de divinités animalières mâles. Un dieu ithyphallique entouré d'animaux a été identifié à un proto-Śiva Paśupati, le dieu hindou dont l'origine pré-aryenne est probable.

Vers 1500 AEC, les Aryens, un peuple de guerriers nomades indo-européens, opposent leur idéologie de conquérants à celle des agriculteurs sédentaires de la vallée de l'Indus. Dans la littérature des Aryens, l'image des aborigènes n'est pas flatteuse : ils sont tantôt des démons à la peau noire, tantôt des *dāsas* (« esclaves »), adorateurs primitifs du phallus. Les Aryens sont carnivores et pratiquent des sacrifices d'animaux. Plus tard, les prêtres védiques adopteront le végétarisme.

17.2 *La tradition védique*, orale *(śruti)* à l'origine, comprend plusieurs catégories d'écrits dont la période de formation est comprise entre 1400 et 400 AEC.

Les quatre collections *(saṃhitās)* des Védas, qui datent

d'environ 1000 AEC, comprennent le Ṛg-, le Sāma-, le Yajur- et l'Atharva-veda. Le Ṛgveda contient des hymnes à l'usage du prêtre *hotṛ*, qui préside aux offrandes et à l'invocation des dieux. Les autres collections sont, à l'origine, les manuels de culte des assistants : l'*udgātṛ*, spécialiste des hymnes qui en transcrit le contenu dans le *Sāmaveda* ; l'*adhvaryu*, maître de cérémonies spécialisé dans la connaissance des formules sacrificielles rassemblées dans le *Yajurveda* ; et enfin le brahmane, qui surveille l'activité des trois premières classes de prêtres, récitant silencieusement les vers de l'*Atharvaveda*. Les quatre prêtres védiques, entourés d'assistants, ont la fonction d'exécuter minutieusement et sans faute le rituel, qui commence par l'allumage cérémoniel des trois feux sur l'autel symbolisant le cosmos et se termine par le sacrifice *(yajña)*. Dans l'*agnihotra*, l'offrande au feu, l'adhvaryu et le bénéficiaire se contentent d'offrir du lait à Agni (Feu). C'est le sacrifice le plus simple de toute une série d'offrandes végétales et animales, dans laquelle le sacrifice du jus enivrant de la plante appelée *soma* est l'un des rituels les plus importants. A côté des rites qui exigent la présence de prêtres spécialisés, le chef de famille utilise l'autel domestique pour d'autres offrandes saisonnières, mensuelles, votives, expiatoires ou propitiatoires.

Une catégorie spéciale de rites est constituée par les *saṃskāras*, les « consécrations » ayant trait à la naissance, au noviciat (*upanayana*, à l'introduction du jeune garçon chez son *guru* brahmane), au mariage et à la mort.

La mythologie védique est très complexe et ne pourra être exposée ici en détail. Puisque les hymnes du Ṛgveda attribuent les mêmes qualités à des divinités dont les fonctions sont par ailleurs fort diverses, il est parfois difficile de rétablir leurs caractères primaires. Sūrya, Savitar et Viṣṇu sont des divinités solaires, Vāyu est associé au vent, Uṣas à l'aurore, Agni au feu, Soma à la boisson homonyme. Varuṇa et Mitra sont les garants de l'ordre cosmique, dont l'ordre social et moral font partie. Rudra-Śiva est un dieu inquiétant, qui inspire l'effroi même lorsqu'il guérit les maladies. Indra, enfin, est un dieu guerrier qui se voit attribuer de nombreux traits que d'autres religions réservent au Trickster (↔ 12), personnage surnaturel roublard, boulimique, hypersexué et bouffon parfois tragique.

L'évolution des *asuras* et *devas* en Inde est parallèle à celle des *ahuras* et *daivas* en Iran (↔ 33), mais de signe contraire :

alors que les devas sont bénéfiques (comme les ahuras iraniens), les asuras sont des démons (comme les daivas iraniens).

Si la mythologie védique est complexe, les cosmogonies véhiculées par le Ṛgveda ne le sont pas moins, à cause surtout de leur caractère contradictoire, dû au nombre de conceptions différentes que les auteurs des hymnes ont pu avoir au long de plusieurs siècles. A côté de la création par le sacrifice d'un *anthropos* (Puruṣa) primordial (*Puruṣasūkta*, X 90), il y en a d'autres plus abstraites, qui véhiculent plutôt l'idée d'un *big bang* originel (X 129).

17.3 *Les Brāhmaṇas*, expositions des rituels composés par les prêtres védiques de 1000 à 800 AEC, traduisent la cosmogonie du *Puruṣasūkta* en termes biologiques. Prajāpati, l'équivalent brahmanique de l'*anthropos* primordial Puruṣa (*Śatapatha brāhmaṇa* VI 1, 1, 5), crée à travers l'ascèse brûlante *(tapas)* et l'émanation *(visṛj)*. Tout sacrifice singulier renvoie à la création originelle et garantit la continuité du monde par répétition de l'acte fondateur. Les valeurs du sacrifice brahmanique sont multiples : il a une portée cosmogonique, une fonction eschatologique et il met également en marche un processus de réintégration *(samdha, saṃskri)* de Prajāpati que le sacrificateur intériorise et applique à sa propre personne, obtenant ainsi un Soi *(ātman)* unifié.

Une fois mis en marche, ce processus d'intériorisation est continué par les textes appelés *Āraṇyakas* (Livres de la Forêt) et surtout par les *Upaniṣads* ou enseignements spirituels des maîtres. Il existe treize Upaniṣads comptées comme *śrutis* (« révélées »), dont les premières — la *Bṛhadāraṇyaka* (Upaniṣad de la Forêt Noire) et la *Chāndogya* — furent composées de 700 à 500 AEC. Dans les Upanisads, le sacrifice védique « extérieur » est complètement dévalué : c'est une « action » *(karman)*, et toute action, même rituelle, porte ses « fruits » d'ordre négatif, car ils contribuent à enliser l'être humain dans les cycles de la métensomatose *(saṃsāra)*. Comme dans le platonisme, la métensomatose est conçue comme un processus entièrement mauvais. Elle est le fruit de l'ignorance *(avidyā)*, créatrice des structures du cosmos et de la dynamique de l'existence. C'est le contraire de l'ignorance, la gnose *(jñāna)*, qui délivre en démêlant l'écheveau embrouillé de nos vies. Nous avons affaire à une situation dans laquelle c'est la privation ontologique qui est responsable d'une création trompeuse, et l'abondance ontologique (la gnose) qui délivre de la tromperie en détruisant la création. La conception du monde des Upaniṣads semble revenir dans les textes gnostiques des premiers siècles EC (↔ 12.3). Dans les deux cas il s'agit de doctrines acosmiques, qui cherchent l'identité humaine dans des profondeurs insondables, bien loin de la sphère contaminée de la nature, signe que l'activité psycho-mentale, comme l'activité extérieure, a perdu tout son prestige divin.

17.4 *La synthèse hindouiste* ou la mise en place des concepts fondamentaux, qui ont encore cours à l'heure actuelle, est intervenue après la fin de la période des Upaniṣads, de 500 AEC jusqu'au Vᵉ siècle EC. Cette époque voit se préciser les six *darśanas* (« opinions ») ou écoles philosophiques traditionnelles, la conception des castes *(varṇas)* et des six étapes *(āśramas)* de la vie, la loi *(dharma)* traditionnelle, la différence entre révélation *(śruti)* et tradition *(smṛti)*, etc.

17.4.1 Dès avant la composition des *Lois de Manou (Mānavadharmaśāstra*, IIᵉ siècle AEC - Iᵉʳ siècle EC), le corpus de la littérature *śruti* (mot qui signifie littéralement « entendue », donc « orale », mais dont la signification technique est celle de littérature sacrée ou « révélée » aux sages et aux saints — *ṛṣis* — d'antan) était clos. Si la *śruti* comprend tous les textes hindous anciens, des *Vedasaṃhitās* jusqu'aux treize Upaniṣads reconnues comme révélées, tout ce qui vient après constitue le concept de *smṛti*, « tradition ». En font partie les six « membres du Véda » *(Vedāṅgas)* (phonétique, grammaire, métrique, étymologie, astronomie et rituel), les textes légalistes comme le *Mānavadharmaśāstra*, etc.

17.4.2 *Les six darśanas*, écoles philosophiques traditionnelles, forment en réalité trois paires : *mīmāṃsā/vedānta, nyāya/vaiśeṣika, sāṃkhya/yoga*. Le nyāya s'occupe de logique, le vaiśesika propose une cosmologie atomiste ; ces deux écoles restent à l'extérieur du corpus de la tradition védique *(smārta)*. Plus près du smārta sont le sāṃkhya et le yoga. Le premier, dont il est impossible de préciser la date d'apparition, est une philosophie « émanationniste » dont les 24 principes *(tattvas)* forment une hiérarchie verticale depuis la paire primordiale Puruṣa/Prakṛti jusqu'aux cinq qualités matérielles *(tanmātras)* et aux éléments *(bhūtas)*. Le système sāṃkhya est la variante hindoue de ce que les savants ont appelé le « schéma alexandrin », qui culminera dans les philosophies gnostiques et néo-platoniciennes : le monde visible, qui est partiellement illusoire, provient d'une descente de principes qui s'éloignent de plus en plus des essences situées en haut. Les cinq organes des sens *(jñānendrîyas)* viennent avec les cinq organes d'action *(karmendrîyas)* et les projections matérielles *(tanmātras)* qui forment le monde. Notre intérieur a été fabriqué avant notre extérieur qui en dépend. A travers les principes circulent trois « états » *(guṇas)* de toutes choses : le *sattva* (clarté, légèreté), le *rajas* (émotion, action) et le *tamas* (obscurité, inertie).

Le yoga est un ensemble de techniques, codifiées pour la première fois par Patañjali à une époque inconnue (*Yogasūtra*, du IIᵉ siècle AEC au Vᵉ siècle EC), qui permettent au pratiquant de remonter l'échelle de la descente des principes. Le yoga a huit « membres » *(aṣṭāṅgas)* ou étapes : abstinence *(yāma)*, observance *(niyāma)*, postures corporelles *(āsanas)*, techniques de respiration *(prāṇāyāmas)*, intériorisation *(pratyāhāra)*, concentration *(dhāraṇā)*, méditation *(dhyāna)* et contemplation unitive *(samādhi)*. Les techniques corporelles du yoga ont pour but de canaliser correctement les énergies *(prāṇas)*, afin qu'elles circulent à un certain rythme dans les principaux canaux *(nāḍis)* de l'organisme subtil, pour éveiller la formidable énergie serpentine *kuṇḍalini* lovée dans le centre (*cakra*, « roue ») basal *(mūlādhara)* et la faire monter à travers les autres *cakras* jusqu'au « Lotus aux Mille Pétales » *(sahasrāra)* du sommet du crâne.

Des six darśanas, seuls le mîmāṃsa et le vedānta (« Fin du Véda ») sont *smārtas*, car ils sont centrés sur les Védas. Le Vedānta, en particulier, se rallie à la sagesse des Upaniṣads. Son fondateur est Bādarayaṇa (ca 300-100 AEC), auteur du *Brahma-* ou *Vedānta-sūtra*.

7.4.3 *La théorie des castes (varṇas)* est formulée dans le corpus légal du *smārta*. Il existe quatre niveaux cloisonnés de la société hindoue : les brahmanes, les guerriers *(kṣatriyas)*, les marchands-banquiers *(vaiśyas)* et les serfs *(śūdras)*. Les hommes des trois premières castes sont *dvijas*, « deux fois nés », car ils ont reçu l'*upanayana* (initiation). Ils ont la possibilité de parcourir les quatre stades de l'existence de l'homme hindou, mais d'habitude ils s'arrêtent au second : *brahmacāryā* (étude), *gṛhastha* (chef de famille), *vānaprastha* (retrait dans la forêt), *sannyāsa* (renoncement au monde). Un autre série quaternaire précise les buts *(arthas)* qui méritent d'être poursuivis dans la vie. Les trois premiers *(trivarga)* sont des buts humains (*arthas* ou les biens matériels, *kāma* ou l'éros et *dharma* ou la loi), le quatrième en est la délivrance *(mokṣa)*. Le trivarga s'oppose au mokṣa comme les trois premiers *āśramas* s'opposent au sannyāsa et comme les trois castes « deux fois nées » s'opposent aux *śūdras*.

17.5 *La littérature épique* surgit à une époque où les courants de l'hindouisme — le Vaiṣṇavisme, le Śaivisme et le culte de la Déesse — commencent à se préciser. La formation des épopées *Mahābhārata* (Vᵉ siècle AEC - IVᵉ siècle EC) et *Rāmāyaṇa* (IVᵉ-IIIᵉ siècles AEC) se superpose en partie à la composition d'autres textes comme le *Harivaṃśa* (Généalogie de Kṛṣṇa, IVᵉ siècle EC) et les Purāṇas (300-1200 EC).

Le *Rāmāyaṇa* (Exploits de Rama) de Vālmīki remonte probablement à une date où Rāma n'était pas encore envisagé comme une incarnation ou *avatāra* de Viṣṇu. Impossible cependant de déterminer les couches successives du texte qui est parvenu jusqu'à nous. Le manuscrit le plus ancien ne date que de 1020 EC. Le récit raconte les mille et une péripéties de Rāma qui, avec l'aide du dieu-singe Hanuman, délivre sa femme Sītā de Laṅkā, le royaume de son ravisseur, le démon Rāvaṇa.

Le *Mahābhārata (yuddha)* ou « Le grand (combat) des Bhāratas » (descendants de Bhārata, l'ancêtre des princes du nord de l'Inde) est un poème épique en cent mille *ślokas* (strophes de deux ou quatre vers), huit fois plus long que *l'Iliade* et *l'Odyssée* réunies. Il raconte le combat terrible engagé entre les cinq frères Pāṇḍavas et leurs cousins, les cent Kauravas, pour le royaume de Bhārata. Kṛṣṇa, avatar du dieu Viṣṇu, prend parti pour les Pāṇḍavas et donne à l'un d'eux, Arjuna, une leçon philosophique qui passe pour être l'un des textes religieux les plus importants de l'humanité : « Le Chant du Bienheureux », *Bhagavadgītā*, poème du IIᵉ siècle EC, inséré dans la structure du *Mahābhārata* (VI 25-42). Le Hamlet indien, Arjuna, ne veut pas engager le combat contre des gens de sa famille. Pour vaincre sa résistance, Kṛṣṇa lui présente les trois branches du yoga : le yoga de l'action *(karmayoga)*, le yoga de la gnose *(jñānayoga)* et le yoga de la dévotion *(bhaktiyoga)*. La voie du karmayoga, c'est-à-dire de l'action détachée qui ne présuppose plus la solitude et le renoncement (sannyāsa), a impressionné l'Occident habitué à l'ascétisme intramondain protestant, plus spécialement calviniste.

La théorie des avatars de Viṣṇu est exposée dans les épopées, dans les dix-huit Grands et dix-huit Petits Purāṇas, écrits encyclopédiques composés de 300 à 1200 EC et dans le *Harivaṃśa* ou « Généalogie de Viṣṇu » (IVe siècle EC). Les dix avatars généralement acceptés sont Matsya (Poisson), Kūrma (Tortue), Vāraha (Sanglier), Nārasiṃha (Homme-Lion), Vāmana (Nain), Paraśurāma (Rama-à-la-Hache), Rāma, Kṛṣṇa, le Bouddha et l'avatar Kalki qui viendra à la fin des temps. Dans les Purāṇas et bien d'autres recueils philosophiques comme le *Yogavasiṣṭha* (Xe-XIIe siècles EC), on voit s'élaborer des théories complexes des cycles cosmiques. Wendy Doniger en a analysé les implications étonnantes dans ses beaux livres, *Dreams, Illusions and Other Realities* (1985) et *Other Peoples' Myths* (1988). Traditionnellement, un cycle cosmique *(mahāyuga)* comprend quatre âges *(caturyugas)* : le *kṛta-*, le *tretā-*, le *dvāpara-* et le *kali-yuga*, qui correspond plus ou moins à l'« âge d'or » et aux âges successifs jusqu'à l'« âge de fer » dans lequel nous vivons aujourd'hui. Mille mahāyugas forment une période cosmique *(kalpa)*, appelée « une journée de Brahmā ». A son tour, le dieu Brahmā vit cent ans formés de trois cent soixante jours et nuits cosmiques, soit plus de trois cents milliards d'années terrestres (un *mahākalpa*) et sa vie ne dure pas plus qu'un clignement d'œil du dieu suprême Viṣṇu. La fin de la vie d'un Brahmā marque la dissolution de l'univers *(mahāpralāya)*.

17.6 Grâce au génie de Śaṅkara (VIIIe siècle EC), commentateur du *Brahmasūtra* de Bādarayaṇa, de neuf Upaniṣads et de la *Bhagavadgītā*, le Vedānta rajeunit au contact du système *sāṃkhya*. La philosophie de Śaṅkara est dite « non-dualisme » *(advaitavāda)*, car elle implique le monisme absolu du principe impersonnel *brahman* et le caractère illusoire *(māyā)* du monde, créé par ignorance *(avidyā)* transcendantale.

Un autre représentant du non-dualisme est Rāmānuja (m. 1137), qui appartient au courant dévotionnel *(bhakti)* Vaiṣṇava. Au contraire de Śaṅkara, qui affirme la simplicité fondamentale du *brahman*, Rāmānuja croit à la diversité *(viśiṣṭa)* interne de ce principe. Rāmānuja aboutit à une intégration plus complète du Sāṃkhya au Vedānta.

Formé à l'école de Śaṅkara, Madhva (1199-1278) y oppose de bonne heure sa propre vision dualiste *(dvaita)* du monde. Suivant la brèche dans le monisme amorcée par Rāmānuja (dont, d'ailleurs, il ne paraît pas connaître l'œuvre), Madhva nie l'unité de l'homme, du cosmos et de la divinité.

17.7 *L'hindouisme dévotionnel (bhakti)* a des racines anciennes. Que la dévotion soit envers Viṣṇu, Śiva ou la Déesse, elle crée son propre culte *pūjā*, qui remplace les sacrifices védiques *(yajña)*, et ses propres textes, comme les *āgamas* et les *tantras*.

17.7.1 Présenté déjà dans la *Bhagavadgītā* comme l'une des trois voies de la délivrance, le *bhakti yoga* est au centre de l'énorme écriture vaiṣṇavite en 18000 *ślokas*, le *Bhāgavata purāṇa*, selon lequel Viṣṇu-Kṛṣṇa « n'aime que la pure *bhakti*, tout le reste étant superflu *(anyad vidambanaṃ)* » (VII 7, 52). Un des récits fondamentaux de la dévotion vaiṣṇavite concerne l'amour que le jeune Kṛṣṇa inspire aux *gopis* (les « cow-girls », filles qui soignent les troupeaux) et la *rāsa-līlā*, la danse d'amour qu'il danse avec elles en se multipliant de manière que chaque *gopi* danse avec lui et puisse cajoler son propre Kṛṣṇa. Cet épisode symbolique du *Bhagavāta purāṇa* a donné lieu à la principale fête vaiṣṇava.

La dévotion de Viṣṇu a ses héros et ses saints. Le poète Kabīr, né selon la tradition au XVe siècle à Banaras, dans la maison d'un musulman de condition modeste, est l'objet de vénération des hindous et des musulmans. En réalité, si Kabīr a en vue une unité de la religion, il le fait en rejetant tant l'hindouisme que l'islam, tant les enseignements des paṇḍits que ceux des mollahs. Ni soufi ni yogin, Kabīr s'exprime dans le langage à la fois personnel et intemporel des grands mystiques.

Caitanya, né Viśvambhara Miśra au Bengale musulman (1486-1533), est saisi à vingt-deux ans par un élan de dévotion, se fait initier par le sage Keśava Bhāratī, puis s'installe à Puri (Orissa) où il est souvent ravi en extase et instruit ses disciples dans les desseins de Kṛṣṇa pour le *kaliyuga*. En effet, la gnose n'est plus nécessaire pour obtenir la délivrance de l'*avidyā* (ignorance), l'amour suffit. Caitanya recommande à chacun de choisir un personnage de la légende de Kṛṣṇa et d'expérimenter en soi-même la forme spécifique d'amour que le personnage a pour Kṛṣṇa. Lui-même ressent pour Kṛṣṇa le même amour que son amante Rādhā. Ses disciples le considèrent donc comme une incarnation des deux époux divins à la fois. Caitanya a écrit très peu, mais il en a incité d'autres à écrire. Son influence au Bengale a été extraordinaire. Au XXe siècle, le culte de Kṛṣṇa-Caitanya a été l'objet d'un mouvement de « revival », devenu international sous le nom de *Krishna Consciousness* (1966).

Dévot de Rāma, le poète Tulsīdās (ca. 1532-1623) transforme le *Rāmāyāna* en un poème bhakti dont la popularité est considérable.

17.7.2 *Le culte de Śiva-Pāśupata* est déjà attesté dans le *Mahābhārata*. Il a été fondé par Lakulīśa (IIe siècle EC) et a pris une importance considérable dans le sud de l'Inde vers le VIIe siècle. Il existe de nombreuses sectes śaivites, plusieurs d'entre elles professant des doctrines et des pratiques yogas et tantriques. Les Kālamukhas et les Kāpālikas excellaient dans l'ascèse antinomiste. A partir du VIIe siècle, se développe une littérature śaivite qui reconnaît vingt-huit *āgamas* orthodoxes et quelque deux cents traités auxilaires *(upāgamas)*. En dehors du śaivisme doctrinal, il existe un śaivisme dévotionnel et poétique, particulièrement développé dans la lignée des soixante-trois Nāyanmārs, les mystiques du Tamilnadu.

17.7.3 *Une troisième divinité* faisant l'objet de dévotion est la Déesse *(devî)*, souvent appelée Grande Déesse *(mahādevî)* ou *Śakti*. Attestées depuis le VIe siècle EC, les déesses Durgā et Kālī ont un aspect terrible et sont parfois l'objet de cultes sanglants. La Śakti figure en position centrale dans le tantrisme.

17.7.4 *Le tantrisme hindouiste* précède probablement le tantrisme bouddhique (↔ 6.6) ; il est solidement implanté en Inde au VIIe siècle EC et fleurit pendant la période qui suit, du IXe au XIVe siècle. Ses divinités ont été adoptées par l'hindouisme populaire.

Bien qu'il y ait un tantrisme vaiṣṇava, Śiva et sa Śakti (énergie féminine), ou simplement une Śakti, sont les principaux dieux du tantrisme. Les diverses doctrines des écrits tantriques, appelés *āgamas*, *tantras* ou *saṃhitās*, ne sont pas originales. Elles empruntent beaucoup d'éléments au sāṃkhya-yoga. Les pratiques tantriques sont extrêmement élaborées et sont fondées sur une physiologie subtile qui ressemble plus où moins étroitement à celle du yoga, mais s'exprime toujours en un « double langage » contenant des allusions sexuelles. Elles mettent l'accent sur la méditation à base de *mantras* communiqués au disciple lors de l'initiation *(dîkṣā)*, sur des postures *(mudrās)* et des images symboliques (*maṇḍalas*, dont l'une des plus simples et des plus répandues est le *yantra*), sur des cérémonies complexes *(pūjas)*, et enfin sur des techniques sexuelles qui ne présupposent d'ailleurs pas toujours l'accouplement rituel, ni la retention de la semence.

17.8 *Les sikhs.* Le mot *sikh* dérive du pali *sikkha* (skr. *śiṣya*), « disciple ». Le sikhisme peut être considéré comme une branche de la mystique de type *bhakti*.

17.8.1 *Bābā Nānak* (1469-1538), le fondateur du sikhisme, manifesta une vocation religieuse précoce. Fils de Kṣatriyas de Lahore (Punjab, aujourd'hui Pakistan), il conçoit le projet d'harmoniser l'hindouisme et l'islam et prêche en chantant, accompagné au *rabab* (instrument à cordes d'origine arabe) par un musicien musulman. Après une expérience mystique qu'il eut à vingt-neuf ans, Nānak déclara : « Il n'y a pas d'hindous, il n'y a pas de musulmans. »

Sa doctrine peut être considérée comme une réforme de l'hindouisme, notamment en ce qui concerne le polythéisme, la séparation rigide en castes et l'ascétisme comme garantie de la vie religieuse. Il eut des disciples tant hindous que musulmans.

Contre le polythéisme, Nānak propose un monothéisme sans compromis, qui, dans son insistance sur l'impossibilité de l'incarnation de Dieu, s'inspire de l'islam. Mais l'union extatique avec Dieu est possible, et les gurus sikhs l'ont obtenue. De l'hindouisme, les sikhs héritent les doctrines de la *māyā* (puissance créatrice de l'illusion), de la réincarnation et du *nirvāṇa* comme cessation du cycle pénible des transmigrations. Brahmā, Viṣṇu et Śiva sont la trinité divine créée par la māyā. Pour atteindre le salut, il est indispensable d'avoir un guru, de répéter mentalement le Nom divin, de chanter les hymnes, de s'associer avec des hommes saints. Les femmes sont bénéficiaires des enseignements des gurus au même titre que les hommes ; et même si la polygamie est pratiquée par certains gurus, elle n'est pas la règle. L'ascétisme et les mortifications sont contraires à l'esprit du sikhisme. Devant Dieu, tous sont égaux, les castes ne sont pas nécessaires.

7.8.2 *Le guru Nānak fut suivi par une lignée de neuf gurus*, chefs de la religion, rang qui devint héréditaire à partir du second : Angad (1538-1552), Amar Dās (1532-1574), Rām Dās (1574-1581), Arjan (1581-1606), Har Gobind (1606-1644), Har Rāi (1644-1661), Har Krishan (1661-1664), Teg Bahādur (1664-1675), Gobind Singh (1675-1708). Angad établit l'alphabet sacré des sikhs à partir des caractères punjābis. Arjan commença la construction du Har Mandar, le Temple d'Or au milieu du lac d'Amritsar et établit le *Granth Sāhib* ou *Noble Livre des sikhs* (plus tard *Adî Granth* ou *Premier Livre*), l'écriture sacrée contenant des hymnes d'Arjan, le Japjī ou la prière sacrée composée par Nānak, les chants des premiers gurus et des quinze prédécesseurs, des mystiques hindous ou musulmans parmi lesquels Kabîr (1380-1460), le saint de Bénarès qui peut être considéré comme le précurseur direct de Nānak. Persécuté par les souverains musulmans mongols qui avaient conquis l'Inde du Nord (les Mughals, 1526-1658), Arjan incite son fils Har Gobind à prendre les armes. Hostiles aux boissons alcooliques, au tabac et aux mortifications du corps, les sikhs allaient cultiver ces vertus militaires qui allaient les transformer en une vraie puissance armée, surtout après l'exécution du guru Teg Bahādur en 1675. Son fils Gobind Rāi, appelé Singh (Lion) après son baptême guerrier, établit le Khanda-di-Pāhul ou Baptême de l'Épée qui fait des adeptes jurés des Lions jusqu'à la mort. Il établit également les règles de la communauté des sikhs, tenus de porter sur eux les 5 K : *kes* (cheveux longs), *kangha* (peigne), *kripan* (épée), *kach* (pantalons courts), *kara* (bracelet d'acier). Abolissant toutes les distinctions de caste, Gobind Singh devint le chef d'une puissante armée de parias transformés en Lions. Avant sa mort, il abolit l'institution du guru. En son honneur fut constitué un nouveau *Granth*, connu sous le nom de *Granth du Dixième Guru* et contenant le Japjī de Gobind Singh, la « Louange du Créateur » *(Akal Ustat)*, des hymnes dédiés à la Sainte Épée, symbole de la puissance bénéfique de Dieu, et le « Drame merveilleux », une histoire en vers des dix gurus.

7.9 *Le néo-hindouisme* est un mouvement national indien qui essaie d'intégrer les valeurs occidentales et de rendre la sagesse indienne accessible à l'Occident. Le réformateur bengali Rammohan Roy (1774-1833) est partisan de l'occidentalisation de l'Inde et il fonde à cet effet le Brāhmo Samāj, en 1828. Les idéaux du Brāhmo Samāj sont poursuivis par ses deux chefs successifs, Devendranath Tagore (1817-1905) et Keshab Candra Sen (1838-1884). En 1875, le Swāmī Dayānanda (1824-1883) fonde l'Ārya Samāj, une organisation dont le but est de préserver les traditions religieuses de l'Inde, mais aussi de les faire connaître au monde entier.

La rencontre capitale de Keshab Candra Sen et du mystique bengali Rāmakrishna (1836-1886) produit la synthèse néo-védantique qui devient le visage de l'Inde traditionnelle en Occident, telle qu'elle est prêchée par le disciple de Rāmakrishna, Vivekānanda (1863-1902), à partir de 1893, lorsqu'il visita le Parlement des Religions de Chicago.

C'est dans ce climat religieux que se formèrent le chef politique Mohandas Gandhi (1869-1948), ainsi que le mystique et yogi Aurobindo Ghosh (1872-1950) de Pondichéry.

17.10 *L'hindouisme populaire* connaît de nombreuses fêtes, saisonnières ou célébrant les principaux événements de la vie. Les plus importantes fêtes des dieux sont celles consacrées à Indra (Rākhī-Bandhana), à Kṛṣṇa (Kṛṣṇa-Jayante), à Ganeśa (Ganeśa Caturthī), à la Déesse (Navarātra), à Śiva (Mahāśivarātri), etc. Parmi les pratiques religieuses plus ou moins généralisées, il faut compter les pèlerinages aux lieux saints *(tīrthas)* que sont les sources des grandes rivières, des villes saintes comme Varanasi, Vṛndavan ou Allahabad, les grandes fêtes religieuses comme celle de Jagannath à Puri, etc.

Le culte religieux domestique varie selon la caste, le lieu, l'évolution des croyances. En général, un brahmane est tenu de saluer le lever du soleil en récitant le *gāyatrī mantra*, de présenter l'offrande du matin et les libations aux dieux et aux ancêtres et d'effectuer le *deva-pūjana* ou adoration des images divines gardées dans une chambre spéciale, l'*iṣṭadevatā* ou « dieu favori en tête ».

Les événements importants de la vie sont marqués par des cérémonies spéciales *(saṃskāras)* : les *saisava saṃskāras*, liés à la naissance, l'*upanayana* (initiation religieuse du garçon), le *vivāha* (rites de mariage) et le *śraddha* (rite funéraire).

7.11 *Bibliographie.* Voir en général Eliade, H 1, 64-82 et 2, 135-146 ; 191-95 ; A. Hiltebeitel, *Hinduism*, in ER 6, 336-60. Th. J. Hopkins et A. Hiltebeitel, *Indus Valley Religion*, in ER 7, 215-23 ; D.N. Lorenzen, *Saivism : An Overview*, in ER 13, 6-11 ; A. Padoux, *Hindu Tantrism*, in ER 14, 274-80 ; J.T. O'Connell, *Caitanya*, in ER 3, 3-4 ; K. Singh, *Sikhism*, in ER 13, 315-20.

Quelques ouvrages d'introduction : Louis Renou, *l'Hindouisme*, Paris 1951 ; Thomas J. Hopkins, *The Hindu Religious Tradition*, Belmont 1971 ; Madeleine Biardeau, *l'Hindouisme : anthropologie d'une civilisation*, Paris 1981 ; David R. Kinsley, *Hinduism : A Cultural Perspective*, Englewood Cliffs 1982. Sur les Védas, voir Jean Varenne, *le Véda, premier livre sacré de l'Inde*, 2 vol., Paris 1967. Pour la vision du monde dans l'hindouisme ancien, voir Louis Renou et Jean Filliozat, *l'Inde classique*, 2 vol., Paris 1947-49 ; Jan Gonda, *les Religions de l'Inde*, vol. I, Paris 1962 ; Madeleine Biardeau et Charles Malamud, *le Sacrifice dans l'Inde ancienne*, Paris 1976 ; Madeleine Biardeau, *Cosmogonies puraniques*, Paris 1981. Sur la mythologie indienne, voir Wendy Doniger (O'Flaherty), *Hindu Myths*, Harmondsworth 1975 ; *Dreams, Illusions and Other Realities*, Chicago 1984 ; *Other Peoples' Myths*, New York 1988.

Sur le yoga, voir M. Eliade, *le Yoga : Immortalité et liberté*, Paris 1964.

Sur les mouvements bhaktis, voir V. Raghavan, *The Great Integrators : The Saint-Singers of India*, Delhi 1966.

Sur les sikhs, voir Khushwant Singh, *A History of the Sikhs*, 2 vol., Delhi 1983.

18

Religions des
HITTITES

18.1 Du milieu du second millénaire AEC jusqu'aux invasions du début du XIIe siècle AEC, *l'empire des Hittites* s'étendait sur presque toute l'Anatolie (la Turquie d'aujourd'hui). Sa diversité linguistique et religieuse était due à la diversité ethnique des peuples qui le composaient : Hattiens, Hurrites, Sémites, et Hittites (Indo-Européens). Une grande partie des mythes qui seront examinés ici ne sont donc pas d'origine hittite, mais ont été incorporés à la langue et au culte hittites. A l'apogée de l'empire, sa capitale était Hattusas Boğasköy, sur le plateau anatolien central. C'est sur les fouilles archéologiques de Boğasköy, qui ont restitué au monde des tablettes cunéiformes, des statues, plusieurs temples et le sanctuaire ou le tombeau taillé dans la roche de Yazilikaya, que se fonde en grande partie notre connaissance de la culture des Hittites.

Le panthéon divin des Hittites était très étendu, mais il n'y avait que certains dieux importants, qu'on vénérait dans leurs temples urbains. Comme partout dans le Proche-Orient ancien, les divinités résidaient effectivement dans leurs temples, sous la forme d'images que les prêtres lavaient, habillaient, nourrissaient et divertissaient. Lors de certains jours de fête, très nombreux dans le calendrier hittite, les images étaient sorties de leurs reposoirs. En dehors de leur fonction religieuse, les temples remplissaient également une fonction économique. Ils servaient d'entrepôts de denrées et possédaient leur propres terres, avec leurs fermiers et artisans. Les plus importants parmi les dieux étaient le dieu de la Tempête dont le nom hurrite est Teshub, son fils Telepinu et la Grande Déesse à noms et visages multiples, adorée surtout comme déesse du soleil d'Arinna. Les dieux avaient souvent des épouses.

La royauté hittite était une institution sacrée. Même en temps de guerre les rois hittites rentraient en hâte chez eux pour présider aux cérémonies. Souvent accompagnés de leurs reines, dans leur fonction de grands prêtres ils représentaient le peuple tout entier rendant service aux dieux. Après la mort ils devenaient eux-mêmes des dieux et leurs statues recevaient des honneurs divins.

La divination était l'une des parties les plus importantes du culte officiel. Elle comprenait de nombreux procédés, de l'interprétation des songes royaux jusqu'à l'extispice ou pronostic par la configuration des entrailles d'une victime animale, à la façon des Mésopotamiens. Il existe également des témoignages écrits sur d'autres pratiques divinatoires comme l'observation du vol des oiseaux, du mouvement des serpents et des animaux sacrificiels. La plupart des techniques divinatoires consistaient dans une série de questions à réponse binaire (oui/non) pour dresser un tableau général de la situation. Les réponses étaient lues sur une structure fixe à carreaux représentant la fortune du roi, le passage du temps ou la guerre, dans laquelle se mouvait une figurine. Les consultations oraculaires avaient lieu régulièrement. Par surcroît, elles intervenaient dès que le dieu ou la déesse se montraient fâchés.

18.2 *La mythologie.* La colère et l'apaisement rituel des divinités est au centre du mythe du dieu qui disparaît. C'est Telepinu qui s'éclipse, et cela provoque des désastres naturels. (Dans une situation de ce genre, les prêtres déterminaient les causes de la colère du dieu et essayaient de le calmer.) Dans le mythe, une abeille envoyée par la déesse trouve Telepinu qui dort dans un bois, le pique et le réveille en sursaut. Par des cérémonies et des formules, la déesse Kamrushepa arrive à apaiser Telepinu, qui retourne à sa disposition pacifique.

Un autre mythe d'absence et de retour d'un dieu utilise également le thème du combat entre le dieu et le monstre, bien connu au Proche-Orient comme en Grèce. Le serpent Illuyanka a vaincu le dieu de la Tempête et la déesse Inara propose à l'homme Hupashiya d'attaquer le serpent. Hupashiya accepte, à condition que la déesse se donne à lui. Inara prépare un banquet où Illuyanka et sa famille mangent et boivent tant qu'ils ne peuvent plus descendre dans leurs trous.

Hupashiya les attache avec une corde et le dieu de la Tempête les tue. La même tablette présente une autre version, dans laquelle Illuyanka a vaincu le dieu de la Tempête et a pris son cœur et ses yeux. Le dieu de la Tempête a un fils avec une mortelle, et ce fils épouse la fille d'Illuyanka. La coutume prescrit que le beau-père accorde au gendre le don que celui-ci exige, et dans ce cas le fils du dieu de la Tempête demande la restitution du cœur et des yeux de son père. Ainsi remis en condition de combat, le dieu de la Tempête vainc Illuyanka et le tue. Mais il est contraint de tuer son fils également, qui est tenu de rester fidèle à son beau-père.

Un autre mythe décrit les luttes de succession des premiers dieux. Le premier roi des dieux a été Alalu, renversé après neuf ans par son échanson Anu. Kumarbi fils d'Alalu sert Anu pendant neuf ans, puis le détrône et l'empêche de s'enfuir au ciel en le précipitant au sol et en lui mordant les parties génitales. Imprégné par Anu à la suite de cet exploit, Kumarbi donne naissance à trois dieux, dont l'un sera Teshub, dieu de l'Orage et successeur de Kumarbi.

Dans l'épisode suivant du mythe, *le Chant d'Ullikummi*, Kumarbi s'efforce par tous les moyens de s'emparer à nouveau de la royauté des dieux. Imprégnant un grand rocher, il engendre le terrible géant de pierre Ullikummi, qui croît jusqu'au ciel, attaque et défait Teshub, mettant en péril l'existence des dieux et des hommes. Ayant obtenu des anciens dieux le couteau qui avait permis naguère de détacher la terre du ciel, Ea le met à la disposition des dieux apeurés. Après que les pieds du géant de pierre ont été coupés, Teshub est capable de le vaincre.

18.3 *Bibliographie.* Eliade, H 1, 43-7 ; H. Hoffner, Jr., *Hittite Religion*, in ER 6, 408-14. Textes traduits par M. Vieyra, dans R. Labat, *les Religions du Proche-Orient : Textes et traditions sacrées babyloniennes, ougaritiques et hittites*, Paris 1970. Ouvrage spécial : O.R. Gurney, *The Hittites*, Harmondsworth 1972 (1952).

19

Religions des
INDO-EUROPÉENS

19.1 L'idée d'une *parenté linguistique* entre des langues comme le sanskrit, le grec et le latin est assez récente (1786). Le terme « indo-européen » est en usage depuis 1816, celui (de triste mémoire) d'« aryen » depuis 1819 ; enfin le terme nationaliste d'« indo-germanique », qui n'a pas plus de sens que, disons, celui d'« indo-slave » ou d'« indo-grec », a commencé sa carrière en 1823. Le premier linguiste indo-européen a été l'Allemand Franz Bopp (1791-1867).

Les philologues du XIXe siècle prenaient au sérieux la reconstruction d'une langue indo-européenne commune, appelée « proto-indo-européen » (PIE), comme si elle avait vraiment existé. La plupart des savants d'aujourd'hui considèrent le PIE comme une pure fiction.

19.2 S'ils n'ont jamais eu une langue commune, *les Indo-Européens* semblent provenir d'une région commune, que les archéologues ont parfois identifiée avec le bassin inférieur de la Volga, d'où des tribus semi-nomades de guerriers patriarcaux se dispersent en plusieurs vagues à partir de la moitié du cinquième millénaire AEC, formant la culture dite des *kourgans* ou tumulis. Vers 3000 AEC, la seconde vague des kourgans établit un second centre de diffusion qui correspond à peu près à ce que la plupart des linguistes désignent comme la « patrie des Indo-Européens ». Cette zone s'étend, vers 2500 AEC, de l'Oural jusqu'à la Loire et de la mer du Nord jusqu'aux Balkans. Selon la théorie de Marija A. Gimbutas, la culture partriarcale des Indo-Européens détruit une culture uniforme, matriarcale et pacifique, qui s'étend sur toute l'ancienne Europe pendant vingt mille ans, du paléolithique au néolithique. La caractéristique principale de cette culture est l'adoration d'une déesse à plusieurs attributs. A l'âge du bronze (1600-1200 AEC), la grande majorité des peuples d'Europe est d'origine indo-européenne, la seule exception notable étant constituée par les Finnois, peuple finno-ougrien de l'Oural.

19.3 *Les religions* des peuples indo-européens présentent des traits communs, qui ont été remarqués par les mythologues comparatistes du XIXe siècle, Adalbert Kuhn (1812-1881) et Friedrich Max Müller (1823-1900). Une nouvelle dimension de la recherche comparée a été ajoutée par Georges Dumézil (1899-1986), élève du linguiste Antoine Meillet (1866-1936) et du sociologue Émile Durkheim (1858-1917). En 1938, Georges Dumézil élabora pour la première fois la théorie des « trois fonctions » dans la société primitive des Indo-Européens : sacerdotale, guerrière et productrice. Dans l'exposé classique de sa doctrine (1958), G. Dumézil affirmait que ces trois fonctions distinguent la société indo-européenne de toute autre. Ce schéma tripartite basé sur les classes des prêtres, des guerriers et des producteurs serait reflété à tous les niveaux de la culture et même de la psychologie des peuples indo-européens. G. Dumézil la retrouve dans les religions indienne, iranienne, romaine, germanique et conclut qu'elle doït aussi exister chez les Celtes, les Grecs et les Slaves, mais que les documents sont insuffisants pour corroborer son interprétation.

19.4 *Bibliographie.* En général, voir I.P. Couliano, art. « Ancient European Religion », dans *Encyclopaedia Britannica*, nouvelle édition. Sur la religion matriarcale de l'ancienne Europe, voir Marija Gimbutas, *The Goddesses and Gods of Old Europe 6500-3500 BC. Myths and Cult Images*, Londres 1982 ; sur la dispersion des Indo-Européens, voir surtout Edgar C. Polomé (Ed.), *The Indo-Europeans in the Fourth and Third Millennia*, Ann Arbor 1982. La théorie classique de G. Dumézil a été exprimée dans son *Idéologie tripartite des Indo-Européens*, Bruxelles 1958. Voir aussi J. Bonnet (réd.), *Georges Dumézil : Pour un Temps*, Paris 1981.

20

ISLAM

20.0 *Le mot islām* provient de la quatrième forme verbale de la racine *slm : aslama*, « se soumettre » et signifie « soumission (à Dieu) » ; *muslim*, musulman, en est le participe actif : « (celui) qui se soumet (à Dieu) ».

Une des plus importantes religions de l'humanité, l'islam est aujourd'hui présent dans tous les continents. Il est dominant au Moyen-Orient, en Asie Mineure, dans la région caucasienne et au nord du subcontinent indien, dans l'Asie du Sud et l'Indonésie, l'Afrique du Nord et de l'Est.

20.1 *L'Arabie avant l'Islam* est le territoire du polythéisme sémitique, du judaïsme arabisant et du christianisme byzantin. Les régions du Nord et de l'Est, traversées par les grandes routes commerciales, ont été profondément influencées par l'hellénisme et les Romains. Au temps de Muhammad, le culte des dieux tribaux avait rejeté à l'arrière-plan l'ancienne religion astrale du Soleil, de la Lune et de Vénus. La principale divinité tribale était adorée sous la forme d'une pierre, météorique peut-être, d'un arbre ou d'un bois. On lui érigeait des sanctuaires, on lui présentait des offrandes et on sacrifiait des animaux en son honneur. L'existence d'esprits omniprésents, parfois malins, appelés *jinns*, était universellement reconnue avant et après l'avènement de l'islam. Al-lāh, « Dieu », était vénéré à côté des grandes déesses arabes. Les fêtes, les jeûnes et les pèlerinages étaient les principales pratiques religieuses. L'hénothéisme et le monothéisme du culte d'al-Raḥmān étaient également connus. De grandes et puissantes tribus de Juifs s'étaient établies dans les centres urbains comme celui de l'oasis de Yathrib, qui allait plus tard s'appeler Médine (*Madîna*, « La Ville »). Les missions chrétiennes avaient fait quelques prosélytes (on en connaît un dans la famille de la première femme de Muhammad). Au VIe siècle EC, La Mecque *(Makka)*, avec son sanctuaire de la Ka'bah entourant le fameux météorite noir, était déjà le centre religieux de l'Arabie centrale et une importante ville commerciale. Pendant toute sa vie, Muhammad allait en déplorer les structures sociales, la rudesse de ses citoyens, leurs différences économiques, leur moralité décadente.

20.2 *Muḥammad* est né dans une famille de marchands de La Mecque (famille des Hashémites, tribu des Qurayshs) vers 570. Resté pauvre à la mort de ses parents et de son grand-père, il se lança dans des entreprises commerciales. A vingt-cinq ans, il épousa son employeur, une riche veuve de quarante ans du nom de Khadīja. Vers 610, lors d'une des méditations solitaires qu'il conduisait périodiquement dans les grottes près de La Mecque, il commença à avoir des visions et des révélations auditives. Selon la tradition, l'archange Gabriel lui apparut et lui montra un livre, en lui enjoignant de lire *(Iqra' !*, « Lis ! »). Muhammad s'excusa plusieurs fois de ne pas savoir lire, mais l'ange insista et le prophète ou apôtre *(rasūl)* de Dieu put lire sans difficulté. Dieu lui révéla, comme aux prophètes d'Israël, l'incomparable grandeur divine et la bassesse des mortels en général et des Mecquois en particulier. Pendant un certain temps, Muhammad ne parla de ses révélations et de sa mission prophétique qu'à son entourage immédiat, mais le cercle de ses fidèles devint de plus en plus important et la fréquence des réunions plus soutenue. Au bout de trois ans, Muhammad se mit à prêcher publiquement son message monothéiste, rencontrant plus d'opposition que d'approbation, de telle sorte que les membres de son clan durent assurer sa protection.

Dans les années qui suivirent, il eut de nombreuses autres révélations, dont plusieurs allaient constituer la théologie du Coran. Une des révélations, révoquée plus tard et attribuée à Satan, réservait un rôle d'intercesseurs auprès d'Allah à trois déesses locales fort populaires. Au fur et à mesure que Muhammad gagnait des partisans, l'opposition à son message se faisait plus intense. On l'accusait de mentir, on demandait qu'il fasse des miracles pour prouver sa qualité de prophète et sa vie était en danger. Il chercha donc pour son mouvement de nouveaux quartiers qui lui furent fournis par des clans de Médine, une ville située à 400 km au nord de La Mecque et abritant de nombreux Juifs. Les partisans de Muhammad commencèrent de s'y installer et en 622 Muhammad lui-même et son conseiller Abū Bakr partirent en secret vers Médine. Cet événement appelé *Hijra*, « Émigration » (Hégire), marque le début de l'ère islamique. Mais la transposition en années de l'EC ne se fait pas simplement par addition de 622 à l'année de l'Hégire, car le calendrier religieux islamique est lunaire et n'a que trois cents cinquante-quatre jours.

Dans les dix ans qu'il passa en exil à Médine, Muhammad continua de recevoir des révélations. Mises par écrit, à côté de ses mots et de ses actions, les *ḥadîth* qui font également partie de la tradition, ces révélations constituent l'ensemble du code de la vie musulmane. Pendant ce temps, le gouvernement de la vie religieuse de ses partisans continua d'occuper Muhammad ; il entreprit aussi de nombreuses expéditions punitives contre ses ennemis de Médine et spécialement de La Mecque, dont il prenait d'assaut les caravanes. Ces actions aboutirent à une guerre entre les deux villes, tout au long de laquelle on entama des pourparlers en vue de la conversion des Mecquois. Finalement, Muhammad et son armée occupèrent La Mecque, cité qui devint le centre d'orientation pour la prière *(qiblah)* et le lieu de pèlerinage *(ḥadj)* de tous les musulmans. Ayant transformé l'islam en une redoutable puissance, Muhammad mourut en 632 à Médine, sans laisser d'héritier mâle.

20.3 Le mot *Qur'ān* (Coran), de *qara'a*, « lire, réciter », est pour les musulmans la parole de Dieu transmise par Gabriel au prophète Muhammad, le dernier de la lignée des prophètes bibliques. Il s'agit, si l'on veut, d'un nouveau « Nouveau Testament », qui ne contredit pas, mais confirme et dépasse la Bible des Juifs et des chrétiens. Mais le Coran a aussi, comme Jésus-Christ dans l'interprétation platonisante de l'Évangile de Jean et des Pères, la fonction de *logos*, de Verbe éternel du Dieu créateur. Quant à lui, Muhammad n'assume pas cette fonction : il n'accepte pas qu'elle puisse être revêtue par un personnage humain, car, bien qu'élu et sans faute, Muhammad est entièrement humain. Muhammad et plusieurs secrétaires ont rédigé la plupart de ses révélations. Après sa mort, il existait de nombreuses pièces écrites et de nombreux témoins se rappelaient ses paroles. Le texte complet du Coran fut constitué sous les premiers califes et les variantes en furent supprimées. Il consiste en 114 chapitres appelés *sūrahs*, qui contiennent un nombre variable de vers appelés *āyāts*. Les chapitres ne sont pas disposés en ordre chronologique ou topique, mais dans un rapport inverse à leur longueur, de telle sorte que la plupart des premières révélations poétiques de La Mecque se trouvent à la fin de la collection, alors que les *sūrahs* plus longues se trouvent au début. Chaque *sūrah* a un titre et toutes sauf une commencent par le vers appelé *Basmallah* : « Au nom de Dieu, le clément, le miséricordieux » *(Ba-sm-allāh al-raḥmān al-raḥīm)*. Plusieurs sont marquées de lettres symboliques, indiquant peut-être la collection à laquelle elles avaient appartenu. Le livre est écrit en prose rimée et contient une imagerie belle et puissante.

L'avènement du Coran réalisa son intention originelle, qui était d'ouvrir aux Arabes l'accès à la communauté des « peuples du livre », comme les Juifs et les chrétiens, qui avaient reçu la Torah et les Évangiles. Les deux grands thèmes du Coran sont le monothéisme et la puissance de Dieu et la nature et la destinée des hommes dans leur rapport avec Dieu. Dieu est le seul créateur de l'univers, des hommes et des esprits, il est bienveillant et juste. Il reçoit des noms qui décrivent ses attributs, comme l'Omniscient et le Tout-Puissant. Les êtres humains sont les esclaves privilégiés du Seigneur et ont la possibilité d'ignorer les commandements de Dieu, étant souvent induits en tentation par l'ange déchu Iblīs (Satan), chassé du ciel pour avoir refusé d'adorer Adam (2, 31-33 ; l'épisode se rencontre déjà dans l'apocryphe *Vie d'Adam et d'Eve*). Au jour du Jugement, tous les morts ressusciteront, seront pesés et envoyés en enfer ou au paradis pour l'éternité. Le Coran réinterprète plusieurs récits bibliques (Adam et Eve, les aventures de Joseph, le monothéisme d'Abraham et Ismaël) et de nombreuses exhortations morales qui forment, avec les traditions concernant la vie du prophète, la base de la loi islamique *(sharī'ah)*. La générosité et la véracité sont recommandées, alors que l'égoïsme des marchands de La Mecque est condamné sans appel. Les pratiques fondamentales de la vie religieuse du musulman sont les prières quotidiennes *(ṣalāts)*, l'aumône, le jeûne du Ramadan et le pèlerinage à La Mecque. La formule du culte public musulman a été établie à la fin du VIIᵉ siècle. Chaque homme musulman est tenu de prononcer les cinq prières quotidiennes, annoncées par l'*adhān* (convocation) entonné par le *muezzin* du haut du minaret *(manārah)*. Il n'est pas nécessaire que le musulman se trouve dans la mosquée. Où qu'il soit, il doit d'abord pratiquer les ablutions rituelles *(wudū')*, puis se tourner dans la direction de La Mecque *(qiblah)*, réciter des phrases coraniques comme la *shahādah* (le credo musulman) et le *takbîr* (*Allāhu akbar*, Dieu est grand), et se prosterner deux ou plusieurs fois *(raka'āt)*. Dans la mosquée, la *qiblah* est marquée par une niche appelée *mihrāb*. Les prières communes ont lieu sous la direction d'un *imām*. Chaque vendredi *(yawm al-jum'ah)*, le *khaṭîb* (substitut du calife ou de son gouverneur), qui s'adresse aux fidèles du haut d'une chaire *(minbar)*, prononce un sermon *(khuṭbah)* devant l'assemblée des fidèles dans la mosquée cathédrale. Les mosquées n'ont pas d'autel, car elles ne sont pas des temples sacrificiels comme certaines des églises chrétiennes, ni des lieux où sont déposés les rouleaux saints de la révélation écrite comme les synagogues juives. Cependant la mosquée *(masjid)* est un lieu sacré ; elle peut contenir le tombeau d'un saint ou des reliques du Prophète.

Des réformes sociales et légales suivirent la réforme religieuse de Muhammad. C'est ainsi que la tradition musulmane est à la base de la justice civile, des règles de comportement des époux entre eux, des parents et des enfants, des propriétaires d'esclaves, des musulmans envers les non-musulmans. L'usure est interdite, des lois alimentaires sont proclamées. La situation des femmes s'améliore : elles reçoivent la moitié de l'héritage que reçoit un homme. La casuistique coranique établit à quatre le nombre d'épouses permises, mais recommande de n'en prendre qu'une. Les jugements que les savants ont portés sur cette pratique sont contradictoires.

20.4 *Succession et sécession*. A la mort de Muhammad (632 EC), lorsque son cousin et gendre 'Alî ibn Abî Ṭālib et son oncle Ibn 'Abbās veillaient pieusement le corps sans vie, les autres partisans se réunirent à côté pour choisir un successeur ou calife (*Khalîfah*, de *khlf*, « suivre »). Ce titre signifiera par la suite que le calife réunit en lui deux fonctions qui devraient rester séparées chez tout autre être humain : la fonction militaire de commandeur des croyants *(amîr al-mu'minîn)* et la fonction religieuse d'iman des musulmans *(imām al-muslimîn)*. A l'aube, après de longues délibérations, l'assemblée décida que le premier successeur serait Abū Bakr, beau-père du prophète et compagnon de l'Hégire à Médine, délégué par Muhammad pour diriger à sa place les prières en commun. Pendant les deux années de son califat, Abū Bakr établit définitivement la domination musulmane sur l'Arabie et entreprit des expéditions contre les Bédouins séditieux et contre la Syrie byzantine. Successeur d'Abū Bakr et second calife dans la lignée sunnite, 'Umar (634-644) conquit la Syrie et une bonne partie de l'Égypte et de la Mésopotamie. C'est à la mort d''Umar que les grandes sécessions religieuses commencent ; elles allaient aboutir à un nombre de sectes traditionnellement établi à 272. En effet, les partisans d''Alī, cousin et gendre du prophète pour avoir épousé sa fille Fāṭimah, s'attendaient à ce que maintenant 'Alī revête la dignité califale, mais l'aristocrate 'Uthmān (644-656), de la famille des Umayyades mecquois, anciens adversaires de Muhammad, fut élu à sa place. L'idéologie des *rawāfiḍs* (« ceux qui répudient [les premiers califes] ») shiites (« partisans » ; de *shī'at 'Alī*, « parti d''Alī ») exige que la succession s'établisse selon des liens de parenté plus étroits. Selon eux, le calife doit être non pas seulement Qurayshite, mais aussi Hashimite et Fatimide, c'est-à-dire non pas seulement de la tribu du prophète, mais aussi de sa famille et enfant légitime du mariage de Fāṭimah avec 'Alī ibn Abī Ṭālib. Autrement dit, la *Shī'a* veut établir une dynastie Alide, mais le sort décide pour une dynastie Umayyade.

En 656, l'Umayyade 'Uthmān est assassiné par un groupe de partisans d''Alī, qui ne désavoue pas les meurtriers. Élu calife (quatrième dans l'ordre de succession des sunnites) 'Alī devra affronter un duo redoutable qui l'accuse de complicité dans le meurtre : le puissant gouverneur umayyade de la Syrie, Mu'āwiyah, et son rusé général 'Amr ibn al-'Ās, conquérant de l'Égypte. Alors que 'Alī était en train de gagner la bataille de Ṣiffīn sur l'Euphrate contre Mu'āwiyah (657), 'Amr ibn al-'Ās fit attacher des feuillets du Coran aux lances de ses hommes, et l'armée d''Alī recula. Le même 'Amr ibn al-'Ās proposa un arbitrage entre 'Alī et Mu'āwiyah, et représenta ce dernier de façon si habile, que les shiites se donnèrent pour vaincus. Une nouvelle complication surgit, qui enferma encore davantage 'Alī dans ses nobles scrupules : un groupe considérable de son armée, les kharijites ou « shismatiques » par excellence (de *khrj-*, « sortir, partir »), ne reconnut pas l'arbitrage des hommes, prétextant que *lā ḥukmatu illa Allāh*, « il n'y a pas d'autre jugement que celui de Dieu ». Les kharijites, puritains de l'Islam, ne se préoccupaient pas de l'établissement de lignées dynastiques. Ils voulaient que la dignité califale soit élective et qu'elle revienne au musulman le plus pieux, sans distinction de tribu ou de race : s'il le mérite, un esclave éthiopien aurait plus de droits qu'un Qurayshite à assumer le califat. Leur doctrine répugnait encore par d'autres traits à la plupart des musulmans, pour lesquels déchoir de la qualité de membres de la communauté *(ummah)* des croyants était tout aussi grave, sinon plus, qu'une excommunication dans la chrétienté médiévale. Or, contrairement aux puritains plus tardifs du christianisme, les puritains musulmans soutenaient que la foi ne suffit pas, qu'il faut les œuvres pour s'assurer du sérieux d'un croyant. Par conséquent, un musulman qui pèche cesse de faire partie de l'assemblée des fidèles. Ce respectable souci de pureté morale se combinait chez les kharijites au scrupule de rétablir la vérité historique ; ils affirmaient donc que tout le Coran n'est pas révélé. Au lieu de combattre Mu'āwiyah, 'Alī se retourna contre les kharijites qui, se détournant de Mu'āwiyah, éliminèrent 'Alī par un assassinat en 661. Le califat revient à Mu'āwiyah, fondateur de la dynastie des Umayyades de Damas (661-750).

205 *Expansion territoriale.* Les quatre premiers califes (632-661) avaient conquis le Proche-Orient, de l'Iran à l'Égypte. Damas tomba en 635, Jérusalem, Antioche et Basra en 638. Des conquêtes se succédaient à rythme rapide : la Perse (637-650), l'Égypte (639-642). De 661 à 750, les Umayyades de Damas continuèrent l'expansion territoriale du califat à l'est (Afghanistan) et à l'ouest (l'Afrique du Nord et l'Espagne). Exploitant adroitement le particularisme des Berbères, qui surent cependant résister à la conquête en manipulant l'instrument du schisme (surtout kharijite), en 711 l'armée musulmane traversait l'Ifriqiya (le nord de l'Afrique) et arrivait jusqu'au *Maghrib al-aqsā*, l'extrême-ouest, le détroit de Gibraltar, poursuivant, avec l'aide probable du gouverneur byzantin de Ceuta et des Juifs persécutés des centres urbains, la conquête d'al-Andalus (étymologie inconnue, peut-être de *Vandalicia*), le royaume des Wisigoths de la presqu'île Ibérique comprenant l'Espagne et le Portugal d'aujourd'hui. Après la chute de la capitale de Tolède, les Arabes étaient maîtres absolus jusqu'aux Pyrénées. Leur élan s'arrêta aux montagnes, surtout lorsque Charles

Martel freina à Poitiers (732) leur avancée en France. Détrônés en 750 par les Abbassides de Bagdad, les derniers Umayyades allaient trouver refuge en Al-Andalus. Le splendide califat de Cordoue se maintint de 756 jusqu'à la période d'anarchie des « rois des partis » (*reyes de taifas* : de 1031 à 1090), lorsque les États chrétiens du nord de l'Espagne eurent accompli des percées décisives, prenant Tolède en 1085. Occupée successivement par les dynasties berbères des Almoravides (1090-1145) et des Almohades (1157-1223), l'Espagne allait être évacuée peu à peu par les musulmans, qui se maintinrent cependant jusqu'en 1492 dans une bande de terre étroite sur la côte méditerranéenne, l'émirat nasride de Grenade. En 827, les Aghlabides d'Ifriqīya partirent à la conquête de la Sicile et du sud de l'Italie, d'où ils allaient être repoussés par les Byzantins. L'île fut occupée en 902, devint fatimide en 909 et presque indépendante en 948. Elle fut prise par les Normands en 1091. A partir du XIe siècle, les hommes forts de l'Islam sont les Turcs, islamisés au Xe siècle et spécialement les Seldjuks, qui s'emparent du trône des Abbassides en 1058. Ils seront renversés en 1258 par les Mongols (islamisés vers 1300), qui occupèrent l'Iraq mais furent arrêtés net par les Turcs Mamelouks qui allaient contrôler l'Égypte jusqu'à l'occupation ottomane en 1517. Du XIVe au XIXe siècle, l'Islam est en premier lieu représenté par le puissant Empire ottoman, fondé en 1301 en Asie Mineure. En 1453, les Ottomans s'emparent de Constantinople, qui devient leur capitale (Istanbul). A l'est, les Turcs Mamelouks intallent leur sultanat à Delhi (1206-1526). De 1526 à 1658, l'Inde du Nord sera soumise à l'empire islamique des Grands Mughals, descendants des Mongols. L'Indonésie et la Malaisie furent en grande partie converties à travers les routes commerciales qui les unissaient aux pays musulmans. Il en va de même pour certaines zones de l'Afrique subsaharienne.

20.6 *Les schismes* de l'islam ont toujours trois dimensions inextricables : généalogique, théologique, politique. Malgré leurs divergences, les grands groupes religieux ne mettent pas en doute l'appartenance à l'Islam de leurs adversaires, mais seulement leur orthodoxie. Les frontières de l'Islam n'excluent nettement que certaines sectes de *ghulāts* ou « extrémistes », qui proclament la divinité des imams et la croyance à la métensomatose des âmes *(tanāsukh al-arwāḥ).*

Fāṭimah avait eu deux fils d'"Alī : Ḥasan et Ḥusain. A la mort d'"Alī, les shiites du centre de Kufa en Iraq encouragèrent Ḥasan à réclamer le califat, mais Ḥasan y renonça publiquement, à un prix très élevé, et finit ses jours à Médine, en 670 ou 678. A la mort de Mu'āwiyah en 680, Ḥusain et sa suite voulurent rejoindre leurs partisans de Kufa, mais furent interceptés par des cavaliers envoyés par Yazīd, fils et successeur de Mu'āwiyah. Le 10 Muḥarram (octobre) 680, Ḥusain fut tué dans une échaufourée à Karbalā. Jusqu'à ce jour, l'*'Āshūrā'* (« dixième » [jour d'octobre]) est le jour de deuil des shiites. Ḥusain mort, les espoirs des shiites de Kufa se concentrèrent sur un fils naturel d'"Alī, Muḥammad ibn al-Ḥanafīya (fils de la Hanafite), qui fut proclamé à son insu calife directement désigné par Dieu *(Mahdī)* par le noble al-Mukhtār, avec l'appui des « clients » *(mawālī)*, la population autochtone convertie à l'islam. Mais Muḥammad ibn al-Ḥanafīya se désolidarisa totalement d'al-Mukhtār, et continua de vivre paisiblement à Médine bien après la fin sanglante de celui-ci. Un partisan d'al-Mukhtār, Kaisān, produisit la première doctrine shiite, selon laquelle les seuls califes légitimes auraient été 'Alī, Ḥasan, Ḥusain et Muḥammad. Certains refusèrent de croire à la mort du dernier et le titre de Mahdī commença à désigner le calife caché dans la montagne, dont l'arrivée sera précédée par des signes eschatologiques.

20.6.1 *La plus influente des doctrines shiites* allait compter les califes selon la lignée du martyr de Karbalā', qui avait un fils et un petit-fils, tous deux complètement étrangers aux espoirs de la shī'a : 'Alī, surnommé Zain al-'Abidīn, et son fils Muḥammad al-Bāqir. Plus intéressé par la lutte anti-umayyade, Zaid ibn 'Alī, le demi-frère de Muhammad al-Bāqir, se montrait conciliant envers les deux premiers califes, mais déniait aux Umayyades le droit de régner, croyant que le califat devait être hashémite, et non pas héréditaire. Zaid mourut en 740, sa lutte à peine commencée.

Peu après, avec l'appui des shiites, la famille du hashémite Ibn'Abbās, oncle du prophète, réclama la dignité califale. En 749, les drapeaux noirs des Abbassides remplacèrent à Kufa les drapeaux blancs des Umayyades. Les Abbassides, qui s'installèrent dans la nouvelle capitale de Bagdad, coupèrent tous les liens avec les shiites qui les avaient pratiquement amenés au pouvoir, tout en gardant un œil attentif sur les descendants d'‘Alī.

Parmi eux, le personnage le plus important dans l'histoire des deux grands courants shiites est sans doute Ja‘far al-Ṣādiq (le Juste), qui se distança nettement de ceux qui lui proposaient le califat et des extrémistes qui le divinisaient. Ja‘far avait trois fils, ‘Abdallāh al-Afṭaḥ, Ismā‘īl et Mūsā al-Kāẓim. Ismā‘īl (755) précéda son père dans la mort, ‘Abdallāh le suivit de quelques mois (766). Les shiites appelés *Ithnā‘asharīya* ou « duodécimans » (qui reconnaissent douze califes), les plus nombreux et les plus puissants en Perse jusqu'à ce jour, firent passer le califat de Ja‘far à Mūsā, surnommé al-Kāẓim (prisonnier à Bagdad de l'Abbasside Harūn al-Rashīd), et à ses descendants : ‘Alī al-Riḍā désigné comme successeur d'al-Mā‘mūn en 817, Muḥammad al-Jawād, ‘Alī al-Hādī et Ḥasan al-‘Askarī, qui mourut en 873 sans descendants mâles. La mort du onzième imam sème la confusion *(al-ḥaira)* dans la communauté shiite. Les duodécimans proclament que Ḥasan avait un fils caché, Muḥammad, le calife caché *(ṣāmiṭ)* qui reviendra en Mahdī et sera le Maître du Monde *(Ṣāḥib al-zamān)*. Le shiisme duodéciman ou « imamisme » fut protégé par la dynastie des Buyides (945-1055). Le plus grand théologien de la tradition imamite fut Muhammad ibn ‘Alī ibn Bābōye al-Qummī (918-991).

20.6.2 *Les « extrémistes »* ou *ghulāts* associent en général la divinité d'un calife à la doctrine de la métensomatose. Certains savants ont appelé « gnostique » cette combinaison qui ne l'est pas du tout. Le premier extrémiste semble avoir été un certain ‘Abdallāh ibn Saba' de Kufa, qui avait adoré ‘Alī comme Dieu. Seuls deux groupes de *ghulāts* se sont maintenus jusqu'à ce jour : les Kurdes *‘Alī-ilāhī* (« Ceux qui divinisent ‘Alī), qui s'appellent eux-mêmes Ahl-i Ḥaqq (« véritables juges »), et les Nuṣairīs, dont la doctrine reposerait sur les révélations du onzième calife Ḥasan al-‘Askarī à son disciple Ibn Nuṣair. La plupart des Nuṣairīs (600 000) vivent aujourd'hui en Syrie, pays où ils ont pris le pouvoir en 1970.

20.6.3 *Les ismaélites ou shiites septimans*, dont une branche s'est perpétuée à travers les Aga Khans d'aujourd'hui, portent un nom qui dérive d'Ismā‘īl, le deuxième fils de Ja‘far al-Ṣādiq, mort avant son père en 755. Dans la lignée septimane, qui commence avec Ḥasan, Ismā‘īl est le sixième calife et le septième est son fils Muḥammad, qui était à l'origine le calife caché *(ṣāmiṭ)* dont on attendait l'apparition *(qiyām)* en Mahdī ou Qā'im al-Zamān. Mais au IXᵉ siècle, un certain 'Abdallāh, qui se prétend descendant d'"Alī, lance une « mission » *(da'wa)* annonçant la venue du Mahdī. Persécuté, il se retire à Salamya en Syrie. Parmi les premiers missionnaires (*du'āt*, singulier *dā'ī*), on trouve un certain Ḥamdān Qarmaṭ, qui donnera son nom aux ismaélites iraqiens ou qarmates. En Iran, et particulièrement à Rey, les ismaélites attireront à eux bien des imamites, à la suite de la « confusion » qui suivit la mort de leur onzième calife. Les missions du Yémen et d'Algérie auront également beaucoup de succès. La doctrine qarmate, à l'époque de l'« occultation », consiste en de doubles séries de prophètes, l'un qui parle *(nāṭiq)* et qui révèle l'aspect exotérique *(ẓāhir)* de la religion, l'autre qui est son « héritier » *(waṣī)* et qui révèle la religion ésotérique *(bāṭin)*. Chaque doublet de prophètes se charge de l'instruction d'un « âge » *(daur)* du monde. Les premiers prophètes sont des personnages de l'Ancien et du Nouveau Testament. Muḥammad et son *waṣī* 'Alī sont les derniers de cette série. Ils ont été suivis par six imams. Le septième, Muḥammad ibn Ismā'īl ibn Ja'far, est le Mahdī attendu, dont l'époque sera marquée par l'abolition des lois *(raf'al-sharā'i')* et le retour à la condition paradisiaque d'Adam avant la chute. Le quatrième *ḥujja* (« garant ») de Salamya se proclame lui-même Mahdī (899/286). En son nom, les missionnaires, avec l'appui de la puissante tribu berbère des Kutāmas, partent à la conquête de l'Afrique du Nord. Le Mahdī se proclame calife dans le territoire conquis en 910/297, inaugurant ainsi la dynastie des Fatimides, qui durera jusqu'en 1171. Son successeur al-Mu'izz établira la capitale dans la nouvelle ville du Caire, appelée *al-Qāhira* (la Victorieuse, nom de la planète Mars). Le troisième calife, al-Ḥākim, est divinisé par une secte de *ghulāts*, les Druzes. A la mort du quatrième calife fatimide, al-Mustanṣir (1094), le dā'ī iranien Ḥasan-i Ṣabbāḥ prend parti pour un descendant de Nizār, le fils assassiné d'al-Mustanṣir, qu'il héberge dans la forteresse inexpugnable d'Alamūt, dans les montagnes d'Elbrous. C'est l'origine des ismaélites Nizārīs ou Assassins, les ancêtres des Aga Khans. En 1164, l'imam Nizārī Ḥasan II annonce l'avènement de la *qiyāma* ou abrogation de la Loi et se proclame calife. Après la chute d'Alamūt en 1256, les Nizārīs des diverses provinces restent sans base et disparaissent, à l'exception des

Hojas du nord-ouest de l'Inde, qui reconnaissent depuis 1866 les Aga Khans pour imams. En 1978, le nombre des Hojas était d'environ vingt millions.

A sa mort, le sixième calife fatimide al-Āmir (victime des Assassins en 1130) laissa un successeur mâle, al-Ṭayyib, âgé de huit mois. A la disparition de celui-ci, le dā'ī du Yémen le proclama imam caché. C'est là l'origine des Ṭayyibites du Yémen et de l'Inde (les Bohoras), qui existent encore.

20.7 *La sharī'ah* est la loi divine de l'islam et l'interprétation de la loi est le *figh* ou jurisprudence. Muhammad n'a pas fait de distinction entre la loi religieuse et la loi séculière. Dans chaque pays musulman, l'application de la sharī'ah dépend du degré de sécularisation de l'État lui-même. La sharī'ah s'applique à tous les domaines de la vie, y compris les relations de famille, le droit de succession, les impôts (*zakāt* de 2,5 % pour les pauvres), les ablutions, la prière, etc. Les *fuqahā'* règlent toutes les activités humaines selon une échelle qui va de « prescrit » jusqu'à « défendu », en passant par des degrés intermédiaires. Les quatre sources acceptées par les spécialistes de la loi sont le Coran, la *sunnah* (tradition du Prophète), l'*ijmā'* (consensus) et l'analogie *(qiyās)*. La jurisprudence shiite est assez particulière en ce qu'elle insiste sur les traditions des imams et a une conception propre du consensus et du raisonnement indépendant.

Il y a quatre écoles classiques dans le droit islamique : la hanafite, la malikite, la shafi'ite et la hanbalite. Chacune d'elles essaie de résoudre ce dilemme : dans quelle mesure un juriste est-il autorisé à avoir recours au « jugement indépendant », si le cas à résoudre ne présente aucun précédent dans la vie de Muhammad lui-même ? Abū Ḥanīfah (m. 767), marchand de Kufa, a produit une synthèse légale qui allait prévaloir en Iraq. Mālik ibn Anas (m. 795), juriste de Médine, fondait ses jugements sur la reconstitution minutieuse des pratiques de la communauté du Prophète lui-même, mettant en avant l'harmonie collective qui résulte du respect des obligations personnelles. Son école, stricte jusqu'au littéralisme, a dominé l'Afrique du Nord et l'Espagne. La tradition légale de Muḥammad ibn Idrīs al-Shāfi'ī (m. 820) est fondée sur le Coran et une sélection des ḥadīths, reconnaissant un certain rôle au raisonnement par analogie et surtout à l'opinion collective, en raison du ḥadīth qui affirme que la communauté de Muhammad ne sanctionnerait jamais une erreur. Quant à Aḥmad ibn Ḥanbal (m. 855), il était d'avis que la parole du prophète est plus importante que le raisonnement des juristes.

20.8 *Kalām* signifie « parole ». Le Coran est *kalām Allāh*, « parole de Dieu ». L'*'ilm al-kalām* est la théologie dialectique de l'islam, dont les origines sont à rechercher dans la tradition apologétique et hérésiologique. Son but était d'établir une orthodoxie. Elle a incorporé des éléments de logique grecque et de rationalisme.

Le dialogue avec les chrétiens de Damas et de Bagdad, aux yeux desquels l'islam (appelé par eux hagarisme ou ismaélisme) était une hérésie, posa de nouveaux problèmes aux théologiens musulmans, tout en les confrontant aux traditions aristotéliciennes et néo-platoniciennes de leurs interlocuteurs. Pour les chrétiens, Jésus-Christ était le *logos* divin ; pour les musulmans, c'est le Coran qui assume cette position. Pour les chrétiens, le Christ est intimement associé au Père ; pour les musulmans, cette attitude est qualifiée de *shirk*, de polythéisme. D'autres controverses concernent la réalité des attributs de Dieu, leur mutabilité ou leur permanence. Le théologien byzantin Jean Damascène (m. ca. 750) décrit une polémique concernant l'origine du mal : les chrétiens l'associent au libre arbitre, pour préserver l'attribut de la justice de Dieu, alors que les musulmans rendent Dieu créateur du bien et du mal, pour préserver son omnipotence. Des controverses concernant le rôle de la prédestination sont apparues très tôt dans l'islam. En particulier, les qadarites et les mu'tazilites ont mis l'accent sur le libre arbitre, en dépit d'affirmations d'apparence contraire contenues dans le Coran.

De 827 à 848, période dite de la *miḥna* (inquisition), le califat abbasside a essayé par tous les moyens d'imposer les doctrines rationalistes des mu'tazilites, qui refusent rigoureusement toute attribution de caractère anthropomorphe à Dieu, soulignent son unité et sa justice, et ont en commun avec celles des puritains kharijites l'idée que la foi seule ne suffit pas à justifier le croyant et que le péché fait déchoir de la qualité de croyant. Cette période fut suivie par une réaction en sens inverse. La théologie du médiateur entre les deux positions, Abū'l-Ḥasan al-Ash'arī (874-935), triompha et devint l'orthodoxie sunnite. Il accepta, contre les mu'tazilites, la prédestination, l'éternité du Coran, le pardon divin des péchés, la réalité et l'incompréhensibilité des attributs de Dieu.

L'orthodoxie et ses champions, les *fuqahā'* et les *mutakallimūns*, s'opposa constamment aux écoles libérales de philosophie et aux sciences classiques, introduites dans l'islam par des traductions arabes de textes en syriaque traduits à leur tour du grec (VIIIe-IXe siècles). En dépit de l'opposition orthodoxe, les penseurs les plus brillants de l'époque, comme le philosophe politique al-Farabi (870-950 EC) et le médecin et philosophe aristotélicien et néo-platonicien Ibn Sina (Avicenne, 980-1037), incorporèrent des éléments de la logique et de la cosmologie grecques dans la vision islamique du monde.

20.9 *Le calendrier* religieux islamique est un calendrier lunaire de trois cent cinquante-quatre jours : les fêtes se déplacent donc à travers les saisons. Le mois du Ramadan est particulièrement important. Pendant la journée, on jeûne et on cultive les œuvres religieuses. Vers la fin du Ramadan se situe la commémoration de la Nuit de la Puissance, Laylat al-Qadr, lorsque Muhammad reçut sa première révélation. Pendant cette nuit, les frontières entre le monde angélique et ce monde-ci s'ouvrent. L''Īd al-Fiṭr marque la fin du jeûne.

Dhū al-Ḥijjah est le mois du pèlerinage à La Mecque. En état de pureté physique et rituelle *(iḥrām)*, les pèlerins marchent autour de la Ka'bah, visitent les tombeaux de Hagar et Ismaël et le puits de Zamzam, couvrent la distance entre deux tertres en mémoire de Hagar à la recherche de l'eau, se tiennent debout pendant un après-midi dans la plaine d'Arafat et jettent des cailloux au pilier d'Aqaba à Mīna, qui représente Satan tentant Abraham et lui suggérant d'abandonner l'immolation de son fils Ismaël. Le grand sacrifice et la distribution de viande en mémoire du sacrifice d'Abraham ('Īd al-Aḍḥā) terminent le ḥajdj. La célébration a lieu dans tout le monde musulman.

L'islam shiite a ses propres fêtes, dont la plus importante est la 'Āshūrā (le 10 Muḥarram), commémoration du martyre de Ḥusain (↔ 20.6). Les journées de deuil en mémoire de Ḥusain comprennent des chants, des récitations, des représentations dramatiques du conflit, qui peuvent dégénérer en escarmouches, et des processions de flagellants qui transportent dans les rues des cercueils en bois. Les anniversaires des imams, y compris celui d''Alī, sont célèbrés par les shiites. Le jour de Muhammad (Mawlid al-Nabī, le 12 Rabī' al-Awwal), commémoration de sa naissance, et la nuit du mi'rāj au mois de Rajab, sont célébrés par tous les musulmans.

20.10 *Le soufisme*, le visage intérieur ou mystique de l'islam, est un mode de vie qui poursuit la réalisation de l'unité et de la présence de Dieu à travers l'amour, la connaissance fondée sur l'expérience, l'ascèse et l'union extatique avec le Créateur bien-aimé.

20.10.1 *Origines.* Les textes soufis eux-mêmes révèlent que l'ascétisme et les activités dévotionnelles des moines chrétiens, ainsi que la circulation d'idées néo-platoniciennes et hermétiques, ont été importants à certaines époques de l'histoire du soufisme ; mais il faut rechercher les véritables origines du mouvement dans l'islam lui-même, et notamment dans le Coran, les ḥadīths et les courants dévotionnels et ascétiques. Comme le remarque S.H. Nasr, la recherche de Dieu ne s'explique pas par des emprunts historiques.

Les termes « soufi » *(ṣūfī)* et « soufisme » *(taṣawwuf)* dérivent probablement des vêtements de laine *(ṣūf)* portés par les ascètes musulmans, désignés par l'appellatif générique de « pauvre » (*faqīr* ou *darvish*).

Le soufisme commence avec Muhammad, car en vertu de sa relation étroite avec Dieu, de sa révélation, de son ascension *(mi'rāj)* à travers les cieux et de sa condition supérieure parmi les créatures, il est tenu par les soufis pour l'un des leurs. Les preuves de son soufisme sont recherchées dans les hadiths et dans le Coran lui-même, source inépuisable d'édification mystique, car il communique le témoignage originel de la semence d'Adam et d'Eve, reconnaissant Dieu comme leur Seigneur pour toute l'éternité, et établissant ainsi un pacte qui oblige les deux parties (Sourate 7, 172). Une autre sourate chère aux soufis (50, 16) présente Dieu comme « plus proche de l'homme que sa veine jugulaire ». Enfin, un autre élément que les soufis reconnaissent volontiers dans le Coran est la recommandation de pratiquer le *dhikr*, méditation ou invocation de Dieu (13, 28 ; 33, 14). Dans les pratiques des soufis, le *dhikr* peut être accompagné de l'usage d'un rosaire, de contrôle respiratoire, de musique et de danses extatiques comme celles des *mawlawīyas* ou derviches tourneurs dans la tradition de Jalāl al-Dīn Rūmī (1207-1273), le grand poète mystique de Konya (Turquie).

Dans les traditions concernant la communauté de Muhammad, on trouve quelques fidèles particulièrement rigides et conservateurs qui allaient représenter l'élément antimondain de la foi naissante. Certains voient en eux les premiers soufis. Sous les premiers califes et la conquête, des voix s'élèvent qui protestent contre les transformations des mœurs et des pratiques. Une autre question qui se pose est de savoir s'il faut s'engager dans le chemin de l'observance rituelle et du légalisme, ou dans celui de la foi intérieure et de l'amour. Dieu est-il un Maître distant et complètement autre, ou bien est-il amoureux et accessible ? Lorsque le califat est transféré par les Umayyades à Damas, loin de la rude presqu'île d'Arabie, la tension ne fait que s'accroître entre la sécularisation des mœurs et les fondamentalistes qui la déplorent. Ḥasan al-Baṣrī (m. 728), un des premiers ascètes musulmans qui ont toujours le jugement de Dieu sous les yeux et fulminent contre le matérialisme du monde, trouve une justification à leur sérieux dans le ḥadīth même du Prophète : « Si vous saviez ce que je sais, vous ririez peu et pleureriez beaucoup. »

20.10.2 *Pratiques.* Une importante figure de transition dans le soufisme est Rābi'ah al-'Adawīyah (VIIIe siècle), une femme dont les paradoxes et la mystique passionnée élèvent la tradition ascétique dont elle fait partie à de nouvelles dimensions. De nombreuses anecdotes sur sa vie développent les exploits de Rābi'ah et démontrent l'influence populaire du soufisme. Son amour de Dieu était si absolu qu'il excluait tout le reste, y compris la peur de l'enfer, le désir du paradis et la haine de Satan. En effet, la piété des soufis paraît souvent se concentrer exclusivement sur l'amour de Dieu, aux dépens de l'amour de ses créatures. Amitié, famille, maison, nourriture et même les beautés de la nature ne rencontrent aucune faveur auprès des soufis, car ils contreviennent à l'idéal de dépouillement total (*faqr*, la qualité du faqīr).

Au centre de la pratique soufi, il y a la relation entre maître et disciple. Un maître (*shaykh* ou *pīr*) a un pouvoir absolu sur son disciple. Un grand maître peut finir par être considéré comme un saint (*walī allāh*, « ami de Dieu »), auquel cas il continuera de répandre son influence bénéfique après sa mort et son tombeau deviendra lieu de pèlerinage. Vers la fin du VIIIe siècle, des groupes de disciples commencèrent à se réunir autour des grands maîtres, et les habitations communes se transformèrent en monastères (*ribāṭs* ou *khānqāhs*). D'abord sporadiques et temporaires, les monastères finirent au XIIe siècle par représenter de riches et puissants établissements, avec leur hiérarchie, leurs règles monastiques et leur propre tradition initiatique, attribuée à quelques fameux mystiques du passé. A partir du XIIe siècle, les soufis forment des ordres et des fraternités qui se réclament de l'enseignement des grands maîtres : les Bektāshīyahs (XIVe siècle), les Suhrawardīyahs (ca. 1200, influents en Inde), les Rifā'īyahs ou Derviches Hurleurs (XIIe siècle), les Shādhilīyahs d'Égypte, les Qādirīyahs et les Naqshbandīyahs. Aux frontières de l'Islam, les ordres réalisaient des conversions, mais on vit également des pīrs locaux dégénérer en petits seigneurs guerriers. A leur tour, les pīrs indiens suivaient le modèle des gurus charismatiques hindous. Souvent, ils héritaient leur position de leurs pères.

Le shiisme imamite et le soufisme ont certains traits communs, comme le statut du *walī* (saint), les *aqṭāb* (sg. *quṭb*, « pôle », le maître spirituel général de chaque époque), la succession des prophètes et les étapes du progrès spirituel. Comme le shiisme, le soufisme développe la dimension ésotérique, *bāṭinī*, de l'islam.

Les doctrines et les pratiques soufi tournent souvent en ridicule les orthodoxes. A leur tour, ceux-ci lancent des anathèmes contre le panthéisme des soufis, leur libertinage, leur antinomisme, leur négligence de la prière, du jeûne et du pèlerinage. Certains régimes les expulsent et les persécutent. Les mendiants soufis étaient parfois soupçonnés d'être des charlatans ou des hérétiques. Le grand soufi Ḥusain ibn Manṣūr al-Ḥallāj (857-922), torturé et exécuté à Bagdad, le fut à la fois pour son extrémisme religieux et pour ses sympathies politiques. Il reste fameux pour avoir loué Iblīs (le nom coranique de Satan) de son refus d'adorer Adam lorsque Dieu avait commandé à toutes les créatures de le faire (Sourate 2, 28-34). Plutôt que de l'insubordination, Ḥallāj voit dans le geste d'Iblīs une preuve de fidélité au monothéisme. Al-Ḥallāj est également connu pour cette expression osée d'union extatique avec Dieu : *Anā'l-Ḥaqq*, « Je suis la Vérité (= Dieu) ». Pour l'orthodoxe, cette affirmation équivalait au pire des blasphèmes, mais pour les soufis aussi c'était une erreur, car tout en étant vraie, elle contrevenait au principe du silence devant les non-initiés. Les indiscrets propos mystiques d'al-Ḥallāj peuvent être comparés à ces déclarations d'al-Bisṭāmī

(m. 874) : « Gloire à moi-même ! Comme elle est grande, ma majesté ! », ou : « J'ai vu la Ka'bah qui marchait autour de moi. »

Abū Ḥāmid Muḥammad ibn Muhammad al-Ghazālī (1058-1111) était un maître de jurisprudence, *kalām* (théologie dialectique) et philosophie, mais une crise survenue au milieu de sa vie le vit se transformer en soufi. Il reste dans l'histoire comme le champion de la connaissance par expérience directe et par révélation plutôt que par raisonnement philosophique. Son fameux *Tahāfut al-Falāsifah* (« Incohérence des philosophes »), ainsi que son autobiographie et son *Iḥyā' 'ulūm al-dîn* (« Revitalisation des sciences religieuses »), sont une plaidoirie convaincante pour l'orthodoxie, la légitimité et la nécessité du mysticisme.

La poésie mystique comme le *mathnavî* de Mawlānā Jalāl al-Dīn Rumi et le *Manṭiq al-ṭayr* (« Conférence des oiseaux ») de Farīd al-Dīn 'Aṭṭār eurent plus de succès auprès du grand public que les manuels de soufisme. Ces guides très attentifs au détail technique sont en même temps abstraits et inaccessibles. Les étapes du chemin spirituel sont codifiées de plusieurs manières, selon l'école ou l'ordre soufi. Le nombre des *maqāmāts* ou stades de l'ascèse et des *aḥwāls* ou états mystiques est variable. Le *Kitāb al-luma'*, introduction au soufisme d'Abū Naṣr al-Sarrāj (m. 988), énumère sept stades :

1	tawbah	repentir
2	wara'	abstinence
3	zuhd	ascèse
4	faqr	pauvreté
5	ṣabr	patience
6	tawakkul	confiance en Dieu
7	riḍā'	satisfaction

D'autres stades mentionnés souvent (leur nombre excède 100) comportent la conversion *(inābah)*, l'invocation *(dhikr)*, l'abandon *(taslîm)*, l'adoration *('ibādah)*, la connaissance *(ma'rifah)*, le dévoilement *(kashf)*, l'annihilation *(fanā')* et la subsistance en Dieu *(baqā')*.

Les étapes mystiques sont plus personnelles et plus vagues que les stades. Al-Sarrāj en énumère dix :

1	murāqabah	attention constante
2	qurb	proximité
3	maḥabbah	amour
4	khawf	peur
5	rajā'	espoir
6	shawq	désir
7	uns	familiarité
8	iṭmi' nān	tranquillité
9	mushāhdah	contemplation
10	yaqīn	certitude

L'intervention de la grâce, un bon maître spirituel, l'initiation, la purification intérieure, l'intuition de la présence divine (*dhawq* ou « goût ») peuvent mener à l'obtention du *tawḥîd*, l'union absolue avec Dieu.

L'école de l'Iranien Shihāb al-Dīn Yaḥyā Suhrawardī (1153-1191 EC), s'inspirant de son *Hikmat al-ishrāq* (« Sagesse de l'Illumination »), conçoit l'essence de Dieu en termes de Lumière diffusée partout dans sa création.

Deux principales doctrines du soufisme sont présentes dans les écrits de ce mystique extraordinaire que fut Abū Bakr Muḥammad ibn al-'Arabī de Murcie (1165-1240) appelé Muḥyī al-Dīn (« Réanimateur de la Religion ») et al-Shaykh al-Akbar (« Grand Maître »), *quṭb* ou « pôle » du soufisme de son temps. Ce poète, pèlerin et maître d'âmes andalou fut également un écrivain prolifique dont les productions portent souvent l'empreinte d'une inspiration ou d'une révélation soudaines. Ses ouvrages les plus fameux sont le *Tarjumān al-ashwāq* (« l'Interprète des désirs »), le *Fuṣūṣ al-ḥikam* (« les Enchâssures de la sagesse ») et le gigantesque *Al-Futūḥāt al-Makkîya* (« Révélations mecquoises »). Il a écrit en outre deux traités contenant les biographies de 61 soufis anadalous : *Ruḥ al-quds* (« l'Esprit de sainteté ») et *Dhurrat al-fākhirah* (« la Perle précieuse »).

La doctrine de l'« unité de l'être » *(waḥdat al-wujūd)* est fondamentale dans le système d'Ibn'Arabī. Dieu est le seul à exister réellement, dans Son ineffable transcendance. Il a besoin de la création pour qu'elle lui serve de miroir afin qu'il puisse se connaître. Nous sommes les attributs de Dieu. Cette doctrine n'est ni panthéiste, ni purement moniste.

Une seconde théorie d'Ibn'Arabī concerne l'Homme Parfait *(al-insān al-kāmil)*, point culminant de la création divine. Cet être a plusieurs dimensions : il peut être une hypostase cosmologique, pierre de fondation de la création ; il peut être un pôle *(quṭb)* spirituel qui guide son époque ; il peut être l'essence des prophètes, d'Adam à Muhammad. L'homme est le microcosme, l'univers est le macrocosme. Cette relation spéculaire peut être exploitée pour la complète transformation du mystique. Sommet de la création, l'homme est l'image la plus distincte du divin dans le miroir de la création, capable de percer ce voile d'illusion qui rend la création aussi réelle que son Créateur.

20.11 *Bibliographie.* Ouvrage indispensable de référence : *The Encyclopedia of Islam*, seconde édition, Leiden 1954, six volumes publiés. Un des meilleurs exposés complets de l'histoire de l'islam est Marshall G.S. Hodgson, *The Venture of Islam : Conscience and History in a World Civilization*, 3 vol., Chicago 1974. D. Sourdel, *l'Islam médiéval*, Paris 1979, et *Histoire des arabes*, Paris 1985, 3ᵉ éd. ; A. Miquel, *l'Islam et sa civilisation : VIIᵉ-XXᵉ siècle*, Paris 1977, 2ᵉ éd. ; C. Cohen, *les Peuples musulmans dans l'histoire médiévale*, Damas 1977 ; M. Gaudefroy-Demombynes, *les Institutions musulmanes*, Paris 1946, 3ᵉ éd. ; E. Lévi-Provencal, *Histoire de l'Espagne musulmane*, Paris 1950-1953, 3 vol. Sur le califat des Abbassides, voir le beau livre de Francesco Gabrieli et autres, *Il Califfato di Baghdad*, Milan 1988.

Sur les sectes islamiques, voir Henri Laoust, *les Schismes dans l'islam*, Paris 1983. Les meilleurs exposés sur les sectes sont contenus dans la trilogie dc Hcinz Halm, *Kosmologie und Heilslehre der frühen Isma 'iliya*, Wiesbaden 1978 ; *Die islamische Gnosis*, München 1982 ; *Die Schia*, Darmstadt 1988. Halm croit cependant à l'absorption d'idées « gnostiques » dans l'islam, ce qui n'a aucun fondement. Sur l'ismaélisme, voir S.H. Nasr (éd.), *Isma'ili Contributions to Islamic Culture*, Téhéran 1977. Sur l'ordre des Assassins, voir M.G.S. Hodgson, *The Order of the Assassins*, La Haye 1955, et Bernard Lewis, *The Assassins*, Londres 1967. Le livre de Jean-Claude Frère, *l'Ordre des Assassins*, Paris 1973, contient des élucubrations, à la fois ridicules et dangereuses, malheureusement reprises dans l'ouvrage de Philippe Aziz, *les Sectes secrètes de l'Islam : de l'ordre des Assassins aux Frères musulmans*, Paris 1983. Sur les Druzes, l'ancien ouvrage de Sylvestre de Sacy reste indispensable : *Exposé de la Religion des Druzes tiré des livres religieux de cette secte, et précédé d'une Introduction et de la Vie du khalife Hakem-Biamr-Allah* (1837), réimpression, Paris/Amsterdam 1964.

Sur la mystique musulmane, voir Annemarie Schimmel, *Mystical Dimensions of Islam*, Chapel Hill 1975 ; G.-C. Anawati et Louis Gardet, *Mystique musulmane*, Paris 1961 ; S.H. Nasr, *Sufi essays*, Albany 1972 ; J. Spencer Trimingham, *The Sufi Orders in Islam*, Oxford 1971. Parmi les études classiques sur le soufisme, il faut signaler Louis Massignon, *la Passion d'al-Hosayn ibn Mansur al-Hallaj*, Paris 1922 et *Essai sur les origines du lexique technique de la mystique musulmane*, Paris 1922, 1954 ; Reynold A. Nicholson, *Studies in Islamic Mysticism*, Cambridge 1921. Nicholson a traduit en anglais le *Mathnawi* de Rumi : *The Mathnawi of Jalalu 'ddin Rumi*, 8 vol., Londres 1925-1971. Il existe des traductions partielles d'Ibn'Arabî en français, comme *la Sagesse des Prophètes*, tr. par Titus Burkhardt, Paris 1955. D'autres textes accessibles du soufisme sont 'Abd-ar Rahman Al Jami, *Vies des soufis ou les Haleines de la familiarité*, traduit du persan par Sylvestre de Sacy (1831), Paris 1977 ; Ibn 'Arabî, *les Soufis d'Andalousie* (Ruh al-quds et ad-Durrat al-fakirah). Introduction, trad. par R.W.J. Austin, tr. fr. G. Leconte, Paris 1979.

ticiens musulmans, Paris 1922, 1954 ; Reynold A. Nicholson, *Studies in Islamic Mysticism*, Cambridge 1921. Nicholson a traduit en anglais le Mathnawî de Rûmî : *The Mathnawî of Jalâlu'ddîn Rûmî*, 8 vol., Londres 1925-1971. Il existe des traductions partielles d'Ibn 'Arabî en français, comme *La Sagesse des Prophètes*, tr. par Titus Burckhardt, Paris 1955. D'autres textes accessibles au profane sont 'Abd-ar-Rahmân Al Jâmî, *Vies des soufis ou les Haleines de la familiarité*, traduit du persan par Sylvestre de Sacy (1831), Paris 1977 ; Ibn 'Arabî, *Les Soufis d'Andalousie (Rûh al-quds et al-Durrat al-fâkhira)*, introduction, trad. par R. W. J. Austin, tr. fr. G. Leconte, Paris 1979.

21

JAÏNISME

21.0 Le nom de jaïnisme provient de l'appellation de *Jina* (« Conquérant ») qui fut donnée au fondateur de la religion.

21.1 *Sources.* La littérature des jaïnas est énorme. Elle se divise en deux branches, selon les deux traditions ou « sectes » jaïnas : les Digambaras (« vêtus du ciel », c'est-à-dire « nus ») et les Śvetāmbaras (« vêtus de blanc »). Les écrits des Śvetāmbaras sont réunis dans un canon doctrinal comprenant quelques dizaines de traités groupés en six sections, dont la partie la plus ancienne est rédigée en prakrit (langue du fondateur), le reste en sanskrit. Les Digambaras excellent en traités systématiques *(prakaraṇas)*, dont les plus anciens remontent au Ier siècle EC.

21.2 *Mahāvîra* (« Grand Héros ») est le fondateur du jaïnisme. De son vrai nom Vardhamāna (« Prospère »), il a été le contemporain du Bouddha. Sa biographie mythique est au centre de la tradition śvetāmbara. Elle a été transformée selon le paradigme indien du personnage divin *(mahāpuruṣa)*. Conçu au Bihar dans une famille de brahmanes, son embryon aurait été transféré par le dieu Indra dans l'utérus de la princesse Triśala, pour que l'enfant naisse dans une famille royale. Quatorze ou seize rêves avertissent la mère de la naissance prodigieuse. L'enfant princier, qui n'attend pas de sortir du ventre maternel pour accomplir des prodiges, sera élevé selon les préceptes religieux de Pārśva, auquel la tradition jaïna réserve le titre de vingt-troisième *tîrthaṃkara*, ce qui signifie

« faiseur de gués (pour que les autres croisent l'eau) », un peu comme le mot *pontifex* paraît signifier « faiseur de ponts ».

Mahāvīra lui-même en est le vingt-quatrième. Comme dans le cas du Bouddha, dont Mahāvīra semble d'ailleurs répéter la biographie, le fondateur, selon certaines sources, a eu une épouse et une fille dont le mari aurait été le principal responsable du schisme du jaïnisme. Quoi qu'il en soit, à trente ans, après la mort de ses parents, Vardhamāna abandonne ses biens et rejoint les excentriques *śrāmaṇas*, spécialistes souvent spectaculaires d'une ascèse à visages multiples, pratiquant la nudité et cinq préceptes qui allaient devenir les cinq Grands Vœux *(mahāvratas)* du moine jaïna : renoncer à tuer, à dire des choses mensongères, à voler, à avoir des rapports sexuels et à accumuler des biens transitoires. Mahāvīra passa plus de douze ans sur le chemin ardu de l'ascétisme. L'illumination le cueillit sous un arbre sāl, pendant une nuit d'été au bord d'une rivière. Il atteignit une complète omniscience (ou Gnose Parfaite : *kevala-jñāna*) de tout ce qui a été, est et sera dans tous les mondes. Cet état, qui est celui de *kevalin*, représente l'équivalent de l'*arhat* bouddhique. Il existe également dans le jaïnisme une tradition qui affirme que le *kevalin* est libéré de toutes les contraintes de la nature humaine, et une autre qui ne lui accorde pas plus que d'être au-dessus de la souillure que produit l'exercice de ces contraintes (ingestion, excrétion, etc.). Après l'obtention de la Gnose Parfaite, le Jina fit connaître la vérité autour de lui et fonda la communauté jaïna, constituée de religieux et laïcs des deux sexes. Selon la tradition, il passa dans le *nirvāṇa* à l'âge de soixante-douze ans (numérologie mystique : $2^3 \times 3^2$) en 527 AEC (date à corriger probablement par 467). Tout comme l'enseignement du Bouddha peut être résumé dans les formules de l'Octuple Voie, qui commencent toutes par le mot *samyak-* (« conforme »), celui du Jina est condensé dans les Trois Joyaux *(triratnas)* de la Vision du Monde Conforme *(samyagdarśana)*, de la Gnose Conforme *(samyagjñāna)* et de la Conduite Conforme *(samyakcaritra)*.

21.3 Selon la légende, Mahāvīra transmit la direction de la communauté à onze disciples *(gaṇadharas)*, dont le chef était Gautama Indrabhūti. En 79 EC, la communauté se scinda : d'un côté les partisans de la tradition libérale (les *Śvetāmbaras*) et de l'autre ceux de la tradition conservatrice, héroïque, les nudistes intégraux « vêtus du ciel » *(Dighambaras)*. Du nord-est de l'Inde (Magadha, aujourd'hui Bihar), le mouvement se propagea au sud et à l'est. Il connut des périodes d'épanouissement. Aujourd'hui, repliés sur eux-mêmes, les jaïnas ne semblent pas dépasser trois millions d'adeptes. Une éthique économique qui prédispose au succès dans le commerce garantit à leur communauté une relative richesse. Intellectuellement, les jaïnas ont toujours eu une place de premier plan dans la vie sociale indienne. Leur apport au mouvement spirituel de Mohandas Gandhi a été capital.

21.4 *La vision du monde (darśana)* des jaïnas peut être résumée dans les Grands Vœux *(mahāvratas)* des religieux et dans les Petits Vœux *(aṇuvratas)* des laïcs : *ahiṃsā* (non-violence), *satya* (honnêteté), *asteya* (droiture), *brahma* (continence ; ici, abstention de rapports sexuels illicites), *aparigraha* (renoncement à l'accumulation des richesses).

Le jaïnisme partage avec l'hindouisme traditionnel et certaines écoles du bouddhisme l'idée de la réincarnation de la partie vivante *(jîva)* de l'être humain dans tous les règnes animés, sous l'influence du « corps karmique » qui est le résultat des actions passées. L'éveillé jaïna essaie d'entraver ce processus naturel par une réaction constante *(saṃvara)*. Il s'agit d'observer à chaque instant de très longues listes de renoncements mentaux, verbaux ou corporels et de se soumettre aux épreuves de la vie religieuse. Tel est le dualisme éthique de la doctrine jaïna, que le suicide par le jeûne *(saṃlekhanā)* est recommandé. Et pourtant cette insouciance poussée à l'extrême pour sa propre vie n'est égalée que par le souci encore plus scrupuleux de la vie d'autrui. En effet, les jaïnas sont tenus de respecter toute vie, fût-ce celle d'une puce ou d'une fourmi ; ils ne pratiquent donc pas seulement le végétarisme le plus strict (qui va jusqu'à stériliser l'eau), mais ils s'efforcent par tous les moyens de ne jamais porter préjudice à aucune espèce animée. Les religieux, par exemple, auront soin de ne pas manger pendant la nuit, de peur d'avaler des insectes par mégarde.

Seule l'ascèse *(tapas)* complexe, telle qu'elle est pratiquée dans la communauté des moines *(nirgrantha)*, est susceptible d'amener la délivrance du *saṃvāra*. Lorsque le *saṃvāra* du moine aboutit à la libération des liens du *karma*, il atteint l'idéal de la perfection *(siddhi)*.

Bien que fortement organisée, la cosmologie jaïna reprend les données brahmaniques traditionnelles, tout comme la biographie mythique du Mahavira reprenait celles d'autres Mahāpuruṣas, les Grands Hommes de l'Inde.

21.5 *Les grottes* semblent avoir été l'habitation préférée des moines jaïnas à une époque reculée. Elles furent transformées en lieux d'adoration que les nouveaux sanctuaires creusés dans des parois rocheuses (Badani, Ellora) s'efforçaient d'imiter. Sans toujours respecter une telle structure, le temple jaïna consiste souvent dans une image centrale du *Tīrthaṃkara* « à quatre visages » *(catur-mukha)*, vers laquelle mènent quatre voies d'accès. Les temples jaïnas les plus célèbres sont situés en Inde occidentale, à Mont Abu et dans les collines d'Aravalli.

21.6 *Bibliographie.* Eliade, H 2, 152-3 ; C. Caillat, *Jainism*, in ER 7, 507-14, et *Mahavira*, ER 9, 128-31. Voir aussi Walther Schubring, *The Doctrine of the Jainas*, Delhi 1962 ; Colette Caillat, *la Cosmologie jaïna*, Paris 1981.

22

JUDAÏSME

22.1 *Le peuple juif* fait son apparition dans l'histoire après 2000 AEC. Il descend en partie des Amorites ou « Occidentaux » qui s'installent en Mésopotamie à la fin du IIIe millénaire. Il s'identifie peut-être en partie avec ces *khabiru* mentionnés dans les sources de la moitié du second millénaire. D'après la Bible, les ancêtres d'Israël arrivèrent en Égypte en hommes libres, mais furent réduits plus tard en esclavage. Des milliers en sortirent vers 1260 AEC, à la suite du prophète Moïse, dont le nom est d'origine égyptienne. Ils s'installèrent en Canaan et y formèrent ensuite douze tribus. Vers 1050, le *shofet* (juge) et voyant Samuel nomma Saül roi d'Israël pour combattre contre les Philistins. Après la mort de Saül, David fut désigné comme roi par la tribu méridionale de Juda. Il pacifia la région et transforma Jérusalem en centre religieux, dépositaire de l'Arche de l'Alliance. David fut suivi par son fils Salomon (ca. 961-922), le roi légendaire par sa sagesse, qui fit bâtir le Temple de Jérusalem pour y déposer l'Arche. Après la mort de Salomon, l'État se scinda en royaume du Nord (Israël) et royaume du Sud (Judée). En 722 AEC, Israël fut conquis par l'Empire assyrien. En 587, l'empereur babylonien Nebuchadnezzar (Nabuchodonosor) fit détruire le premier Temple de Jérusalem. La population de Judée prit la route de Babylone. Elle fut libérée de la captivité babylonienne par Cyrus, empereur persan, qui occupa la Mésopotamie en 539. Les Juifs rentrèrent à Jérusalem et rebâtirent le Temple avec l'appui de Cyrus. Après la mort d'Alexandre (323 AEC), la Judée fit partie du territoire des Ptolémées, qui régnaient sur l'Égypte depuis leur capitale d'Alexandrie, ville comportant un nombre très important de Juifs. En 198, la Judée passa à l'empire des Séleucides. En 167, Antiochus IV fit abolir la Loi juive et profana le Temple en y installant une statue du dieu Zeus. Cette situation donna naissance à la révolte des Maccabées. Le Temple fut occupé et purifié par les révoltés en 164 ; en mémoire de cet événement, fut instituée la fête de huit jours de la *hanukkah* (nouvelle dédicace). En 140, Simon, le dernier des frères Maccabées, fut proclamé Grand Prêtre et ethnarque (chef du peuple). Ainsi commença la dynastie hasmonéenne, qui maintint encore une fonction religieuse sous le protectorat romain (60 AEC). En 40 AEC, Hérode, fils d'Antipater, administrateur de la Judée pour les Romains, fut proclamé à Rome roi des Juifs. A partir de 6 EC, la Judée fut administrée directement par un préfet, puis par un procurateur romain. En 66, répondant aux provocations du procurateur Florus, une révolte populaire éclata, appuyée par les Zélotes *(sicarii)*, des patriotes juifs qui n'hésitaient pas à recourir à la violence contre les Juifs romanisés. Le général Vespasien, proclamé empereur en 69, laissa à son fils Titus le soin de finir la campagne commencée en Judée. Le 28 août 70, le Second Temple fut détruit par les flammes et en septembre Jérusalem fut rasée par l'armée impériale. Les derniers résistants furent écrasés en 74 dans la forteresse de Masada. S'il n'est pas exact qu'après cette date la religion juive ne fut plus reconnue par les Romains, la chute du Temple favorisa certainement la diaspora, un phénomène déjà très ancien. En 133, une révolte éclata, sous l'égide du Messie Bar Kochba, appuyé par l'autorité religieuse de Rabbi Akiva (ca. 50-135). Sa répression féroce entraîna la dévastation de la Judée et son dépeuplement, mais la prohibition des pratiques religieuses juives ne fut en vigueur que pendant quelques années et les conditions générales des Juifs et de l'administration locale (réservée à un prince — *nasi* — indigène) s'améliorèrent sensiblement au début du IIIe siècle EC. Ce n'est que plus tard, lorsque le christianisme devint religion unique de l'Empire romain (fin du IVe siècle), que les privilèges furent retirés aux Juifs et qu'ils furent exclus de tout emploi public ; cette situation se prolongea en général jusqu'au XVIIIe siècle dans tous les États chrétiens ainsi que dans les États musulmans après l'avènement de l'islam, de très rares exceptions en Espagne musulmane confirmant la règle. Traqués d'abord par les fondamentalistes musulmans, puis expulsés par les conquérants chrétiens en 1492, les Juifs séfarades (Espagne et Portugal) se réfugièrent en Afrique du Nord, en Asie Mineure, en Hollande, partout où les autorités les accueillirent. Cette esquisse très sommaire de l'histoire du peuple juif était indispensable pour comprendre la dimension historique du judaïsme. D'autres données seront fournies au fur et à mesure que nous avancerons jusqu'à la principale tragédie du peuple juif, l'holocauste qui fit six millions de victimes de 1937 à 1944. Mais disons d'emblée que, si dans ses premières phases le judaïsme semble effectivement interpréter à travers une lecture historique les cultes saisonniers cananéens, il constitue par ailleurs une des religions qui (comme l'ont montré des savants tels que R.J.Zwi Werblowski, Jonathan Z. Smith, Moshe Idel et d'autres) résistent le mieux au contact avec l'histoire, en préservant des structures intemporelles.

22.2 Grâce aux fouilles archéologiques récentes, *le substrat religieux commun au pays de Canaan* a pu être mieux précisé. L'utilisation de la Bible comme source historique a été souvent mise en question. On peut cependant estimer qu'une partie au moins des récits bibliques a une base historique.

L'écriture sacrée des Juifs est la *Torah nebi'im we ketuvim* (abrégé *Tanakh*), « la Loi, les Prophètes et les Écrits » et, comme l'indique ce titre, elle est composée de trois sections fondamentales : la Torah proprement dite ou Pentateuque (cinq écrits), les Prophètes et les autres textes. La partie la plus ancienne du Pentateuque date du Xᵉ siècle AEC, les parties plus récentes des *Ketuvim* ne datent que du IIᵉ siècle AEC.

Le Pentateuque consiste dans la Genèse *(Bereshit)*, l'Exode *(Shemot)*, le Lévitique *(Vayikra)*, les Nombres *(Be-Midbar)* et le Deutéronome *(Devarim)*. La Torah a été constituée à partir de quatre textes d'époques différentes : J ou Jahviste, qui utilise pour Dieu le nom de JHVH (Xᵉ siècle AEC), E ou Élohiste, qui utilise pour Dieu le nom (pluriel) d'Elohim (VIIIᵉ siècle), D qui est à la base de la rédaction d'une partie du Deutéronome (622 AEC) et P rédigé par un groupe de prêtres, qui est à la base du Lévitique et de certaines parties d'autres écrits. La diversité des sources implique aussi une diversité des conceptions de Dieu et des mythes de fondation du cosmos et de l'homme. Il paraît évident que la figure de YHVH, Dieu du ciel, n'était pas faite pour répondre aux exigences du rationalisme hellénistique. Des contradictions surgissent chaque fois qu'on se pose le problème de son omnipotence, de son omniscience, etc. Nous sommes pourtant certains de sa monarchie divine.

Les Prophètes se divisent en « anciens » et « nouveaux ». Les « anciens » apparaissent dans six livres de récits historiques : *Josué, Juges, 1 et 2 Samuel, 1 et 2 Rois*, dont les héros sont Josué, successeur de Moïse, Samuel, Saül, David, les prophètes Élie et Élisée, jusqu'à la conquête babylonienne de 587. Les « nouveaux » prophètes regroupent les oracles et visions d'Isaïe, Jérémie, Ézéchiel et les « douze » (Osée, Joël, Amos, Jonas, Zacharie, etc.). Les *Ketuvim*, enfin, sont des écrits variés et datant d'époques diverses comme *les Psaumes* (150 hymnes et prières), *les Proverbes, Job*, les cinq *megillot* (Cantique des Cantiques, Ruth, Lamentations, Ecclésiaste, Esther), *Daniel, Esdras, Néhémie, 1 et 2 Chroniques.*

La première collection complète de la Bible est la version grecque dite Septuaginta ou des Septante (nombre mythique de sages qui contribuèrent à la traduction), achevée au IIe siècle AEC. La Septante contient des matériaux (appelés « Apocryphes ») qui ne seront pas inclus dans le canon biblique en hébreu. La constitution de celui-ci est l'œuvre patiente des Masorètes.

A partir du IIIe siècle AEC, la religion juive s'enrichit de nombreux textes apocalyptiques qui décrivent soit des ascensions célestes (comme le cycle d'*Hénoch*), soit l'avènement d'un nouvel éon (comme *4 Esdras* et *2 Baruch*), soit une combinaison d'ascension céleste (verticale) et de prophétie eschatologique (horizontale). Vers la fin du Ier siècle EC apparaissent deux types de mysticisme juif : l'un qui s'occupe de spéculations autour du livre de la Genèse *(ma'aseh bereshit)* et l'autre (*ma'aseh merkabah* ou « œuvre du char ») qui fait usage de la description du char *(merkabah)* céleste transportant le trône de Dieu dans la vision du prophète Ézéchiel. Une branche de la « mystique de la merkabah », la « littérature hekhalotique », décrit les palais célestes *(hekhalot)* traversés par le mystique dans son voyage jusqu'au trône de Dieu.

Le judaïsme hellénistique produit le grand philosophe Philon d'Alexandrie (ca 20 AEC-45 EC), qui s'efforce d'harmoniser la Bible avec Platon. L'entreprise paraît hasardeuse jusqu'au moment où l'on se rend compte que l'esprit d'écrits bibliques comme la Genèse est, au fond, très « platonicien ». En effet, comme Platon lui-même, la Bible proclame que le monde a été créé par un démiurge bon et qu'il est bon, puisque

Dieu lui-même l'affirme (Gen. 1, 10.18.25.31, etc.). Quant à la chute, elle concerne l'homme dans sa partie essentielle, avant qu'il fût revêtu de la « tunique de peau » (Gen. 3, 21), que Philon peut aisément interpréter comme le corps matériel qui renferme l'âme à l'instar d'une prison (Platon, *Cratyle*, 400c).

Une secte juive ascétique, qui professe des croyances dualistes, est celle des esséniens qui vivent dans le désert de Judée près de la mer Morte depuis environ 150 AEC jusqu'à leur destruction par l'armée romaine en 68 EC. Une partie de leur littérature — les manuscrits de la mer Morte — a été retrouvée dans onze grottes à Qumrān en 1947.

Mais le plus vaste corpus de la littérature juive est constitué par la Mishnah et sa suite, les deux Talmuds (de Jérusalem et de Babylone).

La Mishnah est presque entièrement une œuvre de *halakhah* ou légaliste, par contraste avec la *haggadah* (théologie et légendes). Achevée vers 200 EC, elle contient 63 traités groupés en six sections *(sedarim)* : *Zeaim* (Semences); *Moed* (Fêtes), *Nashim* (Femmes), *Nezikim* (Dommages), *Kodashim* (Choses Saintes), *Teharot* (Purifications). Les traditions non incluses dans la Mishnah (les *beraitot*) ont été recueillies dans un supplément *(Tosefta)*. Les maîtres mentionnés dans la Mishnah sont appelés *tannaim*, alors que les rabbins palestiniens et babyloniens plus tardifs et cinq fois plus nombreux mentionnés dans le Talmud sont les *amoraim* (*tanna*, comme *amora*, signifie « maître »).

Le Talmud palestinien, plus ancien et trois fois plus bref, mais moins poli, est achevé au début du Vᵉ siècle EC, le Talmud babylonien vers 500. Œuvre des *amoraim*, les deux corpus contiennent des textes mishnaïques pourvus d'un long commentaire appelé *gemara*.

Le corpus halakhique du Talmud ne constitue qu'une partie de la littérature rabbinique, l'autre étant constituée par les commentaires du genre *midrash*, qui peuvent être halakhiques ainsi que haggadiques. Les midrashim halakhiques ont trait à l'Exode *(Mekhilta)*, au Lévitique *(Sifra)*, aux Nombres et au Deutéronome *(Sifrei)*. Les midrashim haggadiques forment de nombreuses collections d'époques diverses (jusqu'au XIIIᵉ siècle EC). Parmi ces collections, les plus importantes sont le Midrash Rabbah (le Grand Midrash), contenant le commentaire de la Genèse *(Bereshit Rabbah)*, la *Pesikta de Rav Kahana* (littérature liturgique et homilétique), le Midrash Tanhuma (rabbin palestinien du IVe siècle), etc.

22.3 Un processus qui relève tout d'abord de la monolâtrie mais se transformera plus tard en *monothéisme* anime la composition de la Genèse. Des savants comme Jon Levenson y décèlent plusieurs conceptions de la création, qu'il n'est possible de comprendre que par une opposition dialectique aux mythes babyloniens et cananéens qui inspire les écrivains bibliques. Mais ailleurs, dans le Psaume 82 et dans plusieurs passages des prophètes, on reconnaît encore des traces de l'*Enuma elish* babylonien et des récits ougaritiques.

L'opposition au contexte cananéen est l'une des clés qui ont toujours permis aux savants de confirmer l'indiscutable originalité du judaïsme. C'est ainsi qu'on a voulu transformer le judaïsme en « religion de l'histoire », à partir de l'observation, sans doute exacte dans certaines limites, que les Juifs ont retenu les fêtes cananéennes mais en ont complètement changé la signification, la mettant en rapport avec des événements que la Bible définit comme historiques.

22.3.1 Examinons brièvement les *fêtes* juives, dont les plus importantes sont le Nouvel An *(Rosh Hashanah)*, l'Expiation *(Yom Kippour)*, la fête des Tabernacles *(Soukkot)*, la Dédicace *(Hanukkah)* (↔ 22.1), le *Pourim*, la Pâque et la Pentecôte *(Shavu'ot)*.

Le Rosh Hashanah, célébré le 1er du mois automnal de Tishri, n'est que la première solennité d'une série qui comprend le Kippour (le 10 Tishri), les Soukkot (15-22 Tishri) et la fête plus récente de la Torah (23 Tishri), à la clôture de l'année agricole.

Les participants se réunissent au son du *shofar*, instrument fait d'une corne de bélier, qui disperse les démons. Se rendant près de l'eau, ils célèbrent le rite dit *tashlik* (« il jettera »), dont le but est la délivrance du péché, « jeté » au fond de l'eau. Le soir, ils mangent des betteraves (*silqa'*, « chasser »), des poireaux (*karate*, « coupés »), des dattes (*temarim*, « finis »), etc., jouant sur la double signification des mots : « Plaise à Dieu que nos ennemis soient *chassés*, *coupés*, *finis*, etc. »

Plus profondément expiatoires sont les cérémonies du Yom Kippour, qui commencent par un jeûne nocturne et des lamentations funèbres. Autrefois, elles s'achevaient par le transfert des péchés sur un bouc émissaire, qui était chassé dans le désert. Plusieurs de ces usages rappellent ceux de la Nouvelle Année babylonienne (Akitu).

Un exemple de transformation d'une fête agricole en commémoration d'un événement biblique nous est donné par la fête des Tabernacles (Soukkot), dont le but était à l'origine de remercier Dieu pour la récolte. Le Lévitique 23, 43 témoigne de sa transformation en commémoration de la sortie d'Égypte et de l'édification des huttes dans le désert.

Un autre type de transformation a été subi par la fête des Pourim, c'est-à-dire des « sorts », dont le nom représente une allusion aux divinations annuelles communes aux peuples du Proche-Orient. Elle célèbre l'héroïne biblique Esther qui sauva le peuple d'un massacre (Esther 13, 6), le 13 Adar.

Il est possible de suivre jusqu'à un certain point les transformations subies par les deux fêtes (à l'origine séparées) de la Pâque et des azymes, réunies par la suite pour commémorer la sortie d'Égypte. L'agneau pascal indique qu'à l'origine ce festival célébré à la pleine lune du 14 Nisan était une fête des prémices. Son symbolisme fut modifié pour rappeler le dixième fléau envoyé par Dieu aux Égyptiens (Exode, 11) et le salut des premiers-nés juifs, qui furent épargnés puisque leurs portes étaient marquées avec le sang des agneaux immolés. L'Exode (ch. 12) prescrit également que la Pâque sera suivie par une semaine où la consommation de pain au levain sera proscrite ; mais au même chapitre l'absence du levain est mise en relation avec la hâte du départ d'Égypte. Tout cela semble indiquer que le symbolisme religieux juif est parfois le produit d'une exégèse d'un genre particulier, qui renvoie le plus souvent aux événements racontés par les écrits bibliques, qui constituent une histoire sainte du peuple juif. Cette histoire a un caractère « linéaire », et non pas cyclique ; elle a eu lieu « à l'origine » et codifie donc le passé mythique des Juifs. En ce sens, il est très difficile d'accepter une distinction entre les « religions bibliques » et les autres religions, qui reposerait sur le fait que les dernières envisagent le temps comme la répétition d'un cycle de la création et un rajeunissement périodique du monde, alors que les premières (le judaïsme et le christianisme) seraient des religions « de l'histoire », du temporel linéaire sans répétition. En réalité, le cycle des fêtes juives indique une étroite relation avec les événements des mythes bibliques de fondation de l'alliance *(berit)* de Dieu avec le peuple élu et de renouvellement de l'alliance dans l'histoire primordiale de ce peuple. Cela vaut également pour le christianisme : que Jésus-Christ ait vécu « sous Ponce Pilate » n'est qu'une indication historique sans conséquence pour celui qui célèbre sa résurrection et qui tend par ailleurs à la reléguer dans un passé mythique.

22.4 *Le prophétisme* juif représente probablement le résultat de la fusion de l'institution juive des *ro'ehim* (« voyants ») et de l'institution des *nabiim* palestiniens. Le mot *nabi* désigne les prophètes bibliques « classiques » comme Amos, Osée, Isaïe, Jérémie, Ezéchiel, etc., précédés par Élie et son disciple Élisée (IXe siècle), des thaumaturges qui démontrent la supériorité du YHVH biblique sur Baal, le dieu cananéen. Le message général du prophétisme est moral et condamne les pratiques cultuelles cananéennes, comme la prostitution et le sacrifice sanglant. Devant la corruption du peuple, les prophètes prêchent la récipiscence et menacent en proclamant qu'en cas contraire Dieu affligera ses serviteurs infidèles de tous les malheurs.

22.5 *La littérature apocalyptique juive* est, en général, extra-biblique, à l'exception du livre de Daniel. « Apocalypse » signifie « révélation ». Il s'agit, en effet, de récits de révélations qui s'obtiennent de plusieurs manières, dont les plus importantes sont, d'après J.J. Collins, le voyage dans l'au-delà, la vision, le dialogue et le « livre céleste ». Les Apocalypses ont une dimension historique, « horizontale », concernant la fin des temps, et une dimension visionnaire, verticale, concernant la structure de l'univers et la résidence de Dieu. Les plus anciens écrits apocalyptiques juifs, dont des fragments ont été retrouvés parmi les manuscrits de la mer Morte (Qumrān), consistent dans les chapitres 1-36 et 72-82 d'Hénoch (*1 Hénoch*, dont la seule version intégrale est éthiopienne). Le *Livre des Jubilés* (IIe siècle) en a été influencé. Le *Livre de Daniel* consiste en plusieurs récits situés dans un cadre narratif commun au IIe siècle, à l'époque de la révolte des Maccabées. Les *Oracles sybillins* sont des compositions juives et chrétiennes de diverses époques. Parmi les autres écrits apocalyptiques, il faut mentionner les *Testaments des douze Patriarches* (IIe siècle AEC), *la Vie d'Adam et d'Eve*, l'*Apocalypse d'Abraham*, le *Testament d'Abraham*, *2 Hénoch* ou l'Hénoch slave, *4 Esdras*, *2 Baruch* ou le Baruch syrien, tous composés autour de 70 à 135 EC. La plupart de ces récits partagent la croyance, commune dans le judaïsme hellénistique, en « deux éons » : l'éon historique et l'éon eschatologique, le premier marqué par les vicissitudes de la Jérusalem terrestre continuellement menacée par le péché et les ennemis, le second par l'avènement de la Jérusalem céleste, où les Justes retrouveront les couronnes, les trônes et les vêtements de gloire qui y ont été déposés pour eux depuis la création du monde.

22.5.1 *La mystique du Trône* ou Char *(merkabah)* céleste de la vision du prophète Ézéchiel (ch. 1) représente un genre particulier de littérature visionnaire, dont les premiers éléments constitutifs apparaissent déjà vers le IIe siècle AEC. En général, la *merkabah* est contemplée à la fin d'un voyage à travers sept palais *(hekhalot)* peuplés par des êtres célestes. C'est ici que l'on rencontre parfois le fameux ange Metatron, qui n'est que le personnage biblique Hénoch (Gen. 5, 18-24) promu au rang d'ange. Hénoch a cependant maintenu certains attributs humains, comme celui d'avoir des articulations (les anges n'en ont pas). C'est pourquoi dans le Talmud babylonien (*Hagigah* 15 a) on dit de lui qu'il a induit en erreur l'extatique Elisha ben Abuya pour ne pas s'être levé de son trône. Elisha l'a pris pour Dieu lui-même, devenant ainsi hérétique. C'est l'une des raisons qui lui ont valu le surnom d'*Aher*, « Autre ». Typique de la littérature hekhalotique est l'Hénoch hébreu *(3 Hénoch)*, rédigé pendant la seconde moitié du IIIe siècle EC, ou plus tard.

22.5.2 *Les manuscrits de Qumrān*, retrouvés de 1947 à 1977 dans onze grottes près de la mer Morte, appartiennent probablement à la secte ascétique des esséniens, bien que plusieurs savants (comme Norman Golb) aient récemment contesté cette attribution qui fut d'abord unanime. La communauté s'était établie dans le désert de Judée au IIe siècle AEC et s'y était maintenue jusqu'à sa destruction par l'armée romaine, probablement en 68 EC. Deux catégories de documents y ont été retrouvés : des fragments plus ou moins importants d'écrits bibliques ou parabibliques (comme *1 Hénoch*) et des écrits appartenant à la secte elle-même, auxquels il faut ajouter le *Document de Damas*, retrouvé au début du siècle au Caire. Parmi les derniers, les plus importants sont la *Règle de la communauté (1Q Serek)*, les *pesharim* ou commentaires bibliques, dont le plus connu est le commentaire du prophète Habacuc, et le *Rouleau de la Guerre (1Q Milhamah)*. Une figure domine la doctrine essénienne : le Maître de Justice, dont l'existence, comme celle de son ennemi, le Prêtre impie, semble historique. Cependant les savants ne s'accordent pas sur l'époque où il a vécu.

D'après les documents retrouvés, les esséniens étaient dualistes, c'est-à-dire croyaient à l'existence de deux esprits, l'un bon et l'autre mauvais, qui s'étaient partagé les générations des vivants. Ils croyaient à la victoire salutaire du bien sur le mal, à la suite d'un combat entre les « fils de la lumière » et les « fils des ténèbres ». Comme ce combat ne semble pas s'être déroulé dans le passé, il pourrait traduire la conviction que la puissance spirituelle des esséniens sans armes prévaudra contre les Romains lourdement armés. Si tel est le cas, leur déception n'a dû en être que plus cruelle lorsque la communauté fut envahie et détruite par l'armée de Vespasien.

22.6 *Après 70 EC, le judaïsme rabbinique se développe* à partir du courant des Pharisiens (les adversaires traditionnels du parti conservateur des Sadducéens), et notamment de l'école du fameux rabbin Hillel, qui prévaut sur celle, plus légaliste, de Shammaï. En effet, Hillel avait réduit le judaïsme à une « règle d'or » : « Ne fais pas à ton prochain ce que tu ne veux pas qu'il fasse à toi-même ». Après 70, le rabbi (titre du Nasi ou chef de l'assemblée) Yohannan b. Zakkai, suivi du rabbi Gamaliel II, organisèrent le Sanhédrin ou assemblée rabbinique de Yavneh en Judée. Cette génération produisit des maîtres *(tannaim)* illustres : Éliézer b. Hyrcanus, Éléazar b. Azariah, Josué b. Hananiah, Ismaël b. Elisha, Akiva b. Joseph, etc. Après la répression de la révolte de Bar Kochba et le martyre d'Akiva, le Sanhédrin fut transféré en Galilée. Cette période produisit ses grands maîtres comme Siméon bar Yohai et Meïr. La Mishnah fut composée sous Rabbi Judas ha-Nasi. Plus tard, les centres du judaïsme rabbinique deviendront les académies *(yeshivot)* de Sura et Pumbeditha en Mésopotamie, où une importante communauté juive, soumise à l'autorité d'un exilarche, s'était maintenue sous la domination persane. Après la conquête musulmane, les Juifs devinrent « sujets » *(dhimmis)* du nouveau pouvoir, ce qui impliquait le paiement d'une taxe sur la religion et la reconnaissance de l'autorité de l'État islamique. Selon l'ensemble de règles appelé « Pacte d'Omar » (ca. 800), les Juifs (et les chrétiens) étaient exclus de l'administration, n'avaient pas le droit de faire des prosélytes, de bâtir de nouvelles synagogues (ou églises), etc. Au xe siècle, les *yeshivot* babyloniennes, dont le président était appelé Gaon, furent définitivement transférées à Bagdad, capitale du califat des Abbassides. Le Gaon le plus prestigieux d'une des *yeshivot* d'Iraq fut Saadia b. Joseph (882-942), champion de la lutte contre les puritains fondamentalistes dits karaïtes. Lorsque les Arabes conquirent l'Espagne en 711, ils trouvèrent dans les Juifs séfarades de précieux alliés, récompensés par une taxation moins lourde que celle qui frappa les chrétiens mozarabes. Le « Pacte d'Omar » resta cependant en vigueur en Espagne. Pendant le califat Umayyade de Cordoue (756-1031), la capitale de l'Andalousie devient le centre intellectuel des Juifs, même si la *yeshiva* de Lucena ne dépassc pas en splendeur celles de Bagdad, de Jérusalem ou du Caire. Même si ses mérites restèrent étrangers aux Juifs contemporains, le plus grand philosophe de Cordoue est le platonicien Solomon ibn Gabirol (ca. 1020-1057), auteur du traité *Mekor Hayyim* (« Source de la Vie »), dont seule une traduction latine *(Fons vitae)* est parvenue jusqu'à nous. Ibn Gabirol, qui écrivait le plus souvent en arabe, comme tous les grands penseurs juifs de l'époque, s'exerça aussi aux vers en hébreu dans le poème de résonance kabbaliste, *Keter malkhut* (« la Couronne du Roi »). Un autre platonicien de marque est Bahya ibn Paquda (XIe siècle). En revanche, Abraham ibn Daud (ca. 1111-1180) est aristotélicien et Judah Halévy (ca. 1075-1144) anti-aristotélicien. La conquête almoravide de l'Espagne (1086-1147), et surtout la lourde occupation almohade (ca. 1150-1250), produisirent une détérioration complète des conditions des Juifs (et des chrétiens) espagnols, qui durent se réfugier dans des territoires plus accueillants. C'est le cas du plus grand intellectuel juif de l'époque, Moïse ibn Maïmun (Maïmonide, 1135-1204), né à Cordoue, qui s'établira au Caire. Maïmonide, philosophe aristotélicien, auteur du *More nebohim* (« Guide des Égarés ») et d'un code légal qui aura une influence décisive sur le développement de l'interprétation halakhique, gagna sa vie comme médecin à la cour des derniers Fatimides d'Égypte. Nous retrouverons les plus importants intellectuels juifs en territoire chrétien : Lévi b. Gerson (Gersonide, 1288-1344) en Provence, Hasdai Crescas (ca. 1340-1412) à Saragosse. Soumis partout à des persécutions périodiques, les Juifs seront expulsés de l'Espagne chrétienne en 1492, du Portugal en 1497. De nombreux émigrants s'établiront dans l'Empire ottoman, en

Asie Mineure, aux Balkans (comme Joseph Caro, 1488-1575, grand auteur halakhique) ou à Safed en Palestine, localité qui deviendra le centre intellectuel des Juifs pendant la seconde moitié du XVIe siècle, abritant le kabbaliste séfarade Moïse Cordovero (1522-1570) et l'école du kabbaliste ashkénaze Isaac Luria (1534-1572) (↔ 22.7). C'est toujours dans l'Empire ottoman que prit naissance le mouvement messianique de Shabbataï Tsewi (1626-1676), dont le prophète fut le kabbaliste Nathan de Gaza. Le shabbatianisme prit pied en Pologne à travers l'activité de Jacob Frank (1726-1791). Désormais, les centres du judaïsme changent de place du sud au nord, à Vilna dans la *yeshiva* du Gaon Solomon Zalman (1720-1797), en Podolie (Ukraine polonaise) où le Baal Shem Tov (« Maître du Bon Nom [de Dieu] »), Israël b. Éléazar (1700-1760), donne naissance au puissant mouvement hassidique, en Pologne centrale où le mouvement s'établit.

Persécutés et chassés selon l'arbitraire des souverains régnants, les Juifs gagneront pourtant de nombreux défenseurs à l'époque des Lumières. A la fin du XVIIIe siècle, l'assimilation des Juifs devint possible en Allemagne (1781-87) et en France (1790), mais leur situation continua d'être précaire en Russie et dans la zone d'influence russe jusqu'à la fin du XIXe siècle, à l'époque où Benjamin Disraeli était Premier ministre de Grande-Bretagne. Les Lumières eurent une influence profonde sur le judaïsme orthodoxe lui-même. Moses Mendelssohn (1729-1786) est le père des *maskilim* (singulier *maskil*, représentant des Lumières) et du phénomène connu sous le nom de *haskalah*, la modernisation de la littérature juive. Comme tous les peuples occidentaux, les Juifs redécouvrent la profondeur de leurs propres traditions au début du XIXe siècle (Samuel David Luzzato, 1800-1865) et élaborent une philosophie de l'histoire dans laquelle le monothéisme devient le symbole d'Israël (Nahman Krochmal, 1785-1840). Le judaïsme réformé s'oppose au judaïsme conservateur.

La fin du XIXe siècle voit une recrudescence massive de l'antisémitisme dans tous les pays européens et plus spécialement en Russie, mais aussi l'apparition du mouvement sioniste, dont les fondateurs furent Leon Pinkster (1821-1891) et Theodor Herzl (1860-1904). Mais avant la colonisation de la Palestine et la formation de l'État d'Israël à la suite de la Seconde Guerre mondiale et de l'extermination massive des Juifs dans les camps de concentration nazis, les États-Unis d'Amérique, qui avaient hébergé des millions de Juifs européens, deviendront le centre du judaïsme et des débats entre les partisans de la Réforme, les Juifs néo-orthodoxes, et les conservateurs comme Solomon Schechter (1848-1915), chef du Jewish Theological Seminary de New York.

22.7 *La kabbale* est une forme du mysticisme juif dont les racines plongent, d'une part, dans ces anciennes spéculations grammatologiques et numérologiques dont le produit fut le *Sefer Yetsirah* ou « Livre de la Création » (IVe siècle EC ?), et de l'autre dans la littérature des hekhalot. Moshe Idel distingue dans la kabbale une formule « théosophico-théurgique » d'une formule « extatique ».

Le *Sefer Yetsirah* élabore déjà ce schéma cosmologique qui sera caractéristique de la kabbale : les 10 *sephirot*, correspondant probablement aux dix commandements, et les 22 voies qui les réunissent, correspondant aux 22 lettres de l'alphabet hébreu. C'est ainsi que la création a lieu à partir de ces 32 éléments primordiaux. Le *Sefer Yetsirah* et la littérature hekhalotique sont au centre de la pensée du « piétisme des Juifs allemands » *(Hasidei Ashkenaz)*, parmi lesquels brillent les représentants de la famille des Kalonymus : Samuel ben Kalonymus de Speyer (XIIe siècle), son fils Judas ben Samuel (ca. 1150-1217) et le disciple de ce dernier Éléazar de Worms (1165-1230). Toutefois, la kabbale ne surgit pas parmi les ashkénazes, mais parmi les séfarades de Provence, auteurs du *Sefer ha-Bahir* (« Livre de la Clarté »), dans lequel les *sefirot* assument pour la première fois l'aspect d'attributs divins. Le premier mystique juif provençal à avoir connu le *Bahir* fût Isaac l'Aveugle (ca. 1160-1235), fils du rabbin Abraham ben David de Posquières (ca. 1120-1198). De Provence, la kabbale se propagea en Catalogne, où elle fleurit dans le cercle de Gérone, dont les représentants furent les rabbins Ezra ben Solomon, Azriel et — le plus fameux — Moïse ben Nahman (ou Nahmanides, 1195-1270). En Castille, les précurseurs immédiats de l'auteur du *Zohar* furent les frères Jacob et Isaac Cohen. Les kabbalistes de cette période mettent au point les techniques de permutation et combinaison des lettres de l'alphabet et de numérologie mystique (*temurah*, *gematria* et *notarikon*), dont les prototypes semblent hellénistiques.

Abraham ben Samuel Abulafia, le grand mystique séfarade du XIIIe siècle, est le représentant le plus marquant de la kabbale extatique, dont le but est le *devekut* ou l'*unio mystica* avec Dieu. Sa génération compte deux autres figures majeures de la kabbale classique : Joseph ben Abraham Gikatilla (1248-1305) et Moïse de Léon (1250-1305), l'auteur de l'écrit pseudo-épigraphique *Sefer ha-Zohar (Livre de la Splendeur)*, attribué au maître tannaïte Siméon bar Yohai (IIe siècle).

La kabbale classique intègre la cosmologie hekhalotique dans l'un des quatre univers spirituels qui se prolongent l'un l'autre du haut en bas : *atsilut*, *beriyah*, *yetzirah* et *asiyah*. L'univers *atsilut* (émanation) comprend les dix *sefirot (Keter, Hokhmah, Binah, Gedullah/Hesed, Geburah/Din, Tiferet/Rahamin, Netsah, Hod, Yesod/Tsaddik, Malkhut/Shekhinah)* qui forment Adam Kadmon, l'anthropos primordial. L'univers *beriyah* (création) comprend les sept hekhalot et la merkabah. L'univers *yetsirah* (formation) comprend les armées angéliques. L'univers *asiyah* (fabrication) est l'archétype du monde visible. Dans celui-ci la présence des dix sefirot se manifeste dans l'arc-en-ciel, les vagues de la mer, l'aurore, l'herbe et les arbres. Mais le kabbaliste développe de nombreux autres procédés mystiques (par exemple, la visualisation de couleurs, etc.) pour parvenir au monde *atsilut*. L'accès est difficile à cause de la présence du mal — dit *sitra ahra*, « l'autre côté » — dans *asiyah*. Il est cependant très important de comprendre que la kabbale ne partage pas systématiquement le dualisme platonicien âme/corps et le mépris du monde physique. Par conséquent, la sexualité est bonne dans la mesure où elle représente un processus de réintégration d'entités séparées lors de la descente des âmes dans les corps. Toutes les actions du kabbaliste relèvent d'un des trois buts qu'elles se proposent : *tikkun* ou restauration d'une harmonie et unité primordiales, dans la personne du pratiquant et dans le monde ; *kavvanah* ou méditation contemplative ; enfin, *devekut* ou union extatique avec les essences.

Des savants comme Moshe Idel croient au caractère constant, inamovible, des doctrines centrales de la kabbale. Cependant, la synthèse d'Isaac Luria, *Ari ha-Kadosh*, le Saint Lion de Safed (*Ari*, Lion, est l'acronyme de « Ashkenazi Rabbi Ishaq ») et de ses disciples, parmi lesquels le plus important fut Hayyim Vital (1543-1620), est révolutionnaire en ce qu'elle envisage la création par un processus de contraction *(tsimtsum)* de Dieu en lui-même et le mal comme une présence active de résidus (« coquilles » ou *qelippot*) spirituels déchus à cause de la « rupture des vases » *(shevirat hakelim)* censés les contenir. Ce drame cosmique ressemble à l'événement connu comme la « chute de Sophia » dans le gnosticisme des premiers siècles chrétiens, preuve que Luria avait parcouru le même itinéraire intellectuel que les gnostiques. Comme certains groupes gnostiques, il donna une valorisation positive de la métensomatose (réincarnation de l'âme), qui permet au sage de gagner un nombre supplémentaire d'âmes (ou de « scintilles d'âmes ») illustres.

22.8 L'identification de *Shabbatai Tsevi* (1626-1676) avec le Messie attendu est en grande partie l'œuvre du kabbaliste lurien Nathan de Gaza (Abraham Nathan b. Elisha Hayyim Ashkenazi, 1643/44-1680), qui découvre chez le mystique de Smyrne tous les signes de l'élection, y compris les faiblesses et tentations dues aux *qelippot*. Dans son monument d'érudition (*Sabbatai Sevi : The Mystical Messiah*, 1973), Gershom Scholem a retracé minutieusement l'histoire du shabbatianisme. Dès 1665, le Messie est révélé et Nathan prend une attitude antinomiste, révoquant les pratiques de deuil et les remplaçant par des fêtes de réjouissance en l'honneur de Shabbatai. Il prédit également que le Messie se saisira de la couronne du sultan, mais en février 1666, lorsqu'il arrive à Istanbul, le sultan le fait arrêter et le 16 septembre il se voit contraint de choisir entre l'abjuration du judaïsme et la conversion à l'islam, ou bien la mort. Il choisit la première alternative, perdant ainsi de nombreux sympathisants. Nathan et plusieurs groupes dans l'Empire turc lui restèrent fidèles. Il y eut des apostasies et des conversions *pro forma* à l'islam et les pratiques antinomistes se poursuivirent. La répudiation messianique de la Torah fut prêchée en Pologne par le shabbatianiste radical Jacob Frank (1726-1791), qui se croyait la réincarnation de Shabbatai lui-même.

22.9 *Le hassidisme polonais* représente l'une des synthèses les plus récentes et les plus riches du mysticisme juif, réunissant des éléments de tous ses courants historiques. Le fondateur du hassidisme est le thaumaturge Israël b. Éliézer, surnommé Baal Shem Tov (acronyme Besht), suivi par le *maggid* ou prophète itinérant Dov Baer (1710-1772). Le mouvement gagne de très nombreux adhérents, au regret des autorités juives (la *kehillah*), qui forment le mouvement d'opposition des *mitnagdim*. Après un siècle de lutte entre les deux factions, les différences s'estompent, les hassidim perdent beaucoup de leur élan révolutionnaire et les mitnagdim assimilent leur leçon d'éthique. Au contraire du piétisme traditionnel des ashkénazes, qui consiste dans une féroce ascèse, le hassidisme du Besht et de ses partisans, qui finiront par constituer de véritables dynasties, souligne la joie de l'omniprésence de Dieu, se perdant dans le *devekut*, qui est l'ascension de l'âme *(aliyat haneshamah)* dans la lumière divine. Les hassidim reconnaissent la présence de Dieu dans les plus humbles activités de leur corps et pratiquent l'« adoration physique » *(avodah ba-gashmiyut)*, c'est-à-dire la louange de Dieu non pas seulement dans la prière ou les cérémonies « sacrées », mais au milieu des activités les plus profanes comme l'accouplement sexuel, le repas et le sommeil. C'est l'intention qui compte, et si en accomplissant l'acte on a en vue le *devekut*, c'est l'extase qui en résulte. Danses, chants, et même des rotations comme celles des derviches tourneurs se développent dans cette intention. Le hassid accompli descend des hauteurs contemplatives pour soulever la communauté, pratiquant la *yeridah le-tsorekh aliyah*, « la descente dans le but de l'ascension ». Les hassidim nous ont laissé de nombreuses légendes dont le message est profond.

22.10 *Bibliographie.* En général, voir Robert M. Seltzer, *Jewish People, Jewish Thought : The Jewish Experience in History*, New York/Londres 1980 ; Geoffrey Wigoder (éd.), *The Encyclopedia of Judaism*, New York 1989 ; Isidore Epstein, *Judaism*, Harmondsworth 1959 ; Julius Guttmann, *Philosophies of Judaism*, New York 1964. Le meilleur recueil de textes traduits dans une langue européenne est Samuel Avisar, *Tremila anni di literatura ebraica*, 2 vol., Rome 1980-82. Une excellente introduction aux écritures juives est fournie par le volume sous la rédaction de Barry W. Holtz, *Back to the Sources : Reading the Classic Jewish Texts*, New York 1984.

Sur l'archéologie de l'ancienne Palestine, voir Gösta W. Åhlstrom, *An Archaeological Picture of Iron Age Religions in Ancient Palestine*, in *Studia Orientalia* 55 (1984), 1-31 ; Roland de Vaux, *Histoire ancienne d'Israël, des origines à l'installation en Canaan*, Paris 1971.

Sur la création dans la Torah, voir Jon D. Levenson, *Creation and the Persistence of Evil*, San Francisco 1988.

Sur les prophètes, voir Joseph Blenkinsopp, *A History of Prophecy in Israel : From the Settlement in the Land to the Hellenistic Period*, Philadelphia 1983.

Sur les fêtes juives, voir Julius H. Greenstone, *Jewish Feasts and Fasts*, Philadelphia 1945.

Sur la littérature apocalyptique juive, voir John J. Collins, *The*

Apocalyptic Imagination : An Introduction to the Jewish Matrix of Christianity, New York 1984 ; Michael E. Stone, *Scriptures, Sects and Visions*, Philadelphia 1980 ; idem (réd.), *Jewish Writings of the Second Temple*, Assen/Philadelphia 1984 ; David Hellholm (réd.), *Apocalypticism in the Mediterranean World and the Near East*, Tübingen 1983.

Une des meilleures introductions à la littérature essénienne de Qumrān est due à Mathias Delcor et Florentino Garcia Martinez, *Introduction a la literatura esenia de Qumrān*, Madrid 1982 (excellentes notes bibliographiques). L'hypothèse d'une origine non essénienne des manuscrits de Qumrān a été avancée par Norman Golb, « *The Problem of Origin and Identification of the Dead Sea Scrolls* », in *Proceedings of the American Philosophical Society* 124 (1980), 1-24.

A côté des magnifiques présentations des grandes étapes du mysticisme juif dues à Gershom Scholem, il faut consulter aujourd'hui des ouvrages plus spécialisés, comme ceux d'Ithamar Gruenwald sur la mystique du Trône (*Apocalyptic and Merkavah Mysticism*, Leiden/Köln 1980 et *From Apocalypticism to Gnosticism*, Frankfurt 1988).

Sur les débuts de la kabbale, voir le recueil *The Early Kabbalah*, edited and introduced by Joseph Dan, texts translated by Ronald C. Kiener, preface by Moshe Idel, New York 1986. La meilleure synthèse récente sur la kabbale est due à Moshe Idel, *Kabbalah, New Perspectives*, New Haven/Londres 1988. Sur Safed, voir surtout R.J. Zwi Werblowski, *Joseph Caro, Lawyer and Mystic*, Philadelphia 1977 (1962).

Le meilleur ouvrage sur Shabbatai Tsevi reste celui de Gershom Scholem, *Sabbatai Sevi. The Mystical Messiah, 1626-1676*, Princeton 1973.

[illegible]

[illegible]

[illegible]

[illegible]

23

Religions de la MÉSOPOTAMIE

23.1 Au VIIe millénaire AEC, le pays autour des fleuves Tigre et Euphrate, l'Iraq d'aujourd'hui, était peuplé de pasteurs et d'agriculteurs. Vers 3500 AEC, le développement de l'écriture marque le passage de la préhistoire à l'histoire. Parmi les objets retrouvés dans les fouilles d'Ubaid et d'Uruk, on découvre de la fine poterie peinte, des figurines et des édifices dont l'architecture et la décoration sont d'une complexité croissante. On retrouve des exemples de la langue indigène dans les toponymes de la région méridionale où les Sumériens feront leur apparition, y apportant leur propre langue et un système pour marquer et dénombrer les troupeaux qui deviendra leur première écriture. Les Akkadiens, qui parlaient une langue sémitique, ont préservé et réinterprété les traditions et les divinités sumériennes pendant des siècles de guerre entre les cités-États et d'invasions venues de toutes les directions. Depuis le XVIIIe siècle AEC, on peut parler de deux entités territoriales : l'Assyrie au nord et la Babylonie au sud. Les archives royales de la période assyro-babylonienne, et plus spécialement des VIIe et VIe siècles, nous fournissent des mythes et des matériaux épiques déjà très anciens à l'époque où ils furent copiés.

23.2 *Les dieux.* A l'époque la plus ancienne de la religion mésopotamienne qui nous soit accessible, les forces divines sont les forces de la nature. Chaque dieu sumérien a son territoire, inhérent à sa divinité. La propriété foncière des anciens temples est la possession du dieu, les gens sont ses serfs, les prêtres ses intendants et ses domestiques. Les fleuves et les prés avaient leurs dieux locaux, dont l'essence à cette époque était encore intimement liée à celle des phénomènes naturels. Les forces dynamiques de la nature étaient censées être provoquées et à la fois manifestées par des dieux comme Ishkur/Adad présent dans le tonnerre, Amaushumgalna qui faisait bourgeonner les palmiers-dattiers, et Inanna, déesse des entrepôts remplis de fruits.

Les déités primordiales assumèrent progressivement les formes humaines et les rôles sociaux que leur assignaient les prêtres et les scribes. A la tête du panthéon naissant il y avait An, le ciel, père des dieux, dont le nom est à la fois le symbole du ciel et de la divinité. Quand l'histoire écrite commence à Sumer vers 3500 AEC, An était déjà un *deus otiosus.* Plus actif dans son rôle de chef de l'assemblée divine, il y avait Enlil, dont le temple majeur se trouvait dans le centre religieux de Nippur. Presque tous les dieux allaient finalement acquérir une épouse, mais la Grande Déesse mésopotamienne était Inanna, que les Akkadiens assimilèrent à Ishtar. Importante dans de nombreux mythes, elle était la planète Vénus et ses domaines étaient la fertilité, l'amour et la guerre. Son père était le dieu lunaire Nanna (Sin) et son frère le dieu solaire Utu (Shamash). Enki (Ea) est l'astucieux dieu de l'eau d'irrigation qui a aidé les humains à développer des techniques et à survivre au grand déluge envoyé pour les éliminer. Dumuzi (Tammuz) est le dieu de la fertilité et de la croissance de certains animaux et de certaines plantes ; dans divers mythes, il remplit le rôle tragique de celui qui meurt jeune. Nergal était devenu par alliance le dieu du monde infernal.

A toutes les époques, la personnalité des dieux était assez floue. Ils pouvaient aisément se prêter des traits de caractère les uns aux autres. Même avec l'anthropomorphisation des dieux, les hiérophanies ne cessèrent de se manifester dans la nature. Le nom d'une rivière s'écrivait en général précédé du signe indiquant *dieu.* Les individus avaient souvent comme protecteurs des dieux personnels ; on voit sur les sceaux cylindriques qu'ils leur ouvrent les portes des grands dieux.

23.3 *Utilisation politique de la religion.* Le temple sumérien était une institution à la fois religieuse, politique et administrative. Les villes avaient des assemblées d'anciens consacrées à l'arbitrage et à l'élection de chefs et de généraux en temps de guerre. La richesse et le pouvoir de ces derniers augmentant, ils furent transformés en rois et dynasties royales. Les rois avaient tout intérêt à se faire représenter en favoris des dieux. Le premier roi à s'approprier l'iconographie divine fut Naram Sin (ca. 2254-2218 AEC), petit-fils du grand roi et conquérant akkadien Sargon. Il apparaît sur une stèle portant les cornes réservées à la divinité et dominant ses hommes sur le champ de bataille.

Des témoignages plus récents montrent qu'on avait recours à la divination avant les campagnes militaires et que de nombreux rois voyaient en certains dieux la cause et les bénéficiaires de leur succès. L'ascension de la ville sainte de Babylone était l'ascension de son dieu ; en effet, dans l'*Enuma Elish* babylonien, on voit Marduk se hisser au sommet du panthéon et remplacer Enlil. Dans la version assyrienne, le dieu éponyme d'Assur est substitué à Marduk.

La religion royale utilisait un système complexe de divination. Des observations astronomiques précises, bases de cette discipline universelle que sera l'astrologie, signalaient les sentiments des dieux et prédisaient la sécheresse, la guerre ou des crises dans l'existence personnelle du roi. Des rituels consistant dans la prière, la purification et l'apaisement des dieux étaient effectués en réponse aux pronostics tirés de l'extispice (examen des viscères des animaux) ou de l'interprétation des rêves (oniromancie). Le festival du Nouvel An exigeait la participation du roi, présent aussi dans le rite du mariage sacré à Uruk, où il épousait la déesse Inanna pour assurer au pays la prospérité pendant l'année à venir.

23.4 *Les pratiques populaires.* Les grands complexes des temples avaient à leur service toute une bureaucratie de prêtres, scribes, astrologues et artisans professionnels. Des prêtres spécialisés s'occupaient des soins quotidiens apportés aux images divines, les nourrissant, les lavant, les habillant et les amusant. Le commun des pratiquants pouvait faire des offrandes de nourriture ou de statuettes votives devant l'autel du dieu et pouvait participer aux festivités et aux représentations du mythe qui accompagnaient les fêtes divines. Le peuple avait également recours aux charmes et aux incantations, dans le but de guérir les maladies, d'assurer la fertilité d'un couple, d'envoûter et de désenvoûter. Les incantations médicales invoquent souvent un ou plusieurs dieux, implorent leur pardon pour des offenses connues ou ignorées et, dans leurs versions écrites, elles comportent des espaces blancs pour y insérer le nom du bénéficiaire. Très populaires étaient les figurines en terre cuite de dieux et d'esprits qui, « animées » par des magiciens professionnels, étaient gardées dans les maisons ou enterrées à l'intérieur pour assurer la protection. Les noms propres, dont la plupart sont théophores, montrent que les gens faisaient confiance à leurs dieux personnels pour obtenir santé et prospérité.

23.5 *Enuma Elish* (« Lorsque en haut »), le poème babylonien de la création, est associé aux fêtes de nouvel an (Akitu) célébrées chaque printemps dans la ville de Babylone. Le récit exalte Marduk comme le plus grand parmi les dieux ; cela indique qu'il a été probablement composé au XIIe siècle AEC, lorsque la statue de Marduk avait été retournée à Babylone et alors que la suprématie politique de la ville était considérée comme le triomphe mythique de son dieu.

La première parmi les sept tablettes du poème révèle les conditions primordiales de l'univers, lorsque seules l'eau douce (Apsu, mâle) et l'eau salée (Tiamat, femelle) existaient. Les nouvelles générations des dieux dérangent les anciens avec leur bruit. Apsu leur livre bataille, mais il est tué par Ea, qui produit un fils, Marduk. Tiamat désire venger Apsu et parmi les jeunes dieux seul Marduk ose défier le monstre féminin. Il obtient la royauté des dieux et emmène ses vents et ses foudres avec lui au combat. Les vents se précipitent dans la bouche béante de Tiamat et une flèche la tue. Ses alliés sont encerclés et capturés, et parmi les trophées de la victoire figurent les tables de la destinée volées par Kingu, l'époux de Tiamat.

Marduk coupa en deux moitiés symétriques le corps de Tiamat et créa ainsi le monde. Du sang de Kingu, il fabriqua les hommes pour servir les dieux. En récompense, il reçut la souveraineté divine et on lui consacra un grand temple à Babylone. Plusieurs éléments de ces récits ont des correspondances dans la Genèse et dans les images de Yahweh victorieux dans les Psaumes et le Livre de Job.

23.6 *Gilgamesh*, roi d'Uruk, a peut-être été un roi des dynasties anciennes et certains récits qui le concernent ont été conservés en langue sumérienne. Le poème akkadien qui nous est parvenu a été rédigé et développé par un scribe, probablement au milieu de la période babylonienne, avec l'ajout du récit du déluge d'Atrahasis. Cette version plus complète de la légende débute par la louange des grandes constructions d'Uruk, la ville fameuse pour son temple d'Inanna et pour ses murs monumentaux en brique. Gilgamesh, un roi pour deux tiers divin et pour un tiers humain, tyrannisait son peuple avec des corvées excessives et un droit de cuissage qu'il faisait respecter scrupuleusement. Les dieux créèrent Enkidu, un sauvage qui vivait en paix avec les animaux. Ils lui envoyèrent une prostituée pour l'humaniser et elle l'amena avec elle jusqu'à Uruk, où Enkidu affronta Gilgamesh. Un terrible combat s'ensuivit, au terme duquel les deux rivaux devinrent les meilleurs amis et se dirigèrent ensemble vers les montagnes des cèdres pour tuer le monstre Huwawa. Invité par Ishtar à devenir son époux, Gilgamesh l'insulte en lui rappelant que tous ses amants avaient pris la route des Enfers. La vengeance d'Ishtar ne se fait pas attendre : elle envoie sur la route de Gilgamesh le terrible taureau céleste, mais Gilgamesh et Enkidu le tuent. Les dieux décident de les punir tous deux en enlevant la vie à Enkidu. La destinée de Gilgamesh semble scellée, mais le héros se dirige jusqu'aux sources des rivières pour retrouver le seul homme qui ait trouvé l'immortalité, le lointain Utnapishtim. Arrivant jusqu'aux montagnes percées par les portes du Soleil, Gilgamesh rencontre l'épouvantable homme-scorpion et son épouse, qui le laissent pénétrer dans le tunnel. Arrivé à la mer au bout du monde, il rencontre la nymphe Siduri qui essaye de le détourner de son exploit, mais Gilgamesh poursuit sa quête au-delà des eaux de la mort, où il trouve Utnapishtim et lui demande le secret de l'immortalité. Ici le rédacteur du récit a inséré l'épisode du déluge : averti par Ea de l'imminence du cataclysme, Utnapishtim avait bâti une arche et l'avait remplie, après quoi lui et son épouse avaient été transformés en dieux et installés en ces endroits lointains. C'est là une variante abrégée d'histoires du déluge comme celle du roi Ziusudra, qui fut incité par Enki à construire une arche pour échapper au déluge dont le but était de détruire la race bruyante et ingrate des hommes. L'histoire d'Atrahasis (« le très sage ») représente la version akkadienne du même récit. Gilgamesh ne réussit pas dans la conquête de l'immortalité, soit pour n'avoir pas été capable de résister à l'épreuve du sommeil, soit pour avoir perdu la plante qui allait lui conférer la jeunesse éternelle. De retour à Uruk, il devra se consoler avec la pérennité des monuments de cette ville.

23.7 *Bibliographie.* Eliade, H 1, 16-24 ; T. Jacobsen, *Mesopotamian Religions : An Overview*, in ER 9, 447-66.

Textes en traduction dans J.B. Pritchard (ed.), *Ancient Near Eastern Texts relating to the Old Testament*, Princeton 1969. Il existe plusieurs introductions aux religions mésopotamiennes, comme celles d'Édouard Dhorme, *les Religions de Babylonie et d'Assyrie*, Paris 1945 ; Jean Bottéro, *la Religion babylonienne*, Paris 1952 ; S.N. Kramer, *The Sumerians*, Chicago 1963 ; Thorkild Jacobsen, *The Treasures of Darkness : A History of Mesopotamian Religion*, New Haven 1976.

24

Religions des
MYSTÈRES

24.0 Le terme « mystères » a une signification technique assez précise et se réfère à une institution capable de garantir l'initiation. L'idéologie des mystères a deux sources : les initiations archaïques et les sociétés secrètes d'une part et, de l'autre, une ancienne religiosité agraire méditerranéenne. Du point de vue mythologique, deux variantes d'un mythe des origines solidaire des civilisations agricoles ont été enregistrées par l'ethnologue Ad. E. Jensen (↔ 2.1). Chez les Marind-Anim de la Nouvelle-Guinée, les divinités créatrices et les autres êtres du temps primordial sont appelés *demas.* Le premier récit mythique est celui de la mise à mort d'une divinité *dema* par les autres *demas.* La divinité tuée représente le passage du temps primordial au temps historique, caractérisé par la mort, par la nécessité de se nourrir et de procréer sexuellement. La divinité sacrifiée est le « premier mort », elle se transforme dans toutes les plantes utiles et dans la lune. Le culte est une représentation dramatique de la mise à mort du *dema,* commémorée par la mastication rituelle d'aliments. Jensen donne à ce mythologème le nom de Hainuwele, la divinité tuée des Wemale de l'île de Ceram, et le met en rapport avec la culture végétale et tout spécialement la culture de plantes tubéreuses. L'autre mythologème, qu'il met en rapport avec la culture des céréales, comporte le vol des céréales au ciel et est associé à Prométhée. En réalité, les deux mythes apparaissent dans des aires géographiques fort diverses pour expliquer soit l'apparition des plantes à tubercules, soit celle des céréales.

24.1 *Les mystères grecs.* Il n'existe pas de mystères iraniens, babyloniens ou égyptiens. Il s'agit d'un phénomène hellénique. En Grèce à l'âge classique, les mystères les plus typiques sont ceux d'Éleusis, autour desquels Dionysos gravite déjà à une époque ancienne, sans pourtant disposer de ses propres mystères. Les orphiques et les pythagoriciens ne possèdent pas non plus d'institutions initiatiques. Les choses changent lorsqu'il s'agit des Cabires et de Cybèle et Attis. Celui-ci est le seul parmi les « divinités mourantes » du Proche-Orient (Tammuz, Adonis, Osiris) qui soit intégré dans un culte initiatique organisé.

Le complexe des mystères de Déméter et de sa fille Koré-Perséphone est fondé sur une idéologie agricole et sur un scénario mythologique très proche de celui qui a pour centre Hainuwele, la Koré des Moluques. Comme elle, Perséphone disparaît dans les profondeurs de la terre, elle est assimilée à la lune et préside à la destinée de la végétation et surtout des céréales. Tout comme Hainuwele, elle a le porc pour animal sacrificiel.

Les mystères d'Éleusis étaient l'institution initiatique collective par excellence de l'État athénien. Leur secret a été bien gardé, mais même en absence d'informations complètes nous pouvons supposer que le scénario de l'initiation correspondait en quelque sorte au but suprême de l'idéologie mystérique, qui était l'homologation rituelle de la destinée du néophyte à la vicissitude du dieu.

24.2 *A l'époque impériale*, de nouvelles divinités, d'origine orientale ou non, ont leurs mystères : Dionysos, Isis, Mithra, Sarapis, Sabazios, Jupiter Dolichenus, le Cavalier dace. Ces mystères garantissaient une initiation secrète, sans s'exclure réciproquement, de telle manière qu'un participant pouvait accumuler toutes les initiations que le sexe,. le rang et les moyens financiers étaient capables de lui procurer. De plus, les contours de certaines divinités mystériques sont flous et leurs attributs solaires et leurs noms communs (Zeus, Jupiter, Helios, Sol, Sol invictus) indiquent un fort amalgame que l'on définit parfois comme un « syncrétisme solaire ». Au IVᵉ siècle, toutes ces divinités (y compris Cybèle) sont célestes, s'identifient souvent au Soleil et sont tenues pour suprêmes sans nécessairement tomber dans la contradiction. Dans certaines exégèses, la diversité de leurs noms ne fait que cacher leur identité essentiell‹

24.2.1 Les structures institutio‑..elles qui transformaient Dionysos en divinité des mystères apparaissent vers la fin du Iᵉʳ siècle EC. *Le culte de Dionysos* à cette époque est particulièrement riche en symboles eschatologiques. L'espoir posthume des initiés dionysiaques est décrit par le philosophe platonicien Plutarque de Chéronée (ca. 45-125) et par de nombreuses représentations figurées. Les âmes jouissaient d'un état permanent de joie et d'ivresse célestes.

24.2.2 Les étapes de l'initiation aux mystères de *la déesse égyptienne Isis*, dont les savants ont récemment souligné les éléments authentiquement égyptiens, sont mentionnées, de manière à vrai dire incomplète et confuse, par l'écrivain latin Apulée de Madaure (ca. 125-162) dans son roman fantastique connu sous les titres de *Métamorphoses* ou *l'Ane d'or*. Après une initiation nocturne dont il lui est défendu de révéler le contenu, Lucius, le héros du roman, reçoit les douze étoles de l'initié, est installé sur un piédestal en bois devant la statue d'Isis, est vêtu de la *stola Olympiaca*, porte une torche dans la main droite et une couronne de palmes sur la tête. Quel exploit lui a valu cette mascarade qui symbolise la divinisation ? Il nous le dit dans un passage énigmatique : « Je passai la frontière de la mort et, franchissant le seuil de Proserpine, je revins, transporté à travers tous les éléments ; je vis au milieu de la nuit le soleil éblouissant, éclatant de lumière ; je parvins devant les dieux inférieurs et supérieurs et je les adorai de près » (trad. I.P. Couliano). Les savants ont interprété les allusions contenues dans ce passage soit comme se référant à une mise en scène très coûteuse, soit comme une épreuve initiatique conférant l'invulnérabilité, soit, enfin, comme une ascension céleste.

24.2.3 Très importants dans les milieux militaires de l'Empire et dotés d'une hiérarchie versée dans les secrets de l'astrologie, *les mystères du dieu Mithra* (de nom iranien, mais de contenu hellénistique) se célébraient dans des temples spéciaux appelés *mithraea*, construits à des moments propices à l'imitation d'une grotte. L'initiation avait sept degrés, placés sous la tutelle des sept planètes :

korax (corbeau)	Mercure
nymphus	Vénus
miles (soldat)	Mars
leo (lion)	Jupiter
Perses (Persan)	Lune
Heliodromus	Soleil
Pater	Saturne

Parmi les monuments figurés de la religion de Mithra, la scène du taurobole, représentant Mithra tuant le taureau, entouré d'animaux symboliques (serpent, chien, scorpion, etc.), se prête à des interprétations astrologiques.

Un objet symbolique — l'« échelle à sept portes » — est attribué aux mystères de Mithra par le philosophe païen du IIe siècle, Celse, dans son *Discours véritable*, résumé par l'apologète chrétien Origène. Selon Celse, l'échelle était censée représenter le passage de l'âme à travers les sphères des planètes.

24.2.4 *Les mystères du Cavalier dace*, dans lesquels figure une déesse au poisson et lors desquels un bélier était probablement immolé, sont une simplification du mithraïsme avec l'intégration de certains éléments religieux provenant des provinces danubiennes de l'Empire. Seuls trois grades initiatiques ont été retenus : Aries (Bélier), Miles (Soldat), Leo (Lion), les deux premiers étant sous la tutelle de Mars, le dernier sous celle du Soleil.

24.2.5 *Sabazios* était un ancien dieu thrace et phrygien qui devint patron des mystères au IIe siècle EC. Selon l'écrivain chrétien Clément d'Alexandrie (m. av. 215), le moment central de l'initiation à ces mystères consistait dans le contact de l'adepte avec un serpent doré, qu'on lui introduisait par la poitrine *(per sinum)* et qui ressortait par le bas.

24.2.6 *Sarapis ou Serapis* est un dieu artificiel (Osiris + Apis), dont la théologie naît à Memphis et se développe à Alexandrie sous les Ptolémées. Le principal *serapeum* est celui d'Alexandrie, mais le dieu est vénéré dans de nombreuses villes grecques par des sociétés de *Sarapiastais*.

24.2.7 *Jupiter Optimus Maximus Dolichenus* est une divinité impériale des mystères qui reçoit le nom du chef des dieux ; celui-ci figure couramment parmi les épithètes d'autres dieux mystériques comme Sabazios et Sarapis. C'est le dieu céleste de Doliché en Asie Mineure, transformé par les Grecs en Zeus-Oromasdes et importé à Rome par les soldats de la province de Commagène.

24.3 *Bibliographie.* Sur les religions de mystères, voir tout particulièrement les volumes de Ugo Bianchi (ed.), *Mysteria Mithrae*, Leiden 1979 ; U. Bianchi et M.J. Vermaseren (eds.), *La soteriologia dei culti orientali nell'impero romano*, Leiden 1982, tous deux comportant une bibliographie mise à jour. Voir aussi I.P. Couliano, *Expériences de l'extase*, Paris 1984 ; I.P. Couliano et C. Poghirc, *Dacian Rider*, in ER 4, 195-6 ; *Sabazios*, in ER 12, 499-500.

25

Religions d'
OCÉANIE

25.0 *Les îles de l'océan Pacifique* ont été groupées traditionnellement en trois aires : la Micronésie, la Mélanésie (comprenant la Nouvelle-Guinée, les Îles Salomon, les Îles de l'Amirauté, Trobriand, Fiji, la Nouvelle-Calédonie, Santa Cruz, Tikopia, Vanuatu-Nouvelles-Hébrides, etc.) et la Polynésie (Nouvelle-Zélande, Samoa, Tonga, Tahiti, Marquises, Hawaii, île de Pâques, etc.). La distinction est assez artificielle, car seule la Micronésie présente des traits culturels spécifiques dus aux influences asiatiques. La Micronésie comprend quatre groupes d'îles (Mariannes, Carolines, Marshall et Gilbert), avec une population totale de 140 000 habitants, de langues malayo-polynésiennes. La Mélanésie est plus peuplée et d'une richesse culturelle éblouissante. Quant à la Polynésie, elle se distingue par son énorme étendue et les milliers d'îles qui la composent. La plupart des langues des habitants de la Micronésie et de la Polynésie appartiennent au groupe austronésien ; en Mélanésie, la plupart des langues sont non austronésiennes, apparentées à celles des aborigènes australiens.

25.1 De nombreux concepts élaborés par l'ethnologie occidentale reposent sur l'interprétation (erronée) des religions océaniennes. Ainsi, par exemple, la grande popularité de la notion de *mana* repose en dernière instance sur les travaux du missionnaire anglais R.H. Codrington (1830-1922) aux Nouvelles-Hébrides (Vanuatu). Codrington et, après lui, R.R. Marett définissaient le *mana* comme une espèce d'énergie-substance qui, comme l'électricité, peut être accumulée et profitablement dépensée pour obtenir des avantages de tous ordres. En réalité, *mana* semble être plutôt une propriété conférée par les dieux à des personnes, des lieux et des choses. Dans la société, elle est associée au rang et à des réalisations spectaculaires.

De même, le concept de tabou (du polynésien *tapu*), si cher aux ethnologues et aux psychanalystes, est emprunté en premier lieu aux Maoris de Nouvelle-Zélande. *Tapu* est étroitement lié à *mana* et signifie une influence divine, surtout dans ses effets négatifs, qui rendent certains lieux, certains personnes et certains objets inapprochables ou dangereux. Il existe certains domaines d'action où les concepts de *mana* et de *tapu* se superposent, mais en général *mana* désigne une influence de longue durée et intransmissible, alors que *tapu* est réservé aux états de possession passagère et peut être contagieux. Le sang menstruel, par exemple, est *tapu*, c'est-à-dire contaminé ; la femme en règles ne doit pas préparer la nourriture pour quelqu'un d'autre qu'elle-même, pour ne pas transmettre la propriété pathogène. Une des fonctions des prêtres est de purifier les lieux infectés par *tapu*.

Pour le public occidental, l'Océanie est en premier lieu associée à des recherches comme celles de l'ethnologue fonctionaliste anglais Bronislaw Malinowski (1884-1942) dans l'île de Trobriand (1915-1918), ou celles du missionnaire français Maurice Leenhardt en Nouvelle-Calédonie (*Do Kamo*, 1947).

25.2 *Vers 1500 AEC*, l'immense étendue de la Polynésie commença à être peuplée par des navigateurs provenant d'Indonésie et des Philippines (culture lapita), qui arrivèrent dans l'île de Pâques avant 500 EC. Vers 1200, la Polynésie orientale était colonisée. Au XVIe siècle, la vie religieuse de la région était dominée par le culte du dieu Oro, fils de la divinité céleste Ta(ng)aroa, dans l'île de Raiatea. C'est là que fut fondée la société chamanique des Ariois, connue surtout pour son influence (et ses excès) à Tahiti, centre religieux vers 1800. Le culte divin avait lieu dans des cours rectangulaires appelées *maraes*, surmontées par une plate-forme souvent pyramidale *(ahu)*. Dans l'île de Pâques, les Marquises et à Raivavae s'élèvent des statues monumentales en pierre. La civilisation de l'île de Pâques, complètement détruite par l'arrivée des marchands d'esclaves du Pérou au XIXe siècle, représente une énigme de l'Histoire. Les habitants avaient établi des contacts avec les Incas avant 1500 et connaissaient une écriture appelée *rongorongo*, en boustrophédon, qui n'a pas été complètement déchiffrée.

25.3 *L'unité religieuse océanienne* n'est que très approximative, mais l'idée que la plupart des dieux sont des ancêtres qui habitent un autre monde et qui rendent aux humains de fréquentes visites est très répandue dans la région. Le dieu céleste créateur est inaccessible, mais ses exploits sont racontés par les mythes. Tangaroa enlaça si étroitement la Terre que leurs fils durent les séparer par la force pour rendre l'espace habitable. Le dieu Tane des Maoris de Nouvelle-Zélande et ses frères façonnèrent une femme de terre. Tane lui insuffla la vie mais sans savoir quel était l'orifice approprié à la procréation ; par prudence, il les féconda tous. Finalement il obtint d'elle une fille, qu'il prit pour épouse. Elle enfanta les ancêtres du genre humain. Le héros culturel Maui, qui est aussi un Trickster, fixa la longueur du jour et de la nuit et attrapa au filet de nombreux poissons qui devinrent les îles de la Polynésie. Après cela il décida d'obtenir la vie éternelle en tuant le monstre féminin Hine-nui-te-po. Mais comme il s'apprêtait à pénétrer dans son vagin pour sortir par sa bouche, ses compagnons les oiseaux ne purent s'empêcher de rire et la mort endormie s'éveilla et écrasa Maui.

La multitude des dieux a une influence déterminante sur les affaires humaines. Leur volonté peut être apprise par la divination, qui nécessite des connaissances spéciales, ou par la possession spirite. Les prêtres de Tahiti et de Hawaii pratiquaient l'extispice (lecture des entrailles d'une victime sacrificielle). Les sorciers manipulaient la volonté des dieux pour faire le bien et le mal, en les invoquant rituellement et en les invitant à s'installer dans des objets, généralement des statues rudimentaires sculptées à cet effet, ou des bâtons attrape-dieux. Lorsque les dieux étaient présents, on leur offrait des sacrifices (souvent humains) pour obtenir d'eux ce pourquoi ils avaient été convoqués. La présence des dieux inaugurait un état défini comme *tapu* ; des rites spéciaux d'aspersion et de traitement par le feu ou par la présence d'une femme étaient nécessaires pour renvoyer le dieu et rétablir la normalité ou l'état de *noa*.

La mort est entourée de cérémonies spéciales fort longues. Pendant ce temps, le mort est censé trouver sa voie jusqu'au royaume souterrain d'où il continuera de visiter les vivants, soit pour les hanter, soit, lorsque ceux-ci l'invoquent, pour répondre à leurs questions.

25.4 *Bibliographie.* J. Guiart, *Oceanic Religions : An Overview* et *Missionary Movements*, in ER 11, 40-49 ; D.W. Jorgensen, *History of Study*, in ER 11, 49-53 ; W.A. Leesa, *Micronesian Religions : An Overview*, in ER 9, 499-505 ; K. Luomala, *Mythic Themes*, in ER 9, 505-9 ; A. Chowning, *Melanesian Religions : An Overview*, in ER 9, 350-9 ; F.J. Porter Poole, *Mythic Themes*, in ER 11, 359-65 ; F. Allan Hanson, *Polynesian Religions : An Overview*, in ER 11, 423-31 ; A.L. Kaeppler, *Mythic Themes*, in ER 11, 432-5.

Sur la préhistoire de la Polynésie, voir Peter Bellwood, *The Polynesians : Prehistory of an Island People*, Londres 1987.

26

Religions de la
PRÉHISTOIRE

26.1 Le terme « préhistoire » couvre l'immense période qui s'écoule entre l'apparition des premiers ancêtres de l'homme (au moins six millions d'années) et l'apparition locale de l'écriture. Dans la pratique, les plus anciens vestiges de la préhistoire qui peuvent être interprétés en termes religieux ont été datés d'environ 60000 AEC. Deux méthodes ont été généralement adoptées : l'application de modèles analogues appartenant aux religions connues de peuples sans écriture et le refus de tout modèle. La première, si imparfaite qu'elle soit, est la seule qui puisse être suivie en histoire des religions. Elle essaie de reconstituer l'horizon mental des peuples de la préhistoire à partir du sens donné par les différents peuples étudiés par les ethnographes à des pratiques attestées archéologiquement, par exemple l'enterrement en position embryonnaire ou l'enterrement des morts pur et simple. Il est effectivement légitime et même obligatoire de penser qu'aucune action humaine n'existerait si elle n'avait un sens. Toute pratique funéraire doit donc correspondre à une croyance qui la rend nécessaire. Comme nous avons tout un répertoire de notions expliquant l'enterrement (il assure la croissance d'un nouvel être, une destinée « végétale » impliquant la survie dans l'au-delà, la résurrection, etc.), il est probable que l'homme préhistorique lui donnait une signification analogue à celles qui nous sont connues. Évidemment, l'usage de modèles analogues a ses limites, et ne nous permettra jamais d'avoir directement accès à l'univers préhistorique.

26.2 L'espèce humanoïde connue sous le nom de *Néanderthal*, disparue vers 30000 AEC, croyait sans doute à une sorte de survie des morts, enterrés sur le flanc droit, la tête à l'est. Dans les sépultures du paléolithique moyen on a trouvé des instruments primitifs, du quartz et de l'ocre rouge. Certains crânes sont déformés d'une manière qui suggère l'extraction du cerveau.

Ce qu'on appelle l'« art » du paléolithique supérieur consiste dans les célèbres Vénus stéatopyges, présentant souvent des organes sexuels accentués, et dans les peintures rupestres, généralement zoomorphes et idéomorphes, sans pourtant exclure les motifs anthropomorphes. Dans les personnages masqués des grottes franco-cantabriques on a vu une référence à des « séances chamaniques » (↔ 9.1).

C'est au mésolithique, lorsque la principale forme d'économie semble être la chasse, qu'intervient la domestication d'animaux et la découverte de la valeur alimentaire des céréales sauvages. Du mésolithique encore proviendraient les institutions typiquement masculines dans lesquelles l'homme imite le comportement de carnassiers. Encore au début des années 1970, la fiction éthologique était apparue, selon laquelle ce comportement aurait été bien plus ancien et aurait contribué à l'hominisation. Certains éthologues croyaient même que l'agressivité meurtrière aurait été la fatalité de notre race. En réalité, il s'agit d'hypothèses sans autre fondement que les croyances personnelles de certains savants à certaines époques. Acquis récemment, le comportement des chasseurs ne saurait marquer définitivement l'histoire humaine. Des éthologues comme Konrad Lorenz poussaient leur méfiance vis-à-vis de l'homme jusqu'à lui attribuer, seul parmi les animaux, la qualité toute relative de manquer d'inhibitions qui lui auraient commandé de ne pas tuer ses congénères. Cette position a été rejetée au sein même de la sociobiologie, par des savants comme E.O. Wilson.

Le mésolithique est associé à plusieurs inventions importantes : l'arc, la corde, le filet, la barque. Si l'on croit, comme le font encore les sociobiologistes néo-darwiniens, à la spécialisation économique des sexes, alors le mérite de la découverte de l'agriculture reviendrait seulement aux femmes. La « révolution néolithique » se produit vers 8000 AEC. Vers 7000, une nouvelle économie fondée sur la culture des céréales apparaît dans le bassin méditerranéen, en Italie, en Crète, en Grèce, en

Anatolie méridionale, en Syrie et en Palestine (le « Croissant fertile »). Avec l'agriculture, les rythmes de la vie et les croyances religieuses changent assez radicalement. Chez les chasseurs, la destinée humaine est intimement liée à celle du gibier ; chez les agriculteurs, l'objet de la solidarité mystique devient la végétation, les céréales dans le bassin méditerranéen et en Amérique centrale et les plantes tubéreuses en Asie du Sud-Est et en Amérique tropicale. Avec l'agriculture, les mystères de la femme se retrouvent au centre de la religion : elle est comparée à la terre nourricière, sa gestation est le symbole de la vie cachée de la semence et de la régénération ; son cycle menstruel devient solidaire de tous les cycles naturels, comme celui de la lune, des marées, des plantes et des saisons. La religion a pour centre des déesses, descendantes des Vénus stéatopyges du paléolithique. On en a retrouvé des statuettes dans les fouilles de Hacilar, Çatal Hüyük, Jéricho (autour de 7000 AEC), mais elles se multiplient pendant la période que Marija A. Gimbutas appelle « de l'Europe ancienne », de 6500 AEC jusqu'aux invasions des Indo-Européens. Mais la savante balto-américaine croit qu'en Europe ancienne une culture matrilocale pacifique se serait maintenue pendant vingt mille ans, du paléolithique au néolithique et au chalcolithique. Les déesses sont souvent représentées comme des femmes-oiseaux ou serpents, ont un derrière prononcé (qui sert assez souvent à figurer les testicules sur des statuettes phalliques) et ont pour compagnons divers animaux comme le taureau, l'ours, le bouc, le cerf, le crapaud, la tortue, etc. Les Indo-Européens, nomades patriarcaux et violents, auraient détruit les valeurs religieuses des régions conquises, sans toutefois parvenir à supprimer les anciennes déesses qui, sous le nom d'Artémis, d'Hécate ou de Kubaba/Kybele, auraient continué à avoir leur culte et leurs fidèles.

L'âge du fer amène, avec la nouvelle technologie, toute une riche mythologie qui soumet les métaux à un traitement « agricole » en leur attribuant un processus de gestation et de mûrissement dans le ventre de la terre. Nous trouvons ici l'idéologie embryonnaire de l'alchimie.

26.3 *Les cultures matrilocales et éventuellement gynécocratiques* du néolithique ont produit les quelque 50 000 monuments mégalithiques retrouvés au Portugal, en Espagne, en France, en Angleterre, en Allemagne du Nord, en Suède et ailleurs. Ils comprennent des temples, des tombeaux, des menhirs, des stèles. Dans sa lecture de la morphologie des monuments et de la structure symbolique des pétroglyphes, Marija Gimbutas en est arrivée à la conclusion qu'ils font toujours référence à la Grande Déesse, envisagée souvent sous l'aspect terrible de la Reine des Morts. L'interprétation est suggestive, mais n'a pas été unanimement acceptée.

26.4 *Bibliographie.* Eliade, H 1/1-15 ; M. Edwardsen et J. Waller, *Prehistoric Religions : An Overview*, in ER 11, 505-6 ; M. Gimbutas, *Old Europe*, in ER 11, 506-15, et *Megalithic Religion : Prehistoric Evidence*, in ER 9, 336-44 ; B.A. Litvinskii, *The Eurasian Steppes and Inner Asia*, in ER 11, 516-22 ; K.J. Nartr, *Palaeolithic Religion*, in ER 11, 149-59 ; D. Srejovic, *Neolithic Religion*, in ER 10, 352-60 ; J.S. Lansing, *Historical Cultures*, in ER 9, 344-6.

De nombreux thèmes concernant les religions de la préhistoire ont été discutés dans le volume sous la rédaction d'Emmanuel Anati, *The Intellectual Expressions of Prehistoric Man : Art and Religion*, Capo di Ponte/Milano 1983.

27

Religion des
ROMAINS

27.0 *La presqu'île italienne avant l'unification romaine* hébergeait des populations d'origine diverse, dont les plus importantes étaient les Grecs des colonies méridionales, les Latins du centre et les Étrusques au nord du Tibre. Les Étrusques sont probablement d'origine asiatique. Ils étaient fameux dès la fin de la République (début Iᵉʳ siècle AEC) pour leur *libri augurales*, interprétations d'oracles, et plus spécialement l'haruspicine (inspection des entrailles de la victime sacrificielle). Aucun de ces textes n'est parvenu jusqu'à nous. Les sources archéologiques ne sont pas suffisantes pour nous donner une idée satisfaisante des croyances des Étrusques.

27.1 *Le peuple indo-européen des Latins*, cantonné d'abord dans la région centrale appelée Latium Vetus (Ancien Latium), fonde la ville *(urbs)* de Rome le 21 avril 753 AEC. Au VIᵉ siècle AEC, les Romains commencent leur expansion territoriale aux dépens des autres Latins et des tribus voisines. Une série de sept rois plus ou moins mythiques, les quatre premiers latins et les trois derniers étrusques, règne sur Rome. Le dernier roi, Tarquin le Superbe, aurait été expulsé en 510 par la population de Rome, qui se transforme en République. La République continue sa politique expansionniste dans le bassin méditerranéen, d'où le rôle politique de plus en plus important des chefs d'armées, qui tendent à cumuler les fonctions capitales de l'État. L'un d'entre eux, César, général particulièrement doué, se proclame *dictator perpetuus* (dictateur à vie) et *imperator*, en 45 AEC, avant d'être assassiné par un groupe de sénateurs républicains (15 mars 44). Son neveu Octavien, qui reçoit le titre honorifique d'Auguste, deviendra effectivement empereur en 27, sans abolir pourtant les institutions républicaines, maintenues *pro forma*. Auguste est divinisé après sa mort, à soixante-seize ans, en 14 EC. L'Empire romain, qui s'étend au IIe siècle EC sur tout le bassin méditerranéen, l'Europe occidentale, centrale et sud-orientale et l'Asie Mineure, sera divisé en 395 en un Empire occidental, conquis en 476 par les Germains, et un Empire oriental ou byzantin (d'après le nom de sa capitale Constantinople/Byzance, fondée par Constantin Ier en 330), conquis par les Turcs ottomans en 1453.

27.2 *La religion romaine archaïque* est fondée sur un panthéon divin et une mythologie fortement influencés par les croyances grecques. Par ailleurs, tout un foisonnement de divinités autochtones et de rituels fossilisés, parfois énigmatiques, laissent entrevoir l'héritage indo-européen authentique des Romains, soumis à une interprétation que Georges Dumézil a définie comme « historicisante ». (Ainsi, Dumézil remarque par exemple que la description que l'historien Tite-Live [64 ou 59 AEC - 17 EC] donne de la guerre des Romains et des Sabins correspond chez d'autres peuples indo-européens à des épisodes purement mythologiques.) C'est toujours G. Dumézil qui a souligné l'existence d'une « idéologie tripartite » indo-européenne dans la triade romaine Jupiter (souveraineté), Mars (fonction guerrière), Quirinus (fonction nutritive et protectrice). L'ancien sacerdoce romain comprend le roi (*rex sacrorum*, fonction dont l'aspect religieux sera maintenu sous la République), les *flamines* des trois dieux (ou *flamines maiores* : *flamen Dialis*, *flamen Martialis*, *flamen Quirinalis*) et le *pontifex maximus* ou grand prêtre, fonction qui, déjà avec César, finira par revenir à l'empereur.

Souvent comparée au judaïsme (↔) et au confucianisme (↔), la religion romaine partage avec le premier l'intérêt pour l'événement concret, historique, et avec le second le respect religieux pour la tradition et pour le devoir social exprimé par le concept de *pietas*.

27.2.1 *Rome*, dont le caractère religieux de la fondation a été maintes fois souligné, réservait aux autels des divinités autochtones un cercle intérieur marqué par des pierres et appelé *pomerium*. Le Champ de Mars, où tous les cinq ans la ville était purifiée par le sacrifice d'un taureau, d'un sanglier et d'un bélier, était situé au-delà de cette zone intime où le pouvoir militaire *(imperium militiae)* n'était pas toléré. Les divinités plus récentes, même les plus importantes comme Juno Regina, étaient placées *extra pomerium*, en général sur la colline de l'Aventin. (Exception pour le temple de Castor, installé dans le périmètre pomérial par le dictateur Aulus Postumius au ve siècle.) Les divinités intra-pomériales archaïques ont souvent des noms, des caractères et des fêtes bizarres : Angerona, déesse de l'équinoxe de printemps, Matuta, déesse des matrones, etc.

L'ancienne triade Jupiter-Mars-Quirinus, flanquée de Janus Bifrons et de la déesse chthonienne Vesta, est remplacée au temps des Tarquins par la nouvelle triade Jupiter Optimus Maximus-Junon-Minerve. Les dieux, qui correspondent à Zeus, Héra et Athéna, ont maintenant des statues. Le dictateur Aulus Postumius institue une nouvelle triade sur l'Aventin : Cérès (Déméter), Liber (Dionysos), Libera (Koré) (↔ 15.3). Les Romains incorporaient à leur religion des cultes locaux à mesure qu'ils occupaient le territoire des dieux voisins. Parmi les plus célèbres, la déesse lunaire Diane de Nemi, patronne des esclaves fugitifs, sera transférée sur l'Aventin.

27.2.2 *Le culte domestique*, qui avait pour centre le foyer, consistait en des sacrifices d'animaux et des offrandes d'aliments et de fleurs aux ancêtres, Lares et Pénates, et au génie protecteur du lieu. Le mariage se célébrait au foyer sous les auspices de divinités féminines (Tellus, Cérès). Plus tard, Junon devint la garante du serment conjugal. Deux fois par an, la ville fêtait les esprits des morts, les Mânes et les Lémures, qui revenaient sur terre et se repaissaient de la nourriture qu'on avait mise sur leurs tombeaux.

Depuis 399 AEC, les Romains offraient de plus en plus de sacrifices, appelés *lectisternia*, à des dieux groupés en paires dont les statues étaient exposées dans les temples (Apollon/Latone, Hercule/Diane, Mercure/Neptune).

27.2.3 *Les sacerdotes romains* formaient le collège pontifical, qui comprenait le *rex sacrorum*, les *pontifices* avec leur chef le *pontifex maximus*, les *flamines maiores* au nombre de trois et les *flamines minores* au nombre de douze. Au collège pontifical se rattachaient les six vestales, choisies à l'âge de six à dix ans pour une durée de trente ans, pendant laquelle elles devaient préserver leur virginité. En cas de contravention, elles étaient emmurées vivantes. Une institution similaire est attestée dans l'empire des Incas. La fonction des vestales était de maintenir le feu sacré.

Le collège augural se servait de livres étrusques *(libri haruspicini, libri rituales* et *libri fulgurales)* et grecs (les oracles sybillins, dont il existe des contrefaçons juives et chrétiennes) afin d'établir les occasions fastes et néfastes. Il existait à Rome d'autres groupes religieux spécialisés, comme les Fetiales, les prêtres Saliens, les *Fratres Arvales* protecteurs des champs, les *Luperci* qui célébraient les Lupercales le 15 février en frappant les femmes de lanières en peau de bouc pour assurer leur fertilité (*Lupa*, louve, synonyme de « prostituée », désignait la sexualité déchaînée ; Romulus, le fondateur mythique de Rome, et son frère Rémus, avaient été élevés par une « louve »).

27.3 *La ferveur religieuse romaine* augmente sensiblement à l'époque impériale, comme le remarque très bien Arnaldo Momigliano. César et Auguste sont divinisés après leur mort. Bien que leurs successeurs ne l'eussent pas été automatiquement, cela créa un précédent abondamment exploité plus tard, lorsque l'empereur et même ses proches furent souvent divinisés durant leur existence. César inaugure également le cumul, qui deviendra indissoluble, de la fonction d'*imperator* et de celle de chef religieux, *pontifex maximus*. Tout comme celui des anciens dieux, le culte impérial avait ses prêtres et ses cérémonies. Des temples étaient consacrés aux empereurs soit singuliers, soit associés à quelque vénérable prédécesseur ou à la récente divinité Roma, dont Rome était l'éponyme. Au IIIe siècle, les empereurs tendent à s'identifier à des dieux : Septime Sévère et son épouse Julia Domna se font adorer comme Jupiter et Junon.

27.4 *Le culte impérial* est une innovation qui marque la fin de la religion romaine traditionnelle, son étape désuète ou *kitsch*. Si, à l'époque, il y a quelque chose de vital, il s'agit des synthèses intellectuelles hellénistiques d'une part (↔ 16) et des mystères (↔ 24) de l'autre. Pour freiner l'expansion massive du christianisme, les écrivains païens auront recours à l'exégèse platonicienne des anciens mythes, leur conférant ainsi un symbolisme puissant. Celse au IIe siècle, Porphyre au IIIe, l'empereur Julien, le « parti païen » de Symmaque et les platoniciens Macrobe et Servius à la fin du IVe opposeront au totalitarisme chrétien une vision religieuse pluraliste, à l'herméneutique platonicienne, s'efforçant de récupérer et d'annoblir toutes les croyances du passé, même celles qui, à première vue, répugnaient le plus à la raison. L'élite romaine se nourrira encore de ces croyances jusqu'à la chute de l'Empire, après quoi elles continueront leur existence souterraine à Byzance.

27.5 *Bibliographie.* Eliade, H 2/161-68 ; R. Schilling, *Roman Religion : The Early Period*, in ER 13, 445-61 ; A. Momigliano, *The Imperial Period*, in ER 13, 462-71, contenant une bibliographie abondante.

28

SHINTŌ

28.1 La religion nationale du Japon est un vaste complexe de croyances, coutumes et pratiques qui reçurent assez tardivement le nom de *shintō*, pour être distinguées des religions en provenance de la Chine, le bouddhisme *(butondo)* (↔ 6.9) et le confucianisme (↔ 11). Avec le christianisme, qui débarque au Japon après 1549, nous avons un ensemble de quatre religions de l'archipel nippon qui subsistent jusqu'à ce jour.

Le mot *shintō* signifie « Voie (*to*, chinois *tao*) des *kamis* » ou divinités tutélaires de toutes les choses.

28.2 La plus ancienne source concernant les traditions ethniques du Japon est le *Kojiki* (« récit des choses anciennes »), constitué vers 712 par l'officier Ono-Yasumaro aux ordres de l'impératrice Gemmeï d'après les informations obtenues d'un chantre doué d'une mémoire infaillible. Le *Kojiki* raconte l'histoire du Japon depuis la création du monde jusqu'en 628.

Le *Nihongi* (« Chroniques du Japon »), en trente et un volumes, dont trente subsistent, est une vaste compilation achevée en 720. D'autres données sur les croyances nippones primordiales sont contenues dans le *Fudoki* (VIIIe siècle), le *Kogo-Shui* (807-8), le *Shojiroku* et l'*Engi-Shiki* (927). Les documents chinois depuis les Wei (220-265) représentent en outre une source d'informations précieuses sur l'ancien Japon.

L'archéologie nous révèle l'existence d'une culture néolithique *(Jomon)* caractérisée par des statuettes féminines en argile *(dogus)* et des cylindres (phalliques?) en pierre polie *(sekibo)*. A une époque postérieure *(Yayoi)*, les Japonais pratiquaient la scapulomancie et la divination à l'aide d'écailles de tortue. Par la suite, l'inhumation des cadavres accroupis d'époque kofun pose à l'histoire des religions des problèmes d'interprétation insolubles.

28.3 Mais ce ne sont pas les seuls auxquels l'exégète se trouve confronté. *L'ancienne mythologie du Japon* apparaît comme une variante combinatoire de mythologies attestées ailleurs. Malgré les tentatives d'auteurs anciens et modernes, d'Augustin à Claude Lévi-Strauss, aucune explication vraiment convaincante de l'unité fondamentale de toutes les mythologies n'a été fournie jusqu'à ce jour. (Dire qu'elle repose sur la constance des opérations logiques est ingénieux, mais peu vraisemblable ; cela impliquerait, d'ailleurs, un système masqué d'orientation du mécanisme de classification binaire, une espèce de dispositif mytho-poétique du cerveau.)

Les cinq premières divinités du shintō surgissent spontanément du chaos. A la suite de plusieurs accouplements naissent Izanagi (Celui-qui-invite) et sa sœur Izanami (Celle-qui-invite), qui, depuis le pont flottant céleste, créent par agitation la première île dans la saumure marine. Ils y descendent et découvrent la sexualité et son usage en observant un hochequeue. Le produit de leur accouplement, lors duquel une erreur était intervenue, est Hiruko (Sangsue), qui ne les satisfait pas, puisque, à l'âge de trois ans, il est incapable de se relever (mythologème du premier-né malformé). S'accouplant à nouveau, ils engendrent les îles du Japon et les Kamis, jusqu'à ce que le Kami du feu brûle le vagin de sa mère et la tue. Furieux, Izanagi décapite le maladroit, dont le sang donne naissance à de nombreux autres Kamis. Comme Orphée, il part ensuite aux Enfers (le Pays-de-la-Source-jaune) pour récupérer Izanami, qui y est détenue pour avoir goûté aux nourritures infernales (mythe de Perséphone). Elle compte néanmoins sur la coopération du Kami du lieu, à condition qu'Izanagi ne vienne pas la chercher pendant la nuit. Izanagi ne tient pas sa promesse et, à la lueur d'une torche improvisée, il s'aperçoit que son épouse n'est plus qu'un cadavre pourri couvert de vermine. Huit furies, les Affreuses-Mégères-du-Pays-de-la-Nuit, poursuivent Izanagi, mais celui-ci jette en arrière son couvre-chef qui se transforme en vigne. Les furies s'attardent pour dévorer les raisins. L'épisode, comme dans les contes du monde entier, se répète par trois fois, les obstacles suivants étant des pousses de bambou et un fleuve. Izanagi s'étant échappé, Izanami part elle-même à sa recherche, accompagnée par les huit Kamis du Tonnerre et les quinze cents Guerriers du Pays-de-la-Nuit. Mais Izanagi bloque avec un rocher le passage entre les deux territoires, et les dures paroles de la séparation seront prononcées par-dessus ce rocher : Izanami emportera chaque jour mille vivants dans son royaume, mais Izanagi causera la procréation de mille cinq cents vivants par jour, afin que le monde ne se dépeuple pas. Se purifiant de la souillure du contact avec la mort, Izanagi donne naissance au Kami le plus important du panthéon shintō, la déesse du Soleil Amaterasu (Grand Luminaire Céleste), et au dieu roublard Sosa-no-o.

D'innombrables générations de Kamis comblent successivement la distance qui sépare les divinités des origines et les humains. Certains Kamis sont au centre de cycles mythiques dont les plus importants sont ceux d'Izumo et de Kyushu. Ce sont les gens du Kyushu qui, migrant au pays (mythique ?) de Yamato, deviendront les premiers empereurs du Japon.

28.4 *Le shintō ancien* comporte une révérence spéciale pour les Kamis, manifestations omniprésentes du sacré. A l'origine, les Kamis — qu'ils soient des forces de la nature, des ancêtres vénérés ou tout simplement des concepts — n'ont pas de sanctuaires. Leur territoire n'est marqué que lors de la célébration de rites en leur honneur. Le système productif traditionnel du Japon étant l'agriculture, il s'agit de rites et de fêtes saisonnières. En dehors des cérémonies collectives, il existe aussi un culte individuel shintō. L'institution du chamanisme (↔ 9) et les cultes de possession sont anciens. La cosmologie sous-jacente à ces croyances est primaire. Elle comporte tantôt une tripartition verticale (ciel - terre - monde souterrain des trépassés), tantôt une bipartition horizontale (terre - Tokoyo ou « monde perpétuel ») du cosmos.

A l'origine, chaque groupe humain structuré possède son propre Kami. Mais l'unification impériale entraîne l'impérialisme du Kami de l'empereur, la déesse Amaterasu Omikami. Au VIIe siècle, sous l'influence du système politique chinois, un bureau central des Kamis veille à enregistrer tous les Kamis de l'empire, pour que le gouvernement central leur construise des sanctuaires et leur accorde la révérence qui leur est due. Au xᵉ siècle, le gouvernement entretient près de trois mille sanctuaires.

Le bouddhisme, introduit au Japon en 538 et encouragé par l'État au VIIIᵉ siècle, produira avec le shintō des synthèses intéressantes. En un premier temps, les Kamis furent identifiés avec les *devas* (dieux) du bouddhisme ; plus tard, on leur accorda le rôle supérieur d'avatars des Bodhisattvas eux-mêmes. Un échange actif de représentations figurées des Bouddhas et des Kamis affecta les deux religions. Pendant le shogunat des Kamakura (1185-1333), marqué par l'extraordinaire créativité de la pensée bouddhiste japonaise, apparaissent un Tendai Shintō et un Shintō tantrique (Shingon). Un mouvement contraire d'affranchissement du shintō aura lieu aux siècles suivants (le Watarai et le Yoshida Shintō). A l'époque d'Edo (Tokyo, 1603-1867) s'opère une synthèse du shintō et du confucianisme (le Suiga Shintō). Bien que la Renaissance (Fukko) shintō de Motoari Norinaga (XVIIᵉ siècle) vise la restauration du shintō dans sa pureté intégrale, critiquant l'amalgame avec le bouddhisme et le confucianisme, le mouvement finira par accepter l'idée catholique de la Trinité et la théologie des jésuites. Alors qu'à l'époque des Tokugawa (Edo, 1603-1867) la synthèse shintō-bouddhisme devient religion d'État, à l'époque ultérieure des Meiji (après 1868) le shintō pur devient religion officielle.

28.5 *La réforme religieuse des Meiji* provoqua la distinction de quatre types de shintō : Koshitsu ou shintō impérial, Jinja ou shintō pratiqué dans les sanctuaires, Kyoha ou shintō sectaire et Minkan ou shintō populaire.

Les rites impériaux sont privés, mais ils ont exercé une influence considérable sur le shintō des sanctuaires. Il fut la religion officielle du Japon de 1868 à 1946. Il se trouve désormais sous la tutelle d'une association centralisée *(Jinja honcho)*.

Le sanctuaire shintō est l'habitation du Kami, qui est lié à un coin de la nature : une montagne, un bois, une cascade. Lorsqu'il n'est pas construit dans un site naturel, il est toutefois indispensable que le sanctuaire renferme un paysage symbolique. Le temple est une structure simple en bois (comme à Ise ou à Izumo), parfois enrichie d'éléments architecturaux chinois. Traditionnellement, le bâtiment doit être reconstruit tous les vingt ans.

Les rites de purification sont essentiels au shintō. Ils consistent en certaines abstinences, qui précèdent les grandes cérémonies ou qui accompagnent la menstruation et la mort, pratiquées à l'origine par tous les croyants — aujourd'hui seulement par le prêtre shintoïste. Celui-ci a le droit exclusif de célébrer le *harai* ou rite de purification au moyen d'une baguette *(haraigushi)*. Les purifications sont suivies de l'offrande de pousses de l'arbre sacré *sakaki*, symbole de la récolte. Des offrandes de riz, de saké, etc., accompagnées de musique, de danse et de prières *(norito)* au Kami, forment l'essentiel de la cérémonie.

Le Kami est représenté symboliquement dans le sanctuaire par un emblème (par exemple un miroir symbolisant Amaterasu) ou, sous l'influence du bouddhisme, par une statuette. Dans la cérémonie dite *shinko* ou circumambulation de la paroisse, l'emblème du Kami est promené en procession dans le quartier. Une cérémonie propitiatoire *(jichin-sai)* a lieu sur le site d'une nouvelle construction. En elle est présente l'idée que les innombrables Kamis peuvent être dangereux et qu'il est nécessaire de les apaiser à certains moments. La pratique du shintō, tant collective qu'individuelle, est désignée par le terme *matsuri*. Traditionnellement, une maison japonaise possédait un *kamidana* ou autel privé, au milieu duquel se dressait un temple en miniature. La présence du Kami y était évoquée par des objets symboliques.

28.6 *A l'époque du shintoïsme d'État* (1868-1946), lorsque les prêtres étaient des fonctionnaires dépendant du Jingikan ou Département du Shintō, le gouvernement fut d'autre part obligé d'accorder la liberté religieuse au Japon, ce qui signifia en premier lieu la cessation de la proscription du christianisme. Mais la Constitution Meiji de 1896 fut également l'objet d'une interprétation politique négative, dans la mesure où une religion n'avait le droit d'exister que si elle était officiellement reconnue par l'État. Le Jingikan dut résoudre le problème parfois difficile de la classification des nouvelles religions qui surgirent à partir de la seconde moitié du XIXe siècle. Bien que très souvent leur rapport au shintō fût liminal et problématique, treize nouveaux cultes (dont douze fondés entre 1876 et 1908) furent répertoriés comme « sectes shintōs » : Shintō Taikyo (sans fondateur, reconnu en 1886), Kurozumikyo (fondé par Kurozumi Munetada en 1814), Shintō Shuseiha (fondé par Nitta Kuniteru en 1873), Izumo Oyashirokyo (fondé par Senge Takatomi en 1873), Fusokyo (fondé par Shishino Nakaba en 1875), Jikkokyo (fondé par Shibata Hanamori, reconnu en 1882), Shintō Taiseikyo (fondé par Hirayama Shosai, reconnu en 1882), Shinshukyo (fondé par Yoshimura Masamochi en 1880), Ontakekyo (fondé par Shimoyama Osuka, reconnu en 1882), Shinrikyo (fondé par Sano Tsunehiko, reconnu en 1894), Misogikyo (fondé par les disciples d'Inone Masakane en 1875), Konkokyo (fondé par Kawate Bunjiro en 1859) et Tenrikyo (fondé par une femme, Nakayama Miki, en 1838, reconnu en 1908, séparé du shintō en 1970 ; la secte Honmichi en dérive). Depuis 1945, de nombreuses « sectes nouvelles » sont apparues (une statistique de 1971 en comptait 47).

Le chamanisme japonais était traditionnellement exercé par les femmes. Par conséquent, plusieurs religions récentes réservent aux femmes des charismes particuliers.

28.7 *La « religion populaire » (minkan shinko)* du Japon, bien qu'ayant de nombreux points en commun avec le shintō populaire, en est toutefois distincte. Elle représente un ensemble de rites propitiatoires, saisonniers et spéciaux empruntés aux trois grandes religions du Japon. En effet, on dit parfois que le Japonais vit en confucéen, se marie en shintoïste et meurt en bouddhiste. A la maison, il possède un autel shintō et un autel bouddhique. Il respecte les prohibitions géomantiques (l'entrée d'une maison ne doit jamais être située au nord-est, etc.) et le calendrier des jours fastes et néfastes. Quant aux coutumes qu'il respecte, les plus importantes sont liées au Nouvel An *(shogatsu)*, au Printemps (*setsubun*, le 3 février), à la Fête des Poupées (*hana matsuri*, le 8 avril), au Jour des Garçons (*tango no sekku*, le 5 mai), à la Fête du Kami de l'Eau (*suijin matsuri*, le 15 juin), à la Fête de l'Étoile (*tanabata*, le 7 juillet), à la Fête des Morts (*bon*, 13-16 juillet), à l'équinoxe d'automne *(aki no higan)*, etc.

L'unité sociale qui participe à ces rites est parfois la famille élargie *(dozoku)*, parfois une communauté basée sur le voisinage *(kumi)*.

28.8 *Bibliographie.* J.M. Kitagawa, *Japanese Religion : An Overview*, in ER 7, 520-38 ; H. Naofusa, *Shinto*, in ER 13, 280-94 ; A.L. Miller,

Popular Religion, in ER 7, 538-45 ; M. Takeshi, *Mythical Themes*, in ER 7, 544-52 ; H.P. Varley, *Religious Documents*, in ER 7, 552-7.

Les textes shintoïstes sont traduits et présentés dans Post Wheeler, *The Sacred Scriptures of the Japanese*, New York 1952.

Le meilleur ouvrage sur les religions japonaises est dû à Joseph Mitsuo Kitagawa, *Religion in Japanese History*, New York/Londres 1966. La revue *History of Religions* a consacré en 1988 (vol. 27, n° 3) un numéro au shintō : *Shinto as Religion and as Ideology : Perspectives from the History of Religions*, contenant des articles de J.M. Kitagawa et autres.

Sur la politique religieuse au Japon actuel, voir *Japanese Religion. A Survey by the Agency for Cultural Affairs*, Tokyo/New York/San Francisco 1972.

29

Religion des
SLAVES ET BALTES

29.0 Les Slaves font leur entrée dans l'histoire européenne vers 800 AEC, mais leur expansion n'a lieu que mille quatre cents ans plus tard, lorsque la langue indo-européenne proto-slave se divise en trois branches (de l'ouest, du sud et de l'est). Au xᵉ siècle, les Slaves occupent une zone qui va de la Russie à la Grèce et de l'Elbe jusqu'à la Volga. Le slave occidental donnera naissance au polonais, au tchèque, au slovaque et au wendique (disparu) ; le slave méridional au slovène, au serbo-croate, au macédonien et au bulgare ; le slave oriental au russe et à l'ukrainien. Les Slaves sont christianisés aux VIIIᵉ et IXᵉ siècles.

29.1 *Les sources* écrites sur la religion slave ne sont pas antérieures au VIᵉ siècle EC (Procope de Césarée). Parmi elles, les plus importantes sont la *Chronique de Kiev* (XIIᵉ siècle) sur la christianisation de la Russie (988) sous Vladimir Iᵉʳ et les chroniques des campagnes antipaïennes des évêques Otto de Bamberg (XIIᵉ siècle ; écrites par Ebbo, Herbord et un moine anonyme de Priefling), Thietmar de Merseburg et Gérard d'Oldenbourg (Helmond de Bosau), concernant les Slaves occidentaux. Les seules sources directes sont archéologiques et consistent en quelques temples et statues. Enfin, le folklore slave conserve la mémoire de certains dieux pré-chrétiens.

29.2 La *Chronique de Kiev* cite sept dieux des Slaves de l'est (Perun, Volos, Khors, Dazhbog, Stribog, Simarglu et Mokosh), qui recevaient des sacrifices. Marija Gimbutas croit que Khors, Dazhbog et Stribog sont des aspects d'une divinité solaire qu'elle appelle Dieu Blanc (Belobog) ; chez les Slaves occidentaux, ce dieu, qui s'oppose à Veles, le dieu infernal, reçoit les noms de Iarovit, Porovit et Sventovit. Dans la *Chronica slavorum*, Helmond parle d'un dieu céleste, père des dieux, qui ne s'occupe pas du gouvernement du monde. Cette fonction revient à Perun, dieu du Tonnerre, dont le nom provient de la racine *per-*, « frapper » ; en polonais, *piorun* signifie « foudre ». Chez les Baltes (Lituaniens), le dieu de l'Orage Perkunas porte un nom qui dérive du mot indo-européen pour « chêne », arbre souvent consacré aux divinités célestes. Il est probable que, sous le nom de Perun, la dynastie Rurikide de Kiev, qui était d'origine scandinave, rendait hommage au dieu germanique Thor, dont la mère est Fiorgynn (de « chêne ») dans la mythologie norvégienne. Après la christianisation de la Russie, la mythologie de Perun fut transférée sur celle de saint Élie dit *gromovnik* (« le tonitruant »), dont la fête était célébrée le 20 juillet par des cérémonies de pénitence. En tant qu'administrateur de la pluie, Élie était évidemment tenu pour responsable de la récolte.

Parmi les êtres surnaturels mâles, il faut compter les innombrables esprits domestiques, appelés familièrement *ded* ou *dedushka*, « (petit) grand-père », les esprits de la forêt (Leshiis) et les ancêtres. Mais la plupart des êtres surnaturels chez les Slaves sont féminins : Mat' Syra Zemlia (Mère Terre Humide), Mokysha (cf. Mokosh dans la liste du XIIe siècle), la Parque associée à d'autres êtres féminins qui détiennent les secrets de la destinée humaine, la Baba Yaga froide, laide et létale, Ved'ma la sorcière, les nymphes des eaux *(vilas)* et des arbres *(rusalkas)*, etc.

29.3 *Les Baltes* entrent dans l'histoire européenne au milieu du IIe millénaire AEC, mais les sources écrites qui les concernent sont muettes jusqu'au Xe siècle EC, lorsque les Germains et les Danois commencent l'occupation de leurs territoires. Au cours de cette conquête, qui sera achevée au XIVe siècle par la christianisation des Baltes, un peuple balte (les Vieux Prussiens ou Pruthènes) sera complètement assimilé, tandis que deux autres (les Lituaniens et les Lettons) conserveront leur identité.

29.3.1 Comme le panthéon des Slaves, celui des Baltes comporte trois divinités principales : un dieu céleste inactif (lit. *Dievas*, lett. *Dievs*), un dieu du tonnerre (lit. *Perkunas*, lett. *Perkuons*) et une déesse solaire, Saule, dont la fonction ne correspond d'ailleurs pas à celle du Pluton slave, Veles. A côté d'eux, il y a la Terre Mère (*lett.* Zemen mate) et les innombrables êtres surnaturels féminins, appelés « Mères ».

29.A *Bibliographie.* Eliade, H 3, 249-51 ; M. Gimbutas, *Slavic Religion*, in ER 13, 353-61 ; H. Biezais, *Baltic Religion*, in ER 2, 49-55.

et une déesse solaire, Saule, dont la fonction ne correspond d'ailleurs pas à celle du Ħorsa slave. Voici, à côté d'eux, il y a la Terre Mère (lett. Zemen mate) et les innombrables êtres [illegible] féminins appelés « Mātes ».

284 Bibliographie : Eliade, H 3, 249-51 ; M. Gimbutas, Slavic religion, in ER 13, 353-61 ; H. Biezais, Baltic Religion, in ER 2, 49-55.

30

TAOÏSME

30.1 *Sources.* Les classiques du taoïsme sont le *Tao-te king*, attribué au fondateur mythique de la Voie (= Tao), Lao tze, et le *Chuang-tze*, ainsi nommé d'après son auteur présumé. La légende situe la naissance de Lao tze entre 604 et 571 AEC. La datation du *Tao-te king* (« Classique de la Voie et de la Vertu ») est controversée ; certains savants retiennent la version traditionnelle, alors que d'autres, comme Arthur Waley, lui attribuent une date de composition aussi récente que 240 AEC. Quant à Chuang tze, il aurait vécu au IVe siècle AEC.

Mais réduire le taoïsme à ces deux textes serait plus grave que réduire le christianisme aux quatre Évangiles. Car l'ésotérisme philosophico-médical et alchimique, ainsi que le rituel, du plus populaire au plus élaboré, forment la partie immergée de ce gigantesque iceberg. En un sens, le taoïsme n'est comparable qu'à cette tradition platonicienne aux mille visages qui prend tantôt l'aspect du mysticisme juif de Philon, tantôt celui du rituel théurgique des *Oracles chaldéens*, tantôt celui du gnosticisme, tantôt celui du purisme philosophique de Plotin, tantôt celui de la mytho-magie luxuriante du néo-platonisme tardif, tantôt enfin celui de la doctrine orthodoxe des Pères de l'Église.

Le canon taoïste *(tao-tsang)* a été imprimé en 1926 à Shanghai, en 1120 fascicules. Dans son livre *The Parting of the Way* (1957), Holmes Welch comptait 36 traductions anglaises du *Tao-te king*, alors qu'il n'existait aucune synthèse complète sur le taoïsme. La situation n'a guère changé aujourd'hui, mais quelques progrès décisifs ont été accomplis par les nouvelles générations de sinologues dans l'étude des aspects ésotériques du taoïsme.

30.2 *Anciennes mythologies.* Au terme de dix époques mythiques dont une ancienne chronique nous informe, l'empereur jaune Huang Ti (ca. 2600 AEC), associé avec l'élément Terre et la fabrication de la soie, ouvre l'époque de la Chine historique. Héros culturel et chaman, l'empereur jaune est censé être capable de ces prouesses que l'historien des religions attend d'un personnage comme lui : comme les iatromantes grecs, Huang Ti entre souvent en état de catalepsie et visite les provinces des esprits incombustibles qui, tels les habitants des îles Bienheureuses de Platon, marchent sur l'air et se couchent sur l'espace nu comme sur un lit. La mythologie des Immortels est ainsi liée à l'âge d'or de l'empereur jaune, sage et juste gouverneur. Les Immortels (Hsien) entretiennent une relation mystérieuse avec le peuple joyeux des Fées, au point d'être parfois confondus avec elles. Le Hsien King ou territoire des Immortels est la Montagne (Hsien Shan) ou les Neuf Palais (Chin Kung), peut-être les neuf cimes du mont mythique Chin I. Leur contrée est parfois décrite comme montagneuse et insulaire à la fois, et les trois îles des Bienheureux dans les mers de l'Orient sont désignées comme San Hsien Shan (Montagnes insulaires). L'empereur Shih Huang-ti y aurait envoyé en 217 AEC une expédition à la recherche de l'élixir de longue vie ; six mille jeunes gens auraient disparu dans les vagues.

Hsi Wang Mu, mère des Fées, gratifia l'empereur Wu Ti, de la dynastie Han (202 AEC - 220 EC), de quatre pêches d'une saveur particulière, qui ne poussent que tous les trois mille ans. Les pêches sont parfois le symbole des Immortels, race qu'on range à côté de celle des Parfaits (Chen Jen) et des Saints (Shen). Ils s'abreuvent d'un vin céleste *(t'en-chin)*, ils marchent sur l'air et se servent du vent comme d'un véhicule. S'ils font semblant de mourir, en ouvrant leur cercueil on ne trouve aucune trace de cadavre, mais seulement quelque objet symbolique.

Plus tard, le taoïsme développe plusieurs doctrines concernant les hommes déifiés, symboles éternels de la Voie et garants de son succès. Sous l'influence du bouddhisme, les Immortels deviennent une hiérarchie céleste. Mais selon une autre tradition, ils continuent de vivre dans les Cinq Montagnes Sacrées, objet de pèlerinages, dont la plus imposante est T'ai Shan au

Shantung. L'espoir suprême de l'adepte est de rejoindre un jour les Immortels de la Montagne occidentale K'un-lun, contrée de la joyeuse reine Hsi Wang Mu, qui chevauche les oies et les dragons ; de se nourrir de la plante d'immortalité et de s'abreuver au Fleuve de Cinabre qu'il faut croiser pour parvenir à l'au-delà, tel l'Achéron du mythe platonicien du *Phédon*. La Montagne et les Grottes Célestes illuminées par leur lumière intérieure, comme la caverne du *Voyage au centre de la terre* de Jules Verne, sont le territoire fantastique de la quête de l'adepte, qui y pénètre muni d'amulettes et de formules magiques, à la recherche de la drogue, de l'élixir, de la panacée. Pénétrant dans la Montagne, le taoïste pénètre en lui-même et découvre cette légèreté de l'être qui le rend impondérable. Il se dégage de toutes les conventions, sociales et linguistiques, et altère sa conscience de manière à en expulser les habitudes et les obligations acquises. Comme Chuang tze, il rêve d'être un papillon et au réveil il se demande si c'est lui qui a rêvé d'être papillon ou si c'est le papillon qui a rêvé d'être Chuang tze. Le monde est un édifice irréel bâti de rêves dans lesquels les êtres rêvés engendrent le rêveur, tout comme les mains d'Escher se dessinent l'une l'autre pour pouvoir dessiner.

30.3 L'idée de la légèreté de l'être qui n'est pas circonscrit par ses lourds devoirs envers l'État n'était pas faite pour plaire au confucianisme que la dynastie Han avait élevé au rang d'idéologie officielle et qui allait conserver cette position jusqu'en 1911. Lorsque le bouddhisme fait son apparition en Chine (↔ 6.8), *les Trois Religions* auront à se disputer le cœur des fidèles. Et elles le feront parfois avec des méthodes d'une dureté excessive, surtout à la fin de la dynastie T'ang (618-907), lorsque la religion la plus persécutée sera aussi la plus puissante à l'époque : le bouddhisme (↔ 6.8). Depuis l'arrivée du bouddhisme, le taoïsme souffre d'un complexe d'infériorité. D'une part, le confucianisme l'oblige à désavouer les pratiques occultes et les dieux populaires ; de l'autre, le bouddhisme le soumet à une pression intellectuelle à laquelle il est incapable de répondre. Mais, nous le savons déjà, l'impondérabilité essentielle de l'être taoïste abrite le ferment de l'utopie et de la révolte. Seule une puissante organisation peut le contenir, et celle-ci, soumise à un Maître Céleste, apparaît après la chute de la dynastie Han (220 EC) et se maintient jusqu'à ce jour, essayant encore de se rendre crédible aux yeux de l'État.

Si, comme le démontre Judith Berling dans *The Syncretic Religion of Lin Chao-en* (1980), à partir du XIe siècle environ la vie religieuse des Chinois est dominée par une synthèse intellectuelle des Trois Religions, cela ne signifie pas que les rapports politiques du taoïsme, du confucianisme et du bouddhisme ont été pacifiques. Les empereurs qui favorisent le bouddhisme persécutent en général le taoïsme, et vice versa. C'est sous l'influence du bouddhisme que les taoïstes adoptent la voie monastique. De 666 à 1911, leurs monastères mixtes sont subventionnés par l'État ; il est probable que les anciens rituels sexuels pratiqués dans les communautés taoïstes continuent de l'être pendant une partie de l'époque monastique, en dépit de la morale bouddhiste professée par les religieux. Cependant le mouvement monastique n'atteindra jamais parmi les taoïstes la popularité qu'il avait dans le bouddhisme. En revanche, la cour impériale adoptera volontiers l'esprit universaliste du taoïsme, sa liturgie minutieuse et complexe, ses rituels occultes, ses invocations magiques.

A l'époque Ming (1368-1644), l'intellectuel confucéen Lin Chao-en (1517-1598) voit la nécessité de proclamer l'unité des Trois Religions et élabore une synthèse dans laquelle les procédés de l'alchimie intérieure taoïste jouent un grand rôle.

Le taoïsme est encore pratiqué de nos jours. Deux ouvrages récents, *The Teachings of Taoist Master Chuang* (1978) de Michael Saso (sur Maître Chuang-ch'en Teng-yün, de Hsinchu à Taiwan, mort en 1976) et *Taoist Ritual in Chinese Society and History* (1987) de John Lagerwey (sur Maître Ch'en Jung-sheng, de Tainan à Taiwan), nous donnent des indications précieuses sur les pratiques contemporaines à Taiwan.

30.4 *Doctrine et pratique.* Si le *Tao-te king* proclame sans cesse la suprématie du néant sur l'être, du vide sur le plein, on ne doit pas entendre cela dans les termes simplistes d'une négation de la vie. Au contraire, le but ultime du taoïsme est l'obtention de l'immortalité. Ce but est inscrit dans une théorie complexe de l'économie du corps cosmique. En effet, l'être humain est à l'image de l'univers, animé par un souffle primordial divisé en *yin* et *yang*, féminin et masculin, Terre et Ciel. Le phénomène de la vie s'identifie à ce souffle caché derrière ses manifestations. Si on le préserve et si on le nourrit, l'être humain est capable d'atteindre l'immortalité. Il y a de nombreux procédés pour nourrir le principe vital : la gymnastique, la diététique, les techniques respiratoires et sexuelles, l'absorption de drogues, l'alchimie intérieure, etc. La méditation fait partie intégrante du taoïsme et est antérieure au bouddhisme. Elle consiste en l'établissement d'une topographie interne très précise, faite de « palais » où l'adepte installe les dieux, leur rend visite, les honore et leur fait la conversation. Henri Maspero nous a laissé une description remarquable de ces anciennes techniques taoïstes, qui perdent progressivement de leur importance à cause de leur standardisation, de leur caractère de plus en plus uniforme et monotone.

Au contraire, les techniques de *t'ai hsi* ou respiration embryonnaire, qui consistent dans la pratique d'une apnée dont la durée est de plus en plus longue (comme dans le *prāṇāyāma* yogique), et le *fang-chung shu* ou « l'art de la chambre à coucher », qui consiste dans le blocage du conduit séminal pour empêcher l'éjaculation, prospéreront aussi longtemps qu'elles ne susciteront pas les soupçons du puritanisme confucéen. Dans les deux cas, l'intention est d'atteindre l'immortalité et dans les deux cas les souffles (la respiration dans le *t'ai hsi* et le souffle spermatique dans le *fang-chung*) sont redistribués de manière à préserver ou à revitaliser le principe de vie. Dans sa *Vie sexuelle en Chine ancienne* (1961), Robert van Gulik croit que le *fang-chung* est adopté par la noblesse confucéenne même en l'absence de toute autre référence à l'idéologie taoïste, à cause des mariages polygamiques qui imposent au mâle un rendement sexuel supérieur à ses capacités normales. De nombreux textes populaires nous rendent familière l'idée de ce « vampirisme sexuel » qui est à la base de beaucoup de croyances chinoises et qui, d'habitude exercé par la femme, peut être renversé au profit de l'homme ou des deux partenaires à la fois, en vue d'obtenir le rajeunissement.

Le but de l'alchimie taoïste est la fabrication de l'élixir d'immortalité. Dans les techniques extérieures, l'élixir est une substance potable ; dans l'alchimie intérieure *(nei-tan)*, qui commence à l'époque T'ang (618-907), il est le même principe vital que tous les procédés taoïstes mentionnés ci-dessus essaient d'isoler, d'attiser, d'augmenter. Le vocabulaire est alchimique, mais le résultat est le même que celui poursuivi dans la respiration embryonnaire et le *fang-chung* : au bout des opérations du *nei-tan*, l'élixir doré monte au cerveau et de là tombe dans la bouche. Ingurgité, il devient un Saint Embryon qui, après dix mois de gestation, fait renaître l'adepte en Immortel Terrestre. Après neuf ans de pratique, l'Immortel sera parachevé. Les classiques de l'alchimie intérieure sont les collections *Tao-shu* (« Pivot du tao », vers 1140) et *Hsiu-chen shih-shu* (« Dix écrits sur la culture de la perfection », après 1200). Maître Chuang à Taiwan connaissait encore les secrets du *nei-tan* mais aussi ceux de la magie taoïste, qui consiste en l'invocation des esprits des étoiles d'une manière qui rappelle celle d'Agrippa de Nettesheim (XVIe siècle) et les manuels de magie populaire à la Renaissance. De ces esprits, dont il connaît les noms et l'aspect extérieur, Maître Chuang peut exiger des choses extraordinaires, mais il se borne à leur enjoindre de respecter le Tao céleste. Maître Chuang pratiquait également la Magie du Tonnerre, fort en vogue à l'époque Song (960-1279), qui est en effet une forme d'alchimie intérieure.

30.5 *Bibliographie.* En général, D.S. Nivison, *Chinese Philosophy*, in ER 3, 245-57 ; D.L. Overmyer, *Chinese Religion : An Overview*, in ER 3, 257-89 ; A.P. Cohen, *Popular Religion*, in ER 3, 289-96 ; N.J. Girardot, *Mythic Themes*, in ER 3, 296-305, *Hsien*, in ER 6, 475-7, et *History of Study*, in ER 3, 312-23 ; Wing-Tsit Chan, *Religious and philosophical Texts*, in ER 3, 305-12 ; L.G. Thompson, *Chinese Religious Year*, in ER 3, 323-28 ; D.S. Nivison, *Tao & Te*, in ER 14, 283-86 ; F. Baldrian, *Taoism : An Overview*, in ER 14, 288-306 ; J. Lagerwey, *The Taoist Religious Community*, in ER 14, 306-17 ; J. Magee Boltz, *Taoist Literature*, in ER 14, 317-29 ; T.H. Barrett, *History of Study*, in ER 14, 329-32.

Les ouvrages classiques sur le taoïsme demeurent : Henri Maspero, *le Taoïsme*, Paris 1971 ; et Max Kaltenmark, *Lao Tseu et le Taoïsme*, Paris 1965. Sur l'alchimie chinoise, le meilleur travail est celui de Joseph Needham, *Science and Civilization in China*, 5 vol., Cambridge 1954-1983.

Parmi les ouvrages récents, signalons : Michael Saso, *The Teachings of Taoist Master Chuang*, New Haven 1978 ; Isabelle Robinet, *Méditation taoïste*, Paris 1979 ; Judith A. Berling, *The Syncretic Religion of Lin Chao-en*, New York 1980 ; Kristofer Schipper, *le Corps taoïste*, Paris 1982 ; Michel Strickmann (ed.), *Tantric and Taoist Studies in Honor of R.A. Stein*, 2 vol., Bruxelles 1983 ; F. Baldrian-Hussein, *Procédés secrets du Joyau magique : Traité d'alchimie taoïste du onzième siècle*, Paris 1984 ; Judith Magee Boltz, *A Survey of Taoist Literature, Xth to XVIIth centuries*, Berkeley 1986 ; John Lagerwey, *Taoist Ritual in Chinese Society and History*, New York 1987.

31

Religion des
THRACES

31.1 *Population.* Le mot *thrakes* désignait en grec les habitants du nord-est de la presqu'île des Balkans, comprenant quelque deux cents tribus serrées entre les Scythes à l'est, les Panno-niens, les Dalmatiens et les Illyriens à l'ouest, les Baltes et les Celtes au nord. Au sud du Danube passe la ligne de démarcation de deux aires linguistiques et culturelles : les Thraces du sud et les Thraces du nord (Géto-Daces).

31.2 *Sources.* Il n'est pas sûr que les Thraces aient connu l'écriture. S'ils l'ont connue, nous ne sommes pas en mesure de déchiffrer le peu de vestiges qui nous sont parvenus. Les inscriptions votives en grec fournissent quelque 160 noms et épithètes de divinités de la Thrace méridionale. Pour le reste, nous sommes entièrement livrés aux informations des écrivains grecs et latins, depuis Hérodote et Platon (ve siècle AEC) jusqu'à Jordanès (VIe siècle EC), l'historien des Goths, qui était né sur la côte occidentale de la mer Noire (l'ancienne province des Gètes) et avait donc intérêt à transformer les pieux Gètes en ancêtres des Goths.

31.3 *La religion* se divise selon la même ligne de démarcation qui sépare le nord du sud. La raison en est ce que nous pourrions appeler la réforme de Zalmoxis, qui marque profondément les croyances et les institutions du nord. Mais les dieux connus par les Grecs au ve siècle AEC (Sabazios, Bendis, Cotys), ainsi que ces personnages comme Dionysos et Orphée auxquels on prêtait une origine thrace, provenaient sans doute de la Thrace méridionale.

31.3.1 Selon Hérodote, les Thraces adoraient quatre divinités, correspondant à Arès, Dionysos, Artémis et Hermès, le culte de ces derniers étant réservé aux rois. Arès-Mars est attesté par Jordanès, mais son nom n'est pas connu. Les trois autres également n'ont pu être identifiés avec précision.

Bendis, objet d'un culte à Athènes au début du Vᵉ siècle AEC, était une déesse du mariage. Elle a été identifiée à Artémis ainsi qu'à Hécate.

Sabazios est un dieu thrace qui s'implante de bonne heure en Phrygie (Asie Mineure). Il est connu à Athènes dès le Vᵉ siècle AEC, où ses cérémonies nocturnes comprenaient une purification par frottement avec de la boue. Au IVᵉ siècle AEC, il arrive jusqu'en Afrique, où il devient dieu céleste, sans doute par identification avec le Baal sémitique. Il reçoit l'épithète de *hypsistos* (suprême). Il est impossible de savoir s'il subsiste quelque chose de thrace dans les mystères de Sabazios à l'époque romaine (↔ 24.2).

Quant à Cotys, ou Kotyto, on sait qu'il y avait des orgies en son honneur au cours desquelles les hommes se déguisaient en femmes.

Une divinité céleste masculine est importante chez les Thraces du nord ; chez les Thraces du sud elle est féminine, puisqu'on l'identifie à Héra.

Deux pratiques sont attestées tant au nord qu'au sud : le tatouage et l'enterrement ou la crémation des veuves à côté du mari mort (les Thraces étaient polygames). Mais le tatouage a plusieurs valeurs symboliques : au sud, ce sont les nobles qui se tatouent, au nord les femmes et les esclaves, en souvenir d'une souffrance infligée à Zalmoxis.

Tous les Thraces pratiquaient soit l'enterrement, soit l'incinération des cadavres. Au nord, on préférait la crémation. La mort était fêtée comme un événement heureux, mais les motivations de la joie varient selon les sources. Au nord, la réforme de Zalmoxis en fournit une version assez cohérente.

31.3.2 L'information du géographe Strabon concernant le végétarisme et la continence des *theosebeis* (« adorateurs des dieux »), *ktistais* (« fondateurs ») et *abiois* (litt. « sans vie »), se nourrissant exclusivement de fromage, de lait et de miel, semble se référer exclusivement aux Gètes habitant la province de Mésie. Quelques Thraces, surnommés *kapnobatais* (« ceux qui marchent sur la fumée »), utilisaient probablement la fumée du chanvre comme agent hallucinogène.

31.4 *La religion des Thraces du nord* est relativement mieux connue, grâce au réformateur Zalmoxis, qui fut plus tard divinisé. En Grèce, au ve siècle AEC, Zalmoxis était mis en rapport avec Pythagore et la médecine psychosomatique, fortement appréciée par Platon (*Charmide* 156d-57c).

31.4.1 L'interprétation grecque de Zalmoxis place ce dernier dans la catégorie spéciale des voyants et guérisseurs apolliniens connus sous le nom technique de « iatromantes » (↔ 15.3.2). Les principes de sa religion — immortalité de l'âme, végétarisme, etc. — sont en effet proches du pythagorisme. A l'origine, Zalmoxis paraît avoir été un prophète et un associé du roi gète. Sa légende comporte un scénario d'occultation et d'épiphanie qui ressemble vaguement à celui des divinités mourantes comme Attis, Osiris et Adonis.

Sous le nom de Gebeleizis, Zalmoxis était pourtant un dieu céleste. Tous les quatre ans, les Gètes lui envoyaient un message par l'intermédiaire de l'âme d'un guerrier jeté sur la pointe de trois lances. Si le messager ne mourait pas, il fallait recommencer. Les guerriers gètes ne craignaient pas la mort. Il est probable que Zalmoxis leur avait enseigné l'immortalité de l'âme du guerrier dans un paradis dont nous ne possédons pas la description.

31.4.2 Le culte de Zalmoxis était lié à la royauté géto-dace et à l'aristocratie. Les prêtres de Zalmoxis, dont l'historien goth Jordanès nous fournit une liste depuis environ 80 AEC jusqu'à 106 EC, étaient souvent rois. Le plus important parmi eux, Décénée, fut conseiller du roi gète Bourébiste (ca. 80-44 AEC). Il enseigna aux Gètes la cosmologie, l'astrologie, l'astronomie et les règles d'un mystérieux calendrier qui a été retrouvé dans les ruines de l'ancienne capitale du roi dace Décébale (m. 106 EC), Sarmizegetusa Regia (aujourd'hui Gradistea Muncelului, en Roumanie du sud-est). Un autre temple, appartenant aux mêmes ruines, comporte une large salle souterraine qui évoquait probablement la chambre où Zalmoxis s'était retiré pendant trois ans, simulant la disparition.

31.4.3 L'historien juif Flavius Josèphe (Ier siècle EC) connaissait déjà la réputation de sainteté de certains Daces, auxquels il comparait la secte des esséniens. Le nom de *pleistois* qu'il leur appliquait indique probablement qu'ils portaient des bonnets, ce qui est confirmé par Jordanès, selon lequel les aristocrates gètes portaient un couvre-chef *(pilleus)*, alors que les gens du peuple allaient tête nue. On sait que la prêtrise géto-dace était étroitement liée à l'aristocratie guerrière et à la royauté, au point que deux des successeurs de Décénée, les prêtres Comosicus et Coryllus, probablement prédécesseur sinon père de Décébale, avaient été rois.

31.5 *Bibliographie.* Bibliographie récente et discussion des documents et des hypothèses de la recherche dans : I.P. Couliano et C. Poghirc, *Geto-Dacian Religion*, in ER 5, 537-40, *Thracian Religion*, in ER 14, 494-7, et *Zalmoxis*, in ER 15, 551-4.

32

Religion du
TIBET

32.1 Un changement de perspective est intervenu assez récemment dans l'interprétation de l'ancienne religion du Tibet, que les savants avaient traditionnellement identifiée au *Bon* (↔ 6.10). En réalité, la religion autochtone, appelée « la religion des humains » *(mi-chos)*, précédait le Bon et l'avènement du bouddhisme, désignés par l'expression « religion des dieux » *(lha-chos)*. Les sources pour la connaissance du *mi-chos* sont assez maigres : des fragments de mythes, de rituels et de techniques de divination, des inscriptions, des réfutations de l'ancienne religion rédigées par les bouddhistes et des chroniques chinoises de la dynastie T'ang (618-907). D'anciennes pratiques ont été assimilées par le bouddhisme et le Bon, mais il est extrêmement difficile de les démêler des nouvelles structures dans lesquelles elles ont été insérées.

32.2 L'institution centrale de l'ancienne religion était la royauté sacrée. Le premier roi était censé être descendu du ciel au moyen d'une montagne, d'une corde ou d'une échelle ; les rois archaïques retournaient corporellement au ciel, comme les Immortels taoïstes (↔ 30.2), sans laisser derrière eux leur cadavre. Mais le septième roi fut tué, et à sa mort les premiers rites funéraires furent institués, qui prévoyaient le sacrifice de plusieurs animaux qui servent de guide au mort sur la route de l'autre monde. A l'âge des rois immortels, les prototypes célestes de plantes et d'animaux furent transférés sur la terre pour servir à la race des hommes. Mais l'humanité est constamment soumise au choix entre les commandements des dieux célestes et l'irruption des démons infernaux *(klus)*, qui ont déjà causé la déchéance du monde. Après la destruction d'un monde, un nouveau cycle a lieu, qui repart de zéro. Il est impossible de préciser l'ancienneté de ces croyances ; certains savants estiment qu'elles n'existaient pas avant le VIe ou le VIIe siècle et qu'elles représentent une justification du culte royal empruntée à la Chine impériale.

32.3 Bien que l'ancienne religion fût communément désignée par le terme *Bon*, on s'accorde aujourd'hui à réserver cette appellation seulement au *Bon-po*, qui ne se constitue pas comme religion avant le XIe siècle, mais dont certains éléments sont pré-bouddhistes. Le fondateur du Bon serait Shenrab ni-bo, venu d'un pays occidental désigné comme Zhang-shung ou Tazig. Sa naissance et sa carrière sont miraculeuses. Lorsqu'il se retire dans le Nirvāṇa, Shenrab laisse derrière lui son fils, qui prêche la doctrine pendant trois ans. Les textes attribués à Shenrab et prétendument traduits de la langue du Zhang-shung ont été insérés, au XVe siècle, dans le *Kanjur* et le *Tanjur*, sous une forme nettement influencée par le bouddhisme.

32.4 *Bibliographie.* Eliade, H 3/312-14 ; P. Kvaerne, *Tibetan Religions : An Overview*, in ER 14, 497-504 ; M.L. Walter, *History of Study*, in ER 14, 504-7.

33

ZOROASTRISME

33.1 *Religion pré-zarathoustrienne.* La religion de l'Iran avant la réforme de Zarathoustra ne se laisse pas facilement déchiffrer. A côté d'éléments originaux, elle présente des traits communs avec l'Inde védique, par exemple le sacrifice (*yaz*, cf. skr. *yajña*) d'animaux dont l'esprit rejoint l'entité divine appelée Geush Urvan (« L'Ame du taureau ») et l'usage de la boisson *haoma* (skr. *soma*), aux propriétés hallucinogènes. Les êtres divins appartenaient à deux classes : les *ahuras* (« seigneurs » ; cf. skr. *asuras*) et les *daivas* (« dieux » ; skr. *devas*), toutes deux positives.

Cette religion correspondait à une société dominée par l'aristocratie guerrière et ses confréries initiatiques, dont les pratiques violentes culminaient dans l'état de « fureur » *(aêshma)*. Les sacrifices d'animaux comme le bœuf *(gav)* et la consommation du *haoma* (mentionné dans *Yasna* 48.10, 32.14 comme un breuvage consistant en de l'urine éliminée après l'ingestion d'une drogue) étaient au centre du culte.

33.2 *Zarathoustra.* Il est difficile de situer dans le temps la réforme de Zarathoustra (grec Zoroaster). Tout porte à croire que le réformateur vécut quelque part dans l'Iran oriental, vers 1000 AEC. Le message originel de Zarathoustra s'opposait de plusieurs manières à l'expérience religieuse antérieure : il condamnait les sacrifices sanglants et l'usage du *haoma*, proposant également un changement total du panthéon, qui devenait ainsi *monothéiste* et *dualiste.* La nouvelle religion, dont l'évolution allait par la suite en modifier le caractère, est communément appelée *zoroastrisme*.

33.3 *Le zoroastrisme ancien.*

33.3.1 *Les sources* du zoroastrisme ont été rédigées à partir du IVᵉ ou du VIᵉ siècle EC, mais elles consistent en plusieurs couches. L'*Avesta* est formé de plusieurs sections : *Yasna* (Sacrifices), *Yasht* (Hymnes aux divinités), *Vendidad* (règles de pureté), *Vispered* (le culte), *Nyāyishu* et *Gâh* (prières), *Khorda* ou Petit Avesta (prières quotidiennes), *Hadhōkht Nask* (Livre des Écritures), *Aogemadaēchā* (Nous acceptons), contenant des instructions sur l'au-delà et le *Nîrangistān* (règles culturelles). On prétend que la partie la plus ancienne des *Yasnas*, les *Gāthās* (Hymnes), remonterait à Zarathoustra lui-même.

Tout aussi importants que les sources avestiques, les écrits en pahlavi (moyen persan) ont été rédigés pour la plupart au IXᵉ siècle : *Zand* (Interprétation de l'Avesta), *Bundahishn* (la Genèse zoroastrienne), *Dēnkard* (recueil d'informations sur la religion), les *Sélections* du prêtre Zātspram, le *Dādistān î Denîg* du prêtre Mānushčihr, le texte sapiential *Dādistān î Mēnōg î Khrad*, le texte apologétique *Shkand-gumānîg Vizār* (Destruction systématique de tous les doutes) et le Livre *(Nāmag)* d'Ardā Virāz, prêtre qui voyage dans l'au-delà. Des textes zoroastriens plus récents sont rédigés en persan, en gujarati, en sanskrit et même en anglais.

On trouve de nombreux monuments figurés iraniens, des inscriptions des Achéménides (Darius Iᵉʳ, 522-486 ; Xerxès, 486-465 ; Artaxerxès II, 402-359 AEC) jusqu'à celles des souverains Sassanides (Shāpūr Iᵉʳ, 241-272 et Narsès, 292-302 EC). Sans être typiquement religieuses, elles nous permettent cependant de jeter une certaine lumière sur le statut et le caractère de la religion à ces différentes époques. Plus importantes sont les inscriptions du Grand Prêtre *(mobād)* Kerdîr, au début de l'époque sassanide.

Les Grecs, les chrétiens et les Arabes nous offrent également des informations précieuses sur le zoroastrisme, échelonnées sur une époque qui va du Vᵉ siècle AEC au Xᵉ siècle EC.

33.3.2 *La réforme zoroastrienne* représente, comme nous l'avons déjà vu, une réaction contre le culte orgiastique des confréries initiatiques de guerriers mâles. C'est à une révolution puritaine des mœurs que nous assistons, comparable en quelque sorte à la révolution orphique dans la Grèce ancienne, qui vise à une réforme radicale des orgies anthropophages dionysiaques. Au plan strictement religieux, l'innovation la plus extraordinaire de Zarathoustra consiste en un système qui combine monothéisme et dualisme en une synthèse originale. Précisons que les termes du problème de la théodicée restent les mêmes dans toutes les religions et que le dualisme ne représente qu'une parmi les diverses solutions possibles. Ce qui est intéressant dans le zoroastrisme c'est le recours à l'idée du libre arbitre, dont la forme rudimentaire ne réussit pas à éluder la contradiction logique : en effet, Ahura Mazdā, le Seigneur suprême, est le créateur de tous les contrastes (*Yasna* 44.3-5), mais ses deux fils jumeaux, Spenta Mainyu (l'Esprit bienfaisant) et Angra Mainyu (l'Esprit négateur), ont à choisir entre l'ordre de la vérité *(asha)* et le mensonge *(druj)*, tous deux consistant en pensées, paroles et actions bonnes ou mauvaises. Cela fait évidemment d'Ahura Mazdā le créateur du mal dans un double sens : parce que *druj* précède le choix d'Angra Mainyu et parce que celui-ci est son fils. D'autre part, ce dualisme éthique revêt aussi des aspects théologiques, cosmologiques et anthropologiques.

A l'époque indo-iranienne commune, ainsi que dans la religion pré-zoroastrienne, les *daivas* (skr. *devas*) et les *ahuras* (skr. *asuras*) étaient des êtres divins. Ils subissent, dans le zoroastrisme, une évolution qui est l'inverse de celle que leur réserve l'Inde : les *ahuras* sont les dieux qui choisissent *asha* et les *daivas* sont les démons qui choisissent *druj*.

La fonction d'intermédiaires entre l'Esprit bénéfique et l'humanité continuellement soumise au choix moral est remplie par les sept Amesha Spentas, les « Immortels bienfaisants » : *Vohu Manah* (Bonne Pensée), *Asha Vahishta* (Vérité parfaite), *Khshathra Vairyia* (Seigneurie désirable), *Spenta Armaiti* (Dévotion bienfaisante), *Haurvatāt* (Plénitude) et *Ameretāt* (Immortalité). Les sept Immortels bienfaisants représentent en même temps le cortège des vertus d'Ahura Mazdâ et les attributs des mortels qui suivent l'ordre de la vérité, l'*asha*. L'être de vérité *(ashavan)*, parvenant à un état particulier appelé *maga*, est censé être capable de rejoindre les Immortels bienfaisants et de ne faire plus qu'un avec l'Esprit bienfaisant.

33.3.3 *La synthèse sacerdotale.* Les prêtres avestiques orientaux appelés *âthravans* (cf. skr. *atharvans*), et par la suite les prêtres occidentaux (Mèdes) connus sous le nom de Mages, soumirent le message puritain de Zarathoustra à une réinterprétation qui allait remettre en vigueur les usages pré-zoroastriens et systématiser les données désormais traditionnelles. La synthèse sacerdotale s'exerça sur tout un patrimoine ancien. Elle récupéra même la coutume des sacrifices sanglants et l'usage de l'hallucinogène *haoma*. Elle transforma en *yazatas* ou divinités plénières les Amesha Spentas, qui n'avaient été que les attributs d'Ahura Mazdâ et en même temps de l'*ashavan*. Elle récupéra des anciens dieux comme Mitra et en transforma d'autres, comme Indra, en démons. C'est probablement à cette synthèse qu'on doit les divinités mazdéennes mentionnées dans les *Yashts* de l'Avesta, Ardvī Sūrā Anāhitā et Mithra, dieux très importants sous les Achéménides, provenant de la réinterprétation d'une déesse indo-iranienne que les Indiens appelaient Sarasvatī (sous l'influence d'une déesse proche-orientale) et du dieu indo-iranien Mitra. Dans le panthéon mazdéen, Mithra préside, avec Sraosha et Rashnu, au jugement de l'âme après la mort. D'autres *yazatas* ou divinités sont Verethragna qui préside aux victoires, Vāyu qui préside au vent, Daēnā ou l'image de la religion réalisée, Khvarenah ou la Splendeur royale, haoma, etc.

33.4 *Le zurvanisme.*

33.4.1 *Le problème.* Sous les Sassanides (IIIᵉ siècle EC) se produit une renaissance religieuse qui paraît se dérouler sous le signe de l'intolérance. Il est difficile de préciser si l'orthodoxie, à l'époque, est mazdéenne ou zurvanite (du nom de Zurvan, le protagoniste de certains mythes dualistes). Il paraît probable, comme le croit R.C. Zaehner, que le mazdéisme soit de loin le plus fort, mais que le zurvanisme l'emporte à certaines époques.

Ardashīr (Artaxerxès) est le restaurateur du zoroastrisme, mais s'agit-il du mazdéisme ou du zurvanisme ? Shāpūr Iᵉʳ, vraisemblablement zurvanite, a de fortes sympathies pour Mani (↔ 12.5) ; ses deux frères Mihrshāh et Pērōz se convertissent au manichéisme. Son successeur Hormizd Iᵉʳ est favorable aux manichéens, mais Bahrām Iᵉʳ, secondé par le redoutable Kerdīr, *mobadān mōbad* ou chef des prêtres du feu, fait emprisonner Mani, qui meurt en prison, et persécute ses adeptes. Shāpūr II, qui arrive au pouvoir en 309 EC, continue la politique intolérante de Kerdîr. D'après Zaehner, cette situation va durer jusqu'à l'époque de Yezdigird Ier dit « le Pécheur », dont la tolérance est louée à la fois par les chrétiens et par les païens. Vers la fin de son règne, son Premier ministre Mihr-Narsē projette une mission en Arménie. Il est possible que le mythe de Zurvan, qui nous est transmis par deux auteurs arméniens (Elishē Vardapet et Eznik de Kolb) et deux auteurs syriens (Théodore bar Kōnaï et Yohannān bar Penkayē), ait quelque chose à voir avec la propagande de Mihr-Narsē en Arménie, si l'on admet que Yezdigird Ier et les deux autres protecteurs de Mihr-Narsē, Bahrām V et Yezdigird II, étaient zurvanites. Le premier-né de Mihr-Narsē, qui remplit la fonction de grand prêtre *(hērbadān hērbad)*, s'appelle Zurvāndād ; s'il est le même que l'« hérétique » *(sāstār)* mentionné sous ce nom dans *Vidēvdāt* (4.49), il est alors possible d'attribuer à ces trois empereurs un penchant pour le zurvanisme. L'empereur Kavād s'enflamme pour les idées « communistes » de Mazdak, mais son successeur Xosrau Ier revient à l'orthodoxie en faisant massacrer Mazdak et les siens, restaure le mazdéisme et emprisonne les hérétiques afin de les convertir, tuant sans pitié les relaps. Après Xosrau Ier, l'Empire perse connaît le déclin, la conquête arabe est proche.

33.4.2 *Le mythe.* Dans la version de l'auteur arménien Eznik de Kolb, la plus complète parmi les quatre qui existent, le mythe principal du zurvanisme est exposé ainsi : Zurvan, un être vraisemblablement androgyne, dont le nom se traduirait par Sort ou Fortune, existait avant toute autre chose. Désirant avoir un fils, il offre des sacrifices pendant mille ans, après quoi il éprouve un doute sur l'utilité de ces sacrifices. A ce moment, deux fils sont conçus dans son sein « maternel » : Ohrmazd en vertu du sacrifice et Ahriman en vertu du doute. Zurvan promet qu'il fera roi le premier qui parviendra jusqu'à lui. Ohrmazd révèle ce dessein à Ahriman, qui se dépêche de « percer le sein » de Zurvan et de se présenter devant son père. Zurvan ne le reconnaît pas : « Mon fils, dit-il, est parfumé et lumineux, et toi, tu es ténébreux et puant. » Sur quoi, Ohrmazd naquit « à son heure, lumineux et parfumé ». Zurvan fut donc obligé par son serment d'accorder la royauté à Ahriman, mais seulement pour neuf mille ans ; après quoi Ohrmazd

« régnera, et tout ce qu'il voudra faire, il le fera ». Chacun des deux frères se met à créer : « Et tout ce qu'Ohrmazd créait était bon et droit, et ce qu'Ahriman faisait était mauvais et tortueux. »

Un autre mythe zurvanite est très proche de l'atmosphère des contes du démiurge roublard, ce personnage extrêmement complexe, comique et tragique à la fois, qui se révèle souvent plus sage que le créateur. C'est, en l'occurrence, le cas d'Ahriman, qui connaît un secret de fabrication qu'Ohrmazd ignore : il sait comment faire les luminaires pour donner la lumière au monde. Parlant devant ses démons, Ahriman leur révèle qu'Ohrmazd pourrait faire le soleil par un accouplement sexuel avec sa mère et la lune en s'accouplant à sa sœur (allusion à la pratique du *xwētwodatīh*, avestique *xvetuk das*, qui, dans son contexte, est fort honorable). Le démon Mahmi court chez Ohrmazd et l'en informe.

Un troisième mythe, enfin, décrit un conflit de propriété entre Ohrmazd et Ahriman : l'eau en son entier appartient à Ahriman, et pourtant les animaux d'Ohrmazd (le chien, le porc, l'âne et le bœuf) s'en abreuvent. Lorsque Ahriman leur interdit de toucher à son eau, Ohrmazd ne sait que faire, mais un des démons ahrimaniens lui conseille de dire au méchant voisin : « Alors retire l'eau de ma terre ! » La ruse n'a pas le résultat attendu, car Ahriman incite l'une de ses créatures, le crapaud, à avaler toute l'eau de la propriété d'Ohrmazd. De nouveau celui-ci se croise les bras, jusqu'à ce qu'un autre partisan d'Ahriman, la mouche, ne pénètre dans le nez du crapaud, ainsi contraint de relâcher l'eau.

33.4.3 *Interprétations du zurvanisme.* Il est évident que la reconstruction d'un système zurvanite unique et cohérent est impossible, malgré les tentatives répétées de H.S. Nyberg, É. Benveniste, etc., qui culminent avec l'ouvrage fondamental de R.C. Zaehner. Il est incontestable que le zurvanisme a existé, représentant peut-être un ensemble de théologies sectaires qui deviennent officielles à l'époque des Sassanides. Mais l'argument le plus solide concernant l'existence de ces doctrines reste, même en présence de plusieurs versions et de multiples allusions aux mythes zurvanites, d'ordre purement négatif : on le déduit du silence voulu des textes pahlavis tardifs. S'il n'y avait pas ce silence, on n'aurait aucune preuve de la force historique réelle du zurvanisme ; ce n'est qu'en niant son existence que le mazdéisme tardif reconnaît sa puissance. Évidemment, un problème historique fort complexe surgit alors : la polémique des textes manichéens contre le zurvanisme se réfère-t-elle à une hostilité originelle entre les deux religions ? Ou bien y a-t-il lieu de penser à une étroite relation entre manichéisme et zurvanisme à l'époque de Shāpūr Ier, ce qui pourrait expliquer l'adoption du nom Zurvan dans la cosmogonie manichéenne ?

33.5 *Le mazdéisme des textes pahlavis.* Il est regrettable que le seul mazdéisme cohérent dont nous disposions, celui des textes pahlavis, ait été rédigé à une date si tardive. Lorsque des motifs mythiques apparaissent dans ces textes qui ont déjà figuré dans des écrits manichéens ou judéo-chrétiens antérieurs, les savants du passé se sont empressés de conclure à l'origine iranienne de ces derniers. Or, il est beaucoup plus probable qu'ils proviennent du manichéisme ou du judéo-christianisme. Il est possible de faire remonter de très nombreux thèmes mythiques des écrits pahlavis jusqu'à l'Avesta et même aux sections les plus anciennes de celui-ci. Mais les détails et les récits cohérents concernant la cosmogonie et l'eschatologie nous sont fournis exclusivement par les textes pahlavis.

33.5.1 *Cosmologie.* La genèse mazdéenne *(Bundahishn)* a lieu sous deux formes d'existence : l'état *mēnōk* ou « spirituel », qui est, à son tour, l'embryon de l'état *gētīg* ou « physique ». Celui-ci n'est pas du tout négatif, comme les corps le sont chez Platon ou comme la matière l'est dans la tradition platonicienne tardive. Mais il est caractérisé par le « mélange » *(gumēčishn)* provoqué par l'action d'Ahriman, le mauvais esprit. Celui-ci tue le Taureau et l'Homme primordiaux (Gaw-ī-ēw-dād et Gayōmard), dont la semence est pourtant à l'origine des bons animaux, mais aussi du premier couple humain, Mashya et Mashyānag.

Les parties du monde sont créées en six étapes, à partir du ciel en cristal jusqu'aux hommes. Au centre de la terre il y a la montagne Harā et tout autour de la terre la chaîne de montagnes Harburz (av. Harā Berezaiti). Les hommes n'habitent qu'un des sept secteurs *(kēshwar)* de ce cercle, le Khvaniratha, au sud duquel des courants d'eau descendent du Harā, formant la mer Vurukasha dont le centre est une montagne de substance céleste (cristal), sur laquelle on trouve le prototype de tous les Arbres, ainsi que l'Arbre d'Immortalité ou le Haoma Blanc. Deux rivières partent de la mer Vurukasha, délimitant Khwaniratha à l'est et à l'ouest.

33.5.2 *Eschatologie collective.* L'état de *gumēčishn* est censé prendre fin avec la séparation *(wisārishn)* des créations des deux Esprits. L'histoire du cosmos se déroule en trois étapes : le passé, dominé par Gayōmard et sa mort, le présent, dominé par Zarathoustra et son message, et le futur, dominé par le Sauveur ou Sōshans (av. Saoshyant).

Selon le *Bundahishn*, l'histoire de l'univers comprend quatre étapes de trois mille ans chacune, douze mille ans au total. Pendant les premiers trois mille ans, Ohrmazd crée le monde à l'état *mēnōk* et Ahriman commence son activité destructrice. Les neuf mille ans qui suivent sont marqués par une trêve entre les deux dieux et le mélange de leurs créations à l'état *gētīg*. Mais après trois mille ans Ahriman attaque le monde créé par Ohrmazd ; sur quoi celui-ci crée la *fravashi* ou « âme » de Zarathoustra. Après encore une fois trois mille ans, le Prophète se révèle et la Bonne Religion commence sa marche triomphale dans le monde. Les trois mille ans qui restent seront mis sous le gouvernement de trois Sōshans ou trois fils de Zarathoustra, qui paraîtront chacun au début d'un nouveau millénaire : Ukshyatereta, Ukshyatnemah, Astvatereta.

A partir des Gāthās eux-mêmes, la fin du monde sera marquée par la purification dans le feu et la transfiguration de la vie (Frashōkereti, pahl. Frashgird). Une rivière de feu séparera les justes des méchants. Les morts ressusciteront dans des corps indestructibles à la suite d'un sacrifice effectué par le Sauveur. Celui-ci naîtra de la semence de Zarathoustra déposée dans un lac à l'orient.

33.5.3 *Eschatologie individuelle.* Le jugement de l'âme individuelle est un motif ancien, mais ses détails se précisent dans l'Avesta récent et surtout dans les récits en pahlavi. Trois jours après la séparation du corps, les âmes arriveront au Pont Cinvat, où la réalisation de la Bonne Religion leur apparaîtra sous la forme de leur Daēnā, une vierge de quinze ans pour les bons mazdéens et une horrible mégère pour les mauvais. Après le jugement des dieux Mithra, Sraosha et Rashnu, les âmes des bons adeptes de la religion passeront le pont, les mauvais adeptes seront précipités dans l'enfer et les « tièdes », ceux qui n'ont été ni bons ni mauvais, arriveront au purgatoire Hamestagan. Le motif du pont qui s'élargit pour faire passer les justes et se rétrécit pour précipiter les impies en enfer représente un emprunt récent au christianisme, où il était déjà en vogue au VIe siècle EC.

L'âme s'élève au ciel en trois étapes : il y a les étoiles, qui correspondent aux « bonnes pensées » *(humata)*, la Lune, qui correspond aux « bonnes paroles » *(hūkhta)*, et le Soleil, qui correspond aux « bonnes actions » *(hvashta)*, pour arriver enfin au royaume des Lumières Infinies *(Anagra raosha)*.

33.6 *Rituel.* Le zoroastrisme a au début un caractère antiritualiste, mais finit par réintégrer le sacrifice d'animaux et le culte du *haoma* contre lesquels il s'était élevé. Les temples et les statues sont inconnus jusqu'à l'époque d'Artaxerxès II, lequel, sous l'influence du Proche-Orient, érige des statues à Anāhitā. Les « maisons du feu » servent à célébrer les nombreux rituels qui ont le feu pour centre ; le plus important est le sacrifice du *haoma*, effectué par deux prêtres, le *rāpsī* et le *zōt* (av. *zaotar*, cf. skr. *hotr*), qui récitent le texte des *Yasnas* de l'Avesta.

D'autres rituels suivent le calendrier, qui débute par le Nouvel An *(Nō Rūz)*, une fête consacrée aux âmes *(fravashis)*. Les grandes fêtes ont un rapport avec les deux solstices et les deux équinoxes.

33.7 *Le mazdéisme après la conquête islamique.* Le zoroastrisme se maintient en Iran après la conquête arabe, comme en témoigne la littérature pahlavi. Au Xe siècle, à la suite de tentatives de rébellion contre les musulmans, la plupart des zoroastriens quittent l'Iran pour le nord de l'Inde (Bombay), où ils forment jusqu'à ce jour une communauté close et riche de Parsis. Les mazdéens qui restent en Iran sont, au contraire, pauvres et opprimés.

A l'heure actuelle, le total des zoroastriens dans le monde est d'environ 130 000 (recensement de 1976), dont 77 000 en Inde, 25 000 en Iran, 5 000 au Pakistan et 23 000 aux États-Unis.

33.8 *Bibliographie.* Eliade, H 1, 100-112 ; 2, 212-17 ; G. Gnoli, *Zoroastrianism*, in ER 15, 578-91 ; *Zarathustra*, in ER 15, 556-59 ; *Iranian Religions*, in ER 7, 277-80 ; *Zurvanism*, in ER 15, 595-6. R.C. Zaehner, *Zurvan : A Zoroastrian Dilemma*, Oxford 1955.

[illegible]

[illegible]

[illegible]

[illegible]

[illegible]

[illegible]

[illegible]

DEUXIÈME PARTIE

INDEX COMMENTÉ

Ahiṃsā : 21.4 Mot sanscrit signifiant « non-violence ». Concept fondamental chez les jaïnas, les bouddhistes et les hindous, popularisé en Occident au XIXᵉ siècle par le philosophe allemand Arthur Schopenhauer ; repris dans l'hindouisme occidentalisant et dans le mouvement d'indépendance de Mohandas Gandhi (1869-1948).

Ahl-i Ḥaqq : 20.6.2

Ahriman : 33.4.2 ; 33.5.1 ; 33.5.2 (pahlavi ; avestique Angra-Mainyu) ; « Mauvais Esprit », dieu zoroastrien du mal et du mensonge, fils du monarque divin Ahura Mazdā et frère de Spenta Mainyu (« Bon Esprit ») dans le mazdéisme classique ; frère d'Ohrmazd dans le zurvanisme de l'époque sassanide.

Ahu : 25.2

Ahuras : 33.3.2 (avestique pour « Seigneurs »), classe d'êtres divins du zoroastrisme, ayant un prototype indo-iranien. En Inde, les *asuras* évoluent cependant en une classe de démons (↔ 17.2).

Aiye : 1.1.1

Aïnous (Religion des) : Religion tribale chamanique des indigènes Aïnous des îles du nord du Japon. Parmi ses divinités on trouve des déesses du soleil, de la lune et du feu. L'eau, les bois et les montagnes ont leurs êtres divins qui visitent le monde humain déguisés en animaux. Le rituel central des Aïnous consiste dans le sacrifice propitiatoire d'un ours apprivoisé. Les Aïnous respectent toutes les créatures animées. Les rites d'enterrement ont pour but d'apaiser l'âme et d'empêcher qu'elle revienne sous forme de mauvais esprit. (Cf. J. M. Kitagawa, *« Ainu Bear Festival (Iyomante) »*, in *History of Religions* 1/1961, 95-151.)

Akas : 1.3.2

Akans : 1.1.2

Akhenaton : 13.5 Amenhotep IV de la XVIIIᵉ dynastie, roi d'Égypte (ca. 1360-1344 AEC), promoteur d'une réforme religieuse de courte durée qui fit du dieu solaire Aton le dieu suprême du panthéon égyptien. La réforme eut également une dimension politique, artistique (nouveau naturalisme) et linguistique (promotion de la langue vernaculaire).

Akitu : 23.5 Ancienne fête mésopotamienne très répandue, attestée déjà par les documents écrits vers 2000 AEC (Ur III). À Babylone, au premier millénaire AEC, la fête est une célébration du Nouvel An pendant le mois printanier de Nisan. Elle exalte la souveraineté du dieu de la cité, Marduk, et commémore sa victoire sur le monstre marin Tiamat, décrite dans le poème *Enuma Elish*, et son mariage avec la déesse Sarpanitu.

Akiva ben Joseph : 22.1 ; 22.6 (ca. 50-135 EC), rabbin tannaïte, torturé et tué par les autorités romaines pendant la révolte politico-religieuse de Bar Kochba. Fameux pour ses techniques exégétiques inspirées et son influence sur la Mishna, la Tosefta et le judaïsme ultérieur.

Alacaluf : 4.4

Alalu : 18.2

Amaterasu Omikami : 28.4 Déesse du soleil, dispensatrice de la vie dans l'ancienne mythologie japonaise. Son retrait dans une grotte plongea le monde dans l'obscurité jusqu'à ce que les autres dieux réussissent à la faire sortir. Associée aux miroirs, objets qui révèlent les esprits.

Ambedkar, B. R. : (1891-1956), réformateur indien éduqué en Occident. Né dans la caste des intouchables, il lutta pour l'abolition de cette institution. Il fonda en 1951 la Société bouddhiste de l'Inde et devint bouddhiste avant sa mort (1956). Grâce à ses efforts, des millions d'intouchables se convertirent au bouddhisme.

Amesha Spentas : 33.3.2 (avestique pour « Immortels Bienfaisants »). Sept intermédiaires entre l'Esprit bienfaisant (Spenta Mainyu), fils du Seigneur suprême Ahura Mazdā, et l'humanité. Les sept sont en même temps des attributs d'Ahura Mazdā et des réalisations intérieures de ceux qui suivent l'ordre de vérité rendu explicite dans le zoroastrisme.

Amitābha : 6.8-9 Dans le bouddhisme mahāyāna il est le Bouddha du paradis occidental Sukhāvati. L'amidisme ou le bouddhisme de la Terre Pure, qui exalte la puissance bénéfique du nom d'Amitābha, se répandit, à partir du VIe siècle EC, de Chine en Corée et au Japon (↔ 6.8).

Amma : 1.1.3

Ammonios Saccas : 10.4.3

Amon : 13.4-5

Amoraims : 22.2 (de l'araméen *amora*, « celui qui parle ; maître »). Rabbins babyloniens (et palestiniens) (IIIe-Ve siècles), auteurs de commentaires de la Tanakh en araméen qui formeront la *gemara* du Talmud et les *midrashim*.

Amorites : 22.1

Amos : 22.2 ; 22.4 Prophète d'Israël sous le roi Jéroboam (ca. 787-747 AEC). Le livre biblique d'Amos contient les lamentations du prophète contre les excès et l'hypocrisie des riches et le relâchement de l'observance religieuse et cultuelle.

'Amr ibn al-'As : 20.4

An : 23.2

Anabaptistes : 10.4.13 Secte protestante qui se sépara du mouvement d'Ulrich Zwingli à Zürich après 1520, formant plusieurs groupes. Les anabaptistes voulaient imiter directement la vie de Jésus et les préceptes des Évangiles, rejetaient l'immixtion de l'État dans les affaires de l'Église, se méfiaient du monde et baptisaient les adultes. Les plus importants anabaptistes qui se sont maintenus jusqu'à nos jours sont les mennonites, fondés par Menno Simmons (1496-1561), et les Frères Huttériens, fondés par Jacob Hutter (m. 1536) en 1528.

Anāhitā : 33.3.3 Grande déesse iranienne, apparentée à Ishtar et aux autres déesses du Proche-Orient. Associée aux eaux, elle préside à la fertilité et au succès dans la guerre. Importante dans le sacre du roi.

Analectes : 11.1

Ānanda : 6.3

Anat : 7.1-3

al-Andalus : 20.5

Andes : 4.0 ; 4.1 ; 4.1.1

Angela de Foligno : 10.9

Angerona : 27.2.1

Anglicane (Église) : 10.4.13 En 1534, le roi Henri VIII se proclama chef suprême de l'Église d'Angleterre, sanctionnant ainsi la séparation de l'Église anglicane (ou épiscopale) de Rome. Sa fille Élizabeth Ire (1558-1603) imposa définitivement l'autorité royale sur cette confession, dans laquelle se retrouvent éléments catholiques, protestants et locaux. L'Église anglicane fait aujourd'hui partie du Conseil mondial des Églises et se signale par son activité œcuménique.

Angra Mainyu : 33.3.2

Anthesteria : 15.5

Antoine : 10.4.8

Anu : 18.2

Anubis : Ancienne divinité funéraire égyptienne. Embaumeur des cadavres et gardien des morts, ce dieu originaire de Moyenne

Égypte a la forme d'un chien ou d'un chacal qui se repaît de cadavres.

Anuvrata : 21.4

Apaches : 3.1

Aphrodite : 15.3.4

Apo : 1.1.2

Apollinaire de Laodicée : 10.7.3

Apollon : 15.3 ; 15.7

Apollonius de Tyane : 16.1.4

Apsu : 23.5

Apulée : 16.1.3 ; 24.2.2

Aqhat : 7.3

Araṇyakas : 17.3

Araucans : 4.0

Arawaks : 4.0 ; 4.2 ; 4.3

Ardā Virāz : 33.3.1

Ardvī Sūrā Anāhitā : 33.3.3

Arhat : 6.3-4 (sanskrit ; pali *arhant* ; « digne ») ; le mot désigne dans les Védas une personne ou un dieu qui a des mérites particuliers. Dans le bouddhisme hīnayana il a la signification technique d'adepte qui a atteint la libération. Dans le jaïnisme (↔) l'*arhat* est un *tīrthaṃkara*, un « faiseur de ponts » ou révélateur de la religion.

Arikaras : 3.1

Arioi : 25.2

Aristée de Proconnèse : 15.3.2

Aristote : 16.1

Arius : 10.7.2

Arjuna : 17.5 Troisième frère Pāndava dans l'épopée indienne *Mahābhārata*, fils du dieu Indra et de Kuntī. Pendant la bataille qui oppose les Pāndavas aux Kauravas, Arjuna devient le disciple de Kṛṣṇa (avatar du dieu Viṣṇu), qui lui donne une leçon d'ascétisme intramondain dans l'épisode connu sous le titre de *Bhagavadgītā*, « Chant du Bienheureux ».

Ars wa-Shamem : 7.1

Aryadeva : (1) Dialecticien du bouddhisme mādhyamaka, actif en Inde méridionale (ca. IIIᵉ-IVᵉ siècles), disciple de Nāgārjuna. (2) Maître du bouddhisme tantrique, professeur à l'université de Nālaṇḍā au nord de l'Inde (VIIIᵉ siècle). Dans les canons tibétain et chinois les biographies et bibliographies des deux ont fusionné en grande partie.

Ārya Samāj : 17.9

Asanas : 17.4.2

plus tard au Tibet. Dévot de la déesse Tārā, il travailla pour une réforme du monachisme tantrique. Il a écrit et traduit des textes et fondé le monastère de Rwa-sgren.

Atlas : 15.3.4

Ātman : 6.4 ; 17.3

Aton : 13.5

Atrahasis : 23.6

'Aṭṭar, Farīd al-Dīn : 20.10.2 (ca. 1145-1220), soufi et poète persan de Nishapur, connu surtout pour son *Manṭiq al-ṭayr* (« Conversation des oiseaux »), allégorie spirituelle dans laquelle trente oiseaux *(sī murgh)* voyagent à travers sept vallées symbolisant les étapes de la quête spirituelle, à la recherche de leur divin roi Simurgh.

Attis : 24.1

Atum : 13.2

Audhumla : 14.2.1

Augustin (saint) : 1.0 ; 6.9 ; 10.4.7

Aurobindo Ghose : 17.9 (1872-1950), écrivain et philosophe indien. Après une enfance passée en Angleterre et une jeunesse consacrée à la cause du nationalisme indien, Aurobindo développa une philosophie de l'évolution de la conscience basée sur la méthode du « yoga intégral ». Ses écrits lui ont gagné des adeptes en Orient et en Occident.

Aurr : 14.2.2

Avalokiteśvara : Bodhisattva de la compassion dans le bouddhisme mahāyāna, connu sous le nom de Kuan-yin en Chine, Kwanon au Japon (où il est femme) et Spyan-ras-gzigs au Tibet. Il réside dans la montagne mythique Potalaka, d'où il écoute, voit et intervient pour aider les souffrants. Il est invoqué dans les plus importants sūtras du Mahāyāna.

Avatāra : 17.5 Manifestation terrestre d'un dieu hindou (en général Viṣṇu), sous la forme d'un homme ou d'un animal.

Averroès : 4.2

Avesta : 33.3.1 Recueil d'anciens textes sacrés du zoroastrisme, rédigés du IIIᵉ au VIIᵉ siècle EC. Contient les *Gāthās*, sections attribuées au fondateur Zarathoustra lui-même.

Avicenne : 20.8

Avidyā : 17.3 ; 17.6-7

Aymaras : 4.0

Ayurveda : Art de la guérison en Inde, fondé sur l'équilibre de trois humeurs : vent *(vāta)*, bile *(pitta)* et phlegme *(kapha)*. Selon leurs diverses proportions, ces humeurs déterminent la constitution d'un organisme. En fonction de celle-ci, le praticien administre des nourritures, des simples, des purgations et des rituels traditionnels recommandés par des textes du Iᵉʳ millénaire EC.

Azandes : 1.0 ; 1.2

Azriel : 22.7

Aztèques : 2.0-1 ; 2.2 ; 2.2.1 ; 4.1.3

meurtriere des guerriers du dieu germanique Odhinn, qui imitent le comportement des carnassiers.

Besht : 22.9

Bestla : 14.2.1

Bhadrayanīyas : 6.4

Bhagavadgītā : 17.5 (sanskrit, « Chanson du Bienheureux »), section incorporée dans l'épopée indienne *Mahābhārata* vers le IIIe siècle EC, livre sacré de nombreux hindous. Dialogue entre le guerrier Arjuna et Kṛṣṇa, avatar du dieu Viṣṇu, déguisé en cocher. Kṛṣṇa donne à Arjuna une leçon de yoga, lui recommandant l'ascétisme sans quitter le monde. Ce texte impressionna au XIXe siècle l'Occident habitué désormais à la leçon protestante de l'« ascèse intramondaine ».

Bhakti : 6.5 ; 17.6-7 ; 17.7.1

Bianchi, Ugo : 12.1

Big Drum Dance : 1.5.1

Bka-brgyud-pa : 6.10

Bka-gdams-pa : 6.10

Black Elk : (1863-1950), visionnaire des Indiens Lakotas, connu à travers deux livres qui racontent sa biographie sur fond d'oppression des Indiens, du mouvement de la Ghost Dance (↔ 3.5) et des pouvoirs chamaniques de son peuple.

Blackfoots : 3.1 ; 3.5

Blavatsky, Helena Petrovna : (1831-1891), d'origine russe, fondatrice de la théosophie et (aux États-Unis) de la Société Théosophique, dont le quartier général fut plus tard transféré en Inde.

Boas, Franz : 3.0

Boccace (Giovanni Boccaccio, dit) : 10.4.11

Bochimans : 1.0

Bodhidharma : 6.8 (ca. 480-520), maître bouddhiste indien, fondateur du bouddhisme chinois Ch'an (japonais Zen) ; personnage central de toute une tradition légendaire.

Bodhisattva : 6.5 ; 6.9 Dans le bouddhisme indien, surtout mahāyāna, un être qui, après avoir rejoint l'Éveil qui lui permettrait d'abandonner pour toujours le monde des phénomènes, décide par compassion de retarder son départ et de travailler au salut de tous les êtres animés.

Boèce (Boetius, 475-525) : philosophe néo-platonicien latin, auteur de la *Consolation de la philosophie*, et théologien chrétien. A traduit en latin quelques ouvrages de logique d'Aristote.

Boehme, Jakob : 10.9 (1575-1624), mystique luthérien allemand, auteur d'une théologie originelle et complexe qui eut une grande influence sur la spiritualité allemande et l'ésotérisme européen du XVIIIe siècle.

Boğazköy : 18.1

Bogomiles : 10.4.9 ; 12.7

Bolthorn : 14.2.1

Bon : 6.10 ; 32.1 ; 32.3

Daniel : 22.5 Héros visionnaire du livre biblique de Daniel, ouvrage composite en hébreu et araméen rédigé à l'époque hellénistique, tableau des triomphes juifs sur l'oppression et le martyre.

David : 22.1 Roi d'Israël et de Juda (début xᵉ siècle AEC), il conquiert Jérusalem et repousse les Philistins. Dieu lui promet une lignée éternelle. Son fils Salomon bâtit le Temple de Jérusalem. La tradition lui attribue la rédaction des Psaumes.

Déisme : Le terme désigne une position du rationalisme occidental (fin xviᵉ-xviiiᵉ siècle) qui, tout en acceptant l'existence de Dieu, se montre sceptique quant aux rituels religieux, à l'au-delà et à l'intervention divine dans les affaires du monde. Le déisme est partagé par les plus grands intellectuels du xviiiᵉ siècle.

Denys l'Aréopagite (Pseudo) : 10.9 (ca. 500 EC), pseudonyme d'un écrivain chrétien anonyme, auteur de traités mystiques en grec fortement influencés par le néo-platonisme athénien. Il utilise la théologie négative (ou apophatique) pour souligner le caractère ineffable et inconnaissable de Dieu, mais décrit en revanche les hiérarchies célestes selon un schéma néo-platonicien (voir, par exemple, le traité de Jamblique sur *les Mystères d'Égypte*) qui

Marranes : (castillan d'origine arabe, « cochon »), terme péjoratif désignant surtout les Juifs ibériques qu'on accusait de s'être convertis au christianisme pour la forme *(conversos)*, alors qu'ils restaient secrètement fidèles à leurs croyances et à leurs pratiques rituelles. L'existence d'un crypto-judaïsme répandu a été contestée (voir Benzion Netanyahu, *The Marranos of Spain from the Late Fourteenth to the Early Sixteenth Century*, New York 1966). En tout cas, l'Inquisition espagnole poursuivait les suspects avec zèle et les soumettait à un procès humiliant appelé *auto da fe*. Selon les statistiques récentes de Jaime Contreras et Gustav Henningsen (1986), de 1540 à 1700, 4 397 (9,8 % du total) suspects de judaïsme et 10 817 (24,2 % du total) suspects d'être des crypto-musulmans subirent l'*auto da fe*. Le pourcentage des exécutions reste cependant assez faible (1,8 % du total général). (Voir J. Contreras et G. Henningsen, *Forty-four Thousand Cases of the Spanish Inquisition (1540-1700) : Analysis of a historical Data Bank*, in G. Henningsen et John Tedeschi, Eds., *The Inquisition in Early Modern Europe*, Dekalb, Il. 1986, pp. 100-129.)

Mars : 27.2 Dieu romain de la guerre. Son sacerdoce s'appelait *flamen martialis*. Le dieu recevait un triple sacrifice (sanglier, bélier, taureau). Son sanctuaire le plus important était l'*ara Martis* sur le Champ de Mars à Rome.

Māyā : 17.6 (sanskrit, « illusion créatrice »), concept central de l'hindouisme, qui peut signifier diverses choses selon les époques : dans les Védas il se rapporte à la puissance d'un dieu de créer les formes du monde ; dans le Vedānta commun il indique un processus illusoire du même ordre. Le monde sensible est *māyā* dans le sens que sa multiplicité, étant réductible à l'unité, a un statut ontologique limité. Les néo-platoniciens utilisaient le

membres dans le monde entier. Son fondateur fut Joseph Smith, Jr. (1805-1844), dont la Première Vision a révélé, en 1820, la nature physique de Dieu et de son Fils et, par conséquent, l'erreur de toutes les autres confessions chrétiennes de l'ouest de l'État de New York. L'écriture sainte des mormons est le *Livre de Mormon* ; inscrit sur d'anciennes tablettes en or retrouvées par Smith avec l'assistance de Dieu, il fut traduit par lui en anglais. Son auteur, Mormon père de Moroni, raconte l'histoire des descendants nord-américains des Israélites errants, les guerres des Néphites et Lamanites (ancêtres des Indiens d'Amérique), fils de Léhi, et le ministère du Christ ressuscité parmi eux. Parmi les principes de la nouvelle religion, digne d'un nouvel âge des patriarches, il y a le baptême des morts, l'éternité du mariage, la matérialité de l'esprit, la polygamie, le caractère mâle et physique de Dieu et de son Fils, Jésus-Christ, l'évolution de l'humanité en divinité, l'attente de la fin du monde actuel, etc. Lorsqu'il fut tué en prison par une foule en Illinois (1844), Smith était candidat à la présidence.

L'Exode des mormons persécutés eut lieu sous Brigham Young (1801-1877). Ils formèrent le Royaume des Élus sur le Grand Lac Salé. Une branche réformée et dynastique se constitua en 1850 à Independence, Missouri ; elle reconnaissait pour chefs seulement Joseph Smith III et ses descendants directs et rejetait la polygamie. En 1890, les mormons d'Utah, sous le feu des attaques du gouvernement fédéral, abandonnèrent leurs prétentions politiques et la polygamie. Les mormons d'aujourd'hui, définis par l'historien Martin Marty comme *a nation of behavers* (« une nation de morigénés » serait la meilleure version de ce jeu de mots intraduisible), forment une communauté à part, qui se distingue par sa fidélité à l'Église et à la famille, par ses mœurs et ses manières (visibles aussi dans leurs vêtements), par la prohibition de l'alcool, du tabac et de la caféine.

La prêtrise est exclusivement mâle. Après l'âge de douze ans les garçons peuvent entrer dans les rangs des prêtres d'Aaron et de Melchisédek, rétablis par Joseph Smith, et progresser dans la hiérarchie. Parmi les projets de l'Église à l'heure actuelle figure le baptême par procuration des générations passées. (Voir K. J. Hansen, *Mormonism*, in ER 10, 108-13 ; J. Schipps, *Mormonism*, Urbana/Chicago 1985 ; du point de vue des mormons, L. J. Arrington et D. Bitton, *The Mormon Experience : A History of the Latter-day Saints*, New York 1979.)

Moses Mendelssohn : 22.6

Mossis : 1.1.3

Mot : 7.1 ; 7.3

Mo-tzu : (ca. 470-390 AEC), philosophe chinois et chef de l'école moïste, dont le livre classique s'appelle également *Mo-tzu*. L'amour universel est la doctrine centrale de Mo-tzu, pacifiste à l'époque de l'histoire chinoise appelée « des États en Guerre » (403-221 AEC). Meng-tzu (↔) le critique pour ignorer l'obéis-

Nanna : 23.2 Dieu lunaire sumérien. Son équivalent akkadien est Sin.
Naqshbandīyah : 20.10.2
Naram Sin : 23.3
Naropa : 6.10
Nasi : 22.6
Nathan de Gaza : 22.8
Nation de l'Islam : 1.5.4
Navajos : 3.1
Nawrūz : 33.6 (Nō Rūz), fête iranienne du Nouvel An célébrée pendant douze jours à l'équinoxe de printemps. Les *fravashis* (âmes) des morts étaient présentes au début des festivités. Le Nawrūz a continué d'exister en Iran islamique.
Nāyanmārs : 17.7.2
Nazcas : 4.1.1
Ndembus : 1.3.1
N'domo : 1.1.3
Néanderthal : 26.2
Nebi 'im : 22.2 ; 22.4
Nebuchadnezzar (Nabuchodonosor) : 22.1
Nei-tan : 30.4
Nembutsu : 6.9
Nephthys : 13.2
Nergal : 23.2 Dieu mésopotamien du monde infernal. La planète maléfique Saturne dans l'astrologie babylonienne.
Nestoriens : 10.7.2-3
Nestorius : 10.6 ; 10.7.3
Nganasani : 9.1.1
Ngunis : 1.4
Nichiren : 6.9
Nicolas de Cuse : 10.4.10
Nicole d'Oresme : 10.4.10
Nidhhoggr : 14.3.3
Nigeria : 1.1.1
Nihongi : 28.2
Nilotes : 1.0
Niman : 3.8
Ninhursag : Ancienne Grande Déesse mésopotamienne, membre de la triade suprême des dieux, à côté d'An et d'Enlil. Plus tard remplacée par le dieu mâle Enki.
Ninurta : (sumérien, « seigneur de la terre »), dieu mésopotamien de l'orage et de la guerre, fils du dieu cosmique Enlil, vénéré à Nippur et à Lagash.
Nirvāṇa : 6.3-5 Mot sanskrit dont l'étymologie est peu sûre ; dans le bouddhisme il décrit la condition ineffable de l'Éveillé et s'oppose à *saṃsāra*, le cycle des réincarnations. En ce sens, le *nirvāṇa* est la cessation de tout ce qui a trait au monde des phénomènes et ne peut avoir aucune description positive.

Pan : Dieu grec, originaire d'Arcadie (Péloponnèse), maître des animaux. Introduit à Athènes au Vᵉ siècle AEC, il revêt alors son aspect typique, qui est celui d'un être hybride, moitié homme, moitié bouc.

Pâque : (1) La Pesah juive est la fête mobile de la commémoration annuelle (durant sept ou huit jours à partir du 15 Nisan) du départ des Israélites d'Égypte. (2) La Pâque chrétienne, fête mobile qui commémore la résurrection du Christ, devrait en théorie être célébrée en conjonction avec la Pesah juive. Le Concile de Nicée (325) décida qu'elle serait célébrée chaque année le premier dimanche après la pleine lune succédant à l'équinoxe de printemps. Les différences dans le comput et les calendriers rendent compte de l'écart parfois considérable des dates des deux Pâques. Les églises chrétiennes orientales utilisent un calendrier différent.

Parsis : 33.7 Communauté zoroastrienne en Inde occidentale (Gujarat, Bombay), émigrée après la conquête musulmane de l'Iran (642 EC).

Patañjali : 17.4.2 (1) Auteur probable du *Yogasūtra* (IIᵉ siècle EC). (2) Grammairien indien (IIᵉ siècle AEC), commentateur de Panini.

Perun : 29.2 Dieu du tonnerre des anciens Slaves, gardien de l'ordre et adversaire du Dieu Noir (Tchernobog). Après la christianisation des Slaves, son culte fut transféré sur saint Élie.

TABLE DES MATIÈRES

AGORA
LES IDÉES, LES ARTS, LES SOCIÉTÉS

HANNAH ARENDT
Auschwitz et Jérusalem (février 93)
La condition de l'homme moderne
Du mensonge à la violence

RAYMOND ARON
Dimensions de la conscience historique

H.C. BALDRY
Le théâtre tragique des Grecs

ISAÏAH BERLIN
Éloge de la liberté
Trois essais sur la condition juive

JORGE LUIS BORGES
Nouveaux dialogues
Ultimes dialogues

MANFRED F. BUKOFZER
La musique baroque

MICHEL BUTOR
Improvisations sur Flaubert

ALBERT CAMUS/ ARTHUR KOESTLER
Réflexions sur la peine capitale

ERNST CASSIRER
La philosophie des Lumières

GÉRARD CHALIAND
Miroirs d'un désastre

GEORGES CHARBONNIER
Entretiens avec Lévi-Strauss

RICHARD COBB
La protestation populaire en France (1789-1820)

ERNST ROBERT CURTIUS
La littérature européenne

BENGT DANIELSSON
Gauguin à Tahiti et aux îles Marquises

MIRCEA ÉLIADE
L'Inde

MIRCEA ÉLIADE/ I.P. COULIANO
Le dictionnaire des religions

NORBERT ÉLIAS
La dynamique de l'Occident
La civilisation des mœurs

BERNARD D'ESPAGNAT
À la recherche du réel

ANDRÉ FERMIGIER
Toulouse-Lautrec

HENRI FOCILLON
Benvenuto Cellini
Piero della Francesca
Raphaël

MILTON FRIEDMAN
Inflation et systèmes monétaires

Glenn Gould
Entretiens avec Jonathan Cott

Jean Guichard-Meili
L'art de Matisse (février 93)

Friedrich von Hayek
Scientisme et sciences sociales

Wolfgang Hildesheimer
Mozart

Élie G. Humbert
Jung

Jules Isaac
Genèse de l'antisémitisme

Karl Jaspers
Les grands philosophes (3 tomes)

Claude Lévi-Strauss
Anthropologie structurale
La pensée sauvage
La potière jalouse
La voie des masques

Bernard Lewis
Istanbul et la civilisation ottomane
Sémites et antisémites

François Mauriac
Le romancier et ses personnages

Kostas Papaioannou
Hegel

Pierre Pascal
Dostoïevski, l'homme et l'œuvre

Ian Patočka
L'art et le temps
L'écrivain, son "objet"

Léon Poliakov
Bréviaire de la haine (juin 93)

Karl Popper
Misère de l'historicisme
La quête inachevée

Georges Poulet
Études sur le temps humain (4 tomes)

Marthe Robert
D'Œdipe à Moïse
Seul, comme Franz Kafka

Maxime Rodinson
La fascination de l'Islam (avril 93)

Jacqueline de Romilly
Problèmes de la démocratie grecque

Jean Rostand
Confidences d'un biologiste

Gershom Scholem
Fidélité et utopie
Le messianisme juif
Walter Benjamin, histoire d'une amitié

Leo Schrade
Monteverdi

Leo Strauss
La cité et l'homme
La persécution et l'art d'écrire

Max Weber
Essais sur la théorie de la science
L'éthique protestante et l'histoire du capitalisme

Simone Weil
La pesanteur et la grâce

— NOTES —

— NOTES —

— NOTES —

— NOTES —

— NOTES —

— NOTES —

— NOTES —

— NOTES —

— NOTES —

— NOTES —

— NOTES —

— NOTES —

— NOTES —

Achevé d'imprimer en avril 1994
sur les presses de l'Imprimerie Bussière
à Saint-Amand (Cher)

POCKET - 12, avenue d'Italie - 75627 Paris Cedex 13
Tél. : 44-16-05-00

— N° d'imp. 1198. —
Dépôt légal : mai 1994.

Imprimé en France